초보자를 위한
RStudio 마스터

초보자를 위한
RStudio 마스터

RStudio 설치부터 웹 애플리케이션,
R 패키지 개발까지

줄리안 힐레브란트, 막시밀리안 니어호프 지음
고석범 옮김

지은이 소개

줄리안 힐레브란트 Julian Hillebrand

독일의 쾰른 경영 대학에서 국제 비즈니스 마케팅 관리를 전공했다. 비즈니스 세계가 직면한 문제에 관심을 가지면서 데이터 기반 의사결정의 중요성을 인식했다. 수집되는 데이터의 양이 증가되는 것을 보면서 R의 데이터 분석과 시각화의 가능성에 주목했다. 그 이후 주로 소셜 미디어 분석을 다루는 데이터 과학에 대한 블로그를 개설했다. 블로그 주소는 http://thinktostart.com이다. 마케팅과 비즈니스 지식을 담은 유용한 튜토리얼을 만들려고 노력한다.

그는 늘 새로운 기술을 탐구하며 새롭게 부상하는 머신 러닝에 관심이 많다. 데이터 과학의 실력을 향상시키기 위해서 여러 온라인 학습 과정을 마쳤다.

맥시밀리언 니어호프 Maximilian H. Nierhoff

5년 넘게 온라인 마케팅 채널과 디지털 분석을 해온 온라인 마케팅 분석가다. 경제학, 문화 활동, 창의적인 사업 등을 전공한 이후 온라인 마케팅 부서를 만들기 시작했으며, 미래의 마케팅의 힘은 프로그래밍 지식에 있다는 것을 금세 깨달았다. 데이터, 마케팅, 고객 동선 분석 등의 주제에 끊임없는 열정을 가지고 있다. 그가 처음으로 데이터 분석을 위해 선택한 언어는 R 프로그래밍 언어였다. 항상 배우는 것을 즐기며 R과 데이터 분석에 대한 무크MOOC, Massive Open Online Course 강의를 열렬히 수강한다.

| 기술 감수자 소개 |

니콜라스 야거 Nicholas A. Yager

통계적인 유전체학, 이미지 분석, 감염병 역학 등을 연구하는 생물정보학자이자 소프트웨어 개발자다. 생화학과 생물통계학을 전공했고 최신 유전 데이터와 복잡한 생물학 시스템 시뮬레이션 경험을 바탕으로 과학적인 계산과 데이터 분석에 대해 깊이 있는 지식을 가지게 됐다. 현재 맞춤 의학 관련 회사에서 일하며, 차세대 맞춤형 암 진단을 위한 생물정보학 시스템을 설계하고 있다. 이 책 이외에도 팩트출판사의 『Unsupervised Learning with R』(2015)도 감수했다.

이 책을 감수하는 데 도움을 준 내 친구 로렌과 매트, 멘토 그레그 하빅쎈 박사에게 감사한다.

| 옮긴이 소개 |

고석범

가톨릭대학교 의과대학을 졸업했고 신경과 전문의로, 현재 바이오스타트업을 운영하면서, 틈나는 대로 코딩을 공부하고 IT 저술 활동을 한다. 때로는 회사에서 필요한 앱을 만들기도 한다.

저술한 책으로는 에이콘출판사에서 출간한 『R과 Knitr를 활용한 데이터 연동형 문서 만들기』(2014), 『통계 분석 너머 R의 무궁무진한 활용』(2017), 등이 있다. 번역서로는 에이콘출판사에서 출간한 『R과 Shiny 패키지를 활용한 웹 애플리케이션 개발』(2014), 『Data Smart』(2015), 『미티어 인 액션』(2016) 등이 있다.

코딩을 하는 사람들에게 텍스트 에디터는 필수 도구일 수밖에 없다. R을 즐겨 사용하는 나는 거의 매일 RStudio를 사용한다. 나는 주로 글을 쓸 때 사용한다. 이전에 저술했던 책들의 주제는 모두 R 언어를 사용해 재현 가능한 문서를 만드는 방법에 관한 것이었다. 책에 소개했던 방법을 그대로 적용해 번역을 하거나 저술 작업을 한다. 이런 작업에서 RStudio는 최적의 환경을 제공한다.

이 책은 RStudio의 다양한 기능을 소개한다. 재현가능한 방법으로 문서를 만드는 방법, 샤이니 웹 애플리케이션을 제작하는 방법, R 패키지 개발 방법 등을 핵심적으로 설명한다. RStudio는 데스크톱 버전도 있지만, 서버 버전을 제공한다. 서버 버전을 자신의 클라우드에 설치해 웹 브라우저를 통해서 RStudio를 사용하는 방법까지 소개한다.

이 책은 RStudio에 대한 책이지 R 언어 자체에 대한 책은 아니다. 그래서 R 자체에 대한 내용은 약간 수박 겉핥기식으로 다뤄진다. 감안하고 책을 보기 바란다.

R 코드 디버깅이나 코드 프로파일링 같은 고급 주제는 다루지 않았다. 그런 주제는 RStudio에 어느 정도 익숙해진 다음 웹 등을 검색해보면 사용법을 찾을 수 있다.

윈도우 사용자의 경우 한글로 계정을 만들었을 때 RStudio가 제대로 작동하지 않는 경우가 있다. 이 경우에는 구글링이나 주위 사람들에게 물어서 한글 계정을 영문으로 바꾸거나, 아예 영문으로 된 계정을 새로 추가해 설치할 것을 권한다.

RStudio를 윈도우에서 R 코드를 사용할 때는 괜찮지만 나처럼 R 마크다운 문서에 한글 텍스트를 많이 사용하는 경우 한글 입력이 제대로 안 될 때가 있다. 이런 경우에는 메모장을 열어서 어떤 한글 텍스트를 입력하고 나서 다시 RStudio로 돌아오면 제대로 되는 경우가 많았다.

이런 몇 가지 단점을 제외하면 RStudio는 정말 훌륭하다고 평하지 않을 수 없다. 이전까지 몇 가지 시험적인 R 통합개발환경이 있었지만, RStudio만큼 수준 높고 흠이 없는 통합개발환경을 보지 못했다. 이런 도구를 개발하고 많은 사람이 사용할 수 있는 오픈소스 버전까지 내주는 RStudio.com 회사에 경의를 표한다. 자세히 알지는 못하나 미국의 많은 IT 회사가 사업의 핵심을 생태계 조성에 두는 듯하다. 오픈소스를 통해서 많은 사람을 생태계로 끌어들이고, 그것을 기반으로 사업을 한다. 사업을 하는 나로서도 그런 점을 배우고 싶다.

이제 RStudio는 R 사용자에게는 어쩌면 필수적인 텍스트 에디터이자 개발환경으로 여겨지고 있다. 이 책이 그런 사용자들의 효율을 높이는 데 좋은 지침이 되기를 바란다.

고석범

차례

14

│ 들어가며 │

오래 전에는 데이터 분석, 시각화, 복잡한 통계학적 문제를 다루는 것이 대학이나 몇몇 기관에 한정된 일이었다. 사실 널리 사용될 수 있는 사용하기 편리한 데이터 분석 도구가 없었다.

1990년대 초 R이 발표됐고 그 이후 사용자 수가 급증했다. R은 최근 몇 년 동안 다른 프로그래밍 언어가 하지 못했던 데이터 과학의 지평을 크게 넓히는 역할을 했다. 오픈소스 특성을 기반으로 많은 사람이 쉽게 접근할 수 있었으며, 이제는 데이터 분석에서는 만국 공통어로 여겨지곤 한다. 이런 큰 성공에는 RStudio라고 하는 통합개발환경도 한몫했다.

2010년 개발되기 시작한 RStudio는 R 세계에서는 사실상의 표준 통합개발환경으로 여겨진다. RStudio의 미션은 'R 통계 계산 환경을 위한 가장 널리 사용되는 오픈소스 툴이면서 기업 수준에서 활용될 수 있는 전문 소프트웨어를 제공하는' 것이다.

RStudio는 단순히 R 스크립트를 작성하는 것을 너머 패키지와 애플리케이션 개발, 인터랙티브 레포팅 생성 등 아주 다양한 기능을 갖춘 하나의 에코시스템으로 성장했다. 이런 것을 기반으로 RStudio는 데이터 분석이라는 주제를 대중에게 널리 퍼뜨렸고, 끊임없는 혁신으로 R 언어 발전을 주도하고 있다. RStudio는 R의 강력한 통계 분석 능력, 대중화, 오픈소스 정신을 혁신적인 사용자 인터페이스 개발 능력과 결합시켰다.

그 결과 RStudio는 단순히 통계학자의 도구 이상의 것이 됐으며, 데이터에서 인사이트를 얻고 그것을 다른 사람들과 공유하고자 하는 사람들을 위한 플랫폼이 됐다.

이 책은 RStudio를 마스터해 R을 가지고 개발하고, 공유하며 협력하는 방법을 설명한다.

▌이 책에서 다루는 내용

1장, RStudio 통합개발환경의 개요 RStudio를 설치하고 사용자 인터페이스의 개요를 설명한다.

2장, R 마크다운으로 작업물 공유하기 재현 가능 연구라는 개념으로 R 마크다운 문서를 만드는 방법을 소개한다.

3장, R 그래픽 시스템의 기초 R의 플롯팅 시스템과 여러 가지 패키지를 이용해 인터랙티브 플롯을 만드는 방법을 다룬다.

4장, 샤이니 웹앱 프레임워크 샤이니 프레임워크를 사용해 웹 애플리케이션을 만드는 방법을 소개하고, 반응성 프로그래밍의 개념을 설명한다.

5장, R 마크다운을 이용한 인터랙티브 문서 인터랙티브 R 마크다운 문서를 샤이니와 기타 R 패키지 등으로 만드는 방법을 설명한다.

6장, R과 샤이니로 전문 대시보드 만들기 대시보드의 개념과 shinydashboard 패키지를 이용해 전문 대시보드를 만드는 방법을 소개한다.

7장, RStudio에서 패키지 개발 R에서 패키지 개발 과정을 설명하고, RStudio에서 패키지 만드는 방법을 설명한다.

8장, 깃과 깃허브로 협력하기 깃과 깃허브의 기초를 설명하고 RStudio와 사용 방법을 다룬다.

9장, 조직에서 R 사용: RStudio 서버 관리 완전히 유연한 프로그래밍 환경을 위해서 클라우드에서 R, RStudio, 샤이니 서버 등의 설치 방법을 소개한다.

10장, RStudio와 R 지식 넓히기 R과 RStudio에 관한 정보를 얻을 수 있는 정보원을 소개한다.

▌ 준비 사항

이 책의 지식을 온전히 적용해보려면 인터넷에 연결할 수 있고, R과 RStudio가 설치된 컴퓨터가 있어야 한다. 설치 과정은 1장에서 소개한다.

▌ 이 책의 대상 독자

RStudio의 기능을 충분히 활용해 R 통계와 관련된 일을 하고자 하는 R 개발자를 위한 책이다. R 프로그래밍에 대한 경험이 어느 정도 있다고 가정한다.

▌ 이 책의 편집 규약

이 책에서는 독자의 이해를 돕고자 다루는 정보에 따라 글꼴 스타일을 다르게 적용했다. 다르게 적용된 스타일의 예제와 의미는 다음과 같다.

문장 중에 사용된 코드, 데이터베이스 테이블 이름, 사용자 입력, 트위터 핸들 등은 다음과 같이 표기한다.

"analysis.R 스크립트를 HTML, PDF, MS 워드 같은 포맷의 보고서로 출력할 수 있다. 해당 레포트는 code 폴더에서 찾을 수 있을 것이다."

코드 블록은 다음과 같이 표기한다.

```
gaToken <- GoogleApiCreds(
        userName = "your@email.com",
        list(
            client_id = "your client ID",
            client_secret = "your client secret")
        )

save(gaToken, file = "auth/gaToken")
```

커맨드 라인에서 사용되는 입출력은 다음과 같이 표기한다.

```
$ sudo apt-key adv -keyserver keyserver.ubuntu.com -recv-keys E084DAB9
```

화면상에 출력된 메뉴나 대화상자 문구를 문장 중에 사용할 때는 다음과 같이 표기한다.

"Publish 버튼을 클릭하면 새로운 창이 열리고 그 과정을 안내한다."

 주의해야 하거나 중요한 내용은 이와 같이 표기한다.

 참고사항이나 요령은 이와 같이 표기한다.

█ 독자 의견

이 책에 대한 독자의 의견은 언제나 환영이다. 좋은 점 또는 고쳐야 할 점에 대한 솔직한 의견은 앞으로 더 좋은 책을 발행하는 데 큰 도움이 된다. 독자 의견을 보낼 때는 이메일 제목란에 구입한 책 제목을 적은 후 feedback@packtpub.com으로 전송한다. 만약 독자가 특정 분야의 전문가로서 저자가 되고 싶다면 http://www.packtpub.com/authors 를 참조한다.

█ 고객 지원

이 책을 구입한 독자라면 다음과 같은 지원을 받을 수 있다.

오탈자

정확한 편집을 위해 세심한 주의를 기울였음에도 실수가 발생하곤 한다. 본문에서 발견한 오류 혹은 코드상 오류에 대해 보고해주시면 매우 감사하겠다. 독자의 참여를 통해 또 다른 독자들이 느낄 불편을 최소화해주고 이 책의 후속 판을 개선하는 데 도움이 된다. 오탈자를 발견하면 http://www.packtpub.com/submiterrata에 신고해주기 바란다. 해당 서적을 선택한 후에 Errata Submission 링크를 클릭하고, 오류에 대한 자세한 내용을 기술하면 된다. 오류 내용이 확인되면 웹 사이트에 그 내용이 올라가거나 해당 서적의 Errata 절 아래 기존 오류 목록(Errata)에 추가될 것이다. https://www.packtpub.com/books/content/support로 가서 검색어 항목에 서적을 입력하면 지금까지의 정오표를 확인할 수 있다. 한국어판은 에이콘출판사 도서정보 페이지 http://www.acornpub.co.kr/book/mastering-r-studio에서 찾아볼 수 있다.

저작권 침해

저작권 침해는 모든 인터넷 매체에서 벌어지고 있는 심각한 문제다. 팩트출판사는 저작권과 라이선스 문제를 아주 심각하게 인식하고 있다. 어떤 형태로든 팩트출판사에서 발간한 책이 불법 복제돼 인터넷에서 발견된다면 적절한 조치를 취할 수 있게 해당 주소나 사이트 명을 즉시 알려주길 당부한다. 의심되는 불법 복제물의 링크를 copyright@packtpub.com으로 보내주기 바란다. 저자와 더 좋은 책을 위한 팩트출판사의 노력을 배려하는 마음에 깊은 감사의 뜻을 전한다.

질문

이 책과 관련해 질문이 있다면 questions@packtpub.com으로 문의하길 바란다. 최선을 다해 질문에 답하겠다. 한국어판에 관한 질문은 이 책의 옮긴이나 에이콘출판사 편집 팀(editor@acornpub.co.kr)으로 문의해주길 바란다.

01

RStudio
통합개발환경의 개요

최근 몇 년 동안 R 프로그래밍 언어 사용자 수가 빠르게 증가했다. 작은 단위의 분석에서 뿐만 아니라 큰 프로젝트에 이르기까지 널리 사용되고 있으며, 여러 사람이 협력해 프로젝트를 하는 경우도 많아졌다. 많은 파일을 다루면서 버전 관리 시스템을 사용해야 하는 경우 등은 전통적인 R 콘솔만으로는 감당하기 어렵다. 점점 더 많은 사람이 R을 사용하게 되고, 이와 같은 이유로 인해 더 나은 개발환경의 필요성이 대두됐다. 이런 니즈에 맞춰 큰 프로젝트를 감당할 수 있고 다른 사람들과 협업을 용이하게 하기 위해서 몇몇 R 팬들이 통합개발환경IDE, integrated development environment을 개발하기 시작했다. 이 통합개발환경이 RStudio다. 이 책에서는 환상적인 소프트웨어 RStudio와 독자들의 R 프로그래밍 수준을 한 단계 올릴 수 있는 방법을 소개한다. RStudio 사용법을 익히고 나면 실생활의 문제들을 더 빠르고 더 효율적으로 해결할 수 있을 것이다.

이 장에서는 RStudio 인터페이스를 소개하고, 이후에 고급 기능에 대한 기초적인 배경 지식을 소개해 나가겠다.

1장에서 다루는 내용은 다음과 같다.

- RStudio 다운로드와 설치
- RStudio 인터페이스 익히기
- RStudio 프로젝트에서 작업하기

█ RStudio 다운로드와 설치

RStudio를 설치하기 전에 컴퓨터에 R부터 설치해야 한다. RStudio가 설치되고 실행될 때 자동으로 설치된 R을 검색하여 이것을 사용한다.

R 설치

RStudio는 설치된 R 프로그램에 의존한다. R은 버전 2.11.1 이상이면 되지만 가장 최신의 R을 설치할 것을 강력히 권고한다. 2017년 9월 기준 가장 최신 버전은 3.4.2이다.

여기서는 대부분의 독자가 윈도우나 맥OS 시스템을 사용하는 것으로 간주할 것이다. R 설치는 매우 간단하다. http://cran.rstudio.com에 가서 시스템에 맞는 R을 다운로드한 다음 기본 설정으로 설치한다.

서로 다른 리눅스 배포판에 R을 설치하는 부분은 가급적 간략하게 설명한다. 나와있는 리눅스 배포판의 종류가 너무 많기 때문에, 이 책에서는 가장 많이 사용되는 우분투를 기준으로 설명하겠다.

우분투 설치

CRAN^{Comprehensive R Archieve Network}는 데비안과 우분투를 위한 저장소를 관리한다. 최신 R 버전을 설치하려면 시스템에 CRAN 저장소를 추가해야 한다.

지원되는 출시본은 다음과 같다. 유토빅 유니콘^{Utopic Unicorn} (14.10), 트러스티 타르^{Trusty Tahr} (14.04;LST), 프리사이스 팬골린^{Precise Pangolin} (12.04;LTS), 루시드 린크스^{Lucid Lynx 10.04;LST}. 최신의 장기 지원^{LTS: Long Term Support} 버전에 대해서만 R 프레임워크 개발 팀이 완전하게 지원한다.

여기서는 우분투 14.04 LTS를 가지고 설명한다. 다음과 같은 단계로 설치한다.

1. 터미널 창을 연다.

2. /etc/apt/sources.list 파일에 우분투 14.04의 저장소를 추가한다.

```
$ sudo sh -c "echo 'deb http://cran.rstudio.com/bin/linux/ubuntu trusty/'
>> /etc/apt/sources.list"
```

3. CRAN에 있는 우분투 저장소는 키를 가지고 접근할 수 있는데 그 키의 아이디는 E084DAB9이다. 우리 시스템에 그 키를 추가해야 한다.

```
$ sudo apt-key adv -keyserver keyserver.ubuntu.com -recv-keys E084DAB9
```

4. 시스템과 저장소를 업데이트한다.

```
$ sudo apt-get update
```

5. 다음과 같이 R을 설치한다.

```
$ sudo apt-get install r-base
```

6. 개발자 패키지를 설치한다.

```
$ sudo apt-get install r-base-devInstalling rstudio
```

윈도우와 리눅스 우분투에서 RStudio를 설치하는 방법은 거의 비슷하다. 왜냐하면 RStudio가 거의 모든 플랫폼을 위한 설치 프로그램을 제공하기 때문이다. 윈도우에서 설치하는 과정은 다음과 같다.

1. http://www.rstudio.com/products/rstudio/download/로 간다.
2. 시스템에 맞는 최신의 설치 프로그램을 다운로드한다.
3. 디폴트 설정으로 RStudio를 설치한다.

여러 버전의 R과 함께 RStudio 사용하기

R은 지속적으로 업데이트되기 때문에 비교적 짧은 기간 동안에도 업데이트 설치를 하고 나면, 컴퓨터에 여러 버전의 R이 설치된 상황이 생긴다. 또는 이전 버전의 R을 사용해야 제대로 동작하는 프로젝트도 간혹 있다. 이런 경우 다음과 같은 방법으로 R 버전을 선택할 수 있다.

윈도우

윈도우에 R을 설치하면 현재 설치하는 버전의 R을 레지스트리에 자동으로 기록한다. 이것이 RStudio가 사용하는 R 버전이 된다. RStudio를 실행할 때 Ctrl 키를 눌러서 사용하고자 하는 R 버전을 선택할 수 있다.

우분투

리눅스에서는 which R이라는 명령으로 현재 시스템에 사용되고 그래서 RStudio도 사용하는 R 버전을 확인할 수 있다. RStudio에서 다른 버전의 R을 사용하게 하고 싶으면(이

전 버전을 사용하거나 관리자 권한 등의 문제로 Documents 폴더에 R을 설치해야만 하는 경우도 있다)
RSTUDIO_WHICH_R=/usr/local/bin/R과 같이 익스포트를 사용해 설정값을 재설정할 수 있
다. 이것을 ~/.profile 파일에 추가한다.

RStudio 업데이트하기

RStudio의 업데이트는 설치하는 것만큼이나 쉽다. 업데이트할 것이 있는지 확인하려면
Help ➤ Check for Updates 메뉴로 이동한다.

업데이트가 있는 경우에는 새로운 버전을 다운로드하고 설치하면 끝이다. RStudio는 모
든 사용자 정보를 사용자 홈 디렉터에 저장하기 때문에 업데이트하고 나서도 기존의 해
당 정보를 사용한다.

RStudio 인터페이스 익히기

이제 RStudio 사용자 인터페이스를 살펴보자.

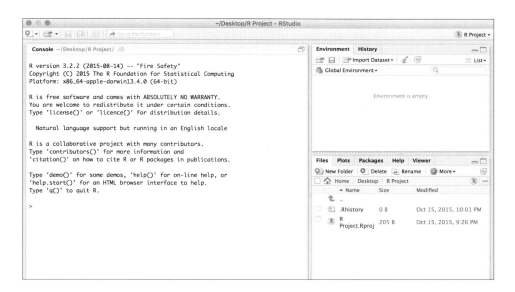

네 개의 주요 창

처음 RStudio를 실행한 화면은 전체가 네 개의 창으로 나뉘어 있다. 네 창의 위치는 Tools ❯ Global Options ❯ Pane Layout 메뉴를 사용해 원하는 대로 바꿀 수 있다.

먼저 File ❯ New File ❯ R Script를 클릭해서 새로운 R 스크립트 파일을 만들고 네 창의 용도를 알아보자.

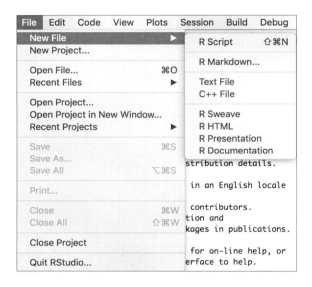

메뉴를 실행하면 새로운 R 스크립트 파일이 Untitled라는 이름으로 창에 보인다.

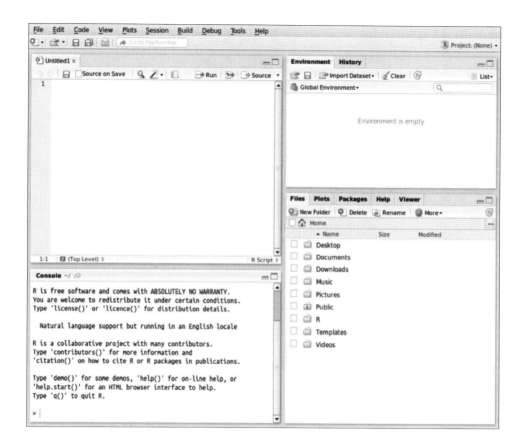

자세히 보면 다음과 같은 이름의 창 네 개를 확인할 수 있다.

- 소스 에디터Source editor 창

- 환경Environment, 히스토리History 창

- 콘솔Console 창

- 파일Files, 플롯Plots, 패키지Packages, 도움말Help, 뷰어Viewer 창

소스 에디터 창

RStudio의 소스 에디터는 최근 수년 동안 변화를 거듭해 이제는 충분한 기능을 갖춘 R 에디터로 자리잡았다. R 스크립트, R 마크다운 또는 R 도큐멘테이션 파일 등 R 개발을 위한 포맷뿐만 아니라 C++, 자바스크립트, HTML 등에 대한 강력한 구문 강조 기능도 갖췄다.

방금 만든 새로운 R 스크립트 파일을 통해 코드 에디터 기능들 중 몇 가지를 알아보자. 기존에 있던 R 문서는 File ❯ Open File을 클릭하거나 단축키인 Ctrl + O를 사용해 열 수 있다.

코드 에디터는 탭으로 구성되어 있어서 다음 화면과 같이 동시에 여러 개의 파일을 열어서 볼 수 있다. 파일에 저장되지 않은 내용이 있는 경우에는 탭에서 파일의 이름이 빨간색으로 바뀌고 별표로 표시된다.

여러 개의 파일이 열려 있어서 RStudio의 탭이 파일의 이름을 다 보여주지 못하는 경우에는 탭의 오른쪽 끝에 두 개의 화살표로 된 버튼이 생긴다. 이것을 클릭하면 열린 파일을 모두 볼 수 있다.

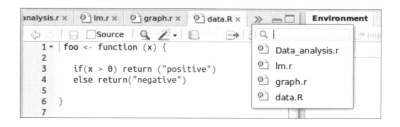

열린 파일의 탭 아래에는 코드 편집기와 관련된 툴을 모아놓은 도구상자가 있다. 이를테면 Source on Save라는 체크박스가 있다. 이것은 재사용할 수 있는 함수를 가지고 작업할 때 특히 필요한 도구다. 이것을 체크한 다음 함수를 수정하고 저장하면, 코드가 글로벌 환경으로 자동 소싱돼 수동으로 다시 함수를 소싱하는 불편을 덜 수 있다.

도구상자에서 볼 수 있는 또 다른 기능은 찾기/바꾸기 도구다. 이것은 모든 텍스트 에디터가 가지고 있는 기능으로, 코드를 검색하고 내용을 바꿀 때 사용된다. RStudio는 검색을 위해 여러 가지 옵션을 제공하는데 이를테면 In selection은 에디터에서 선택된 영역에서만 검색할 때 사용되고, Match case는 대소문자를 구분해 검색할 때 사용한다. 다음 화면에서 작업 과정의 일부를 보여준다.

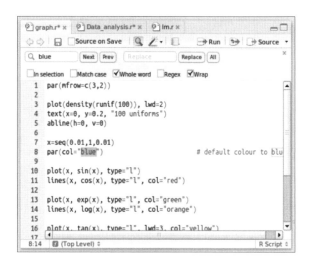

구문 강조

RStudio는 R 언어 정의에 맞춰 코드를 강조해 보여주기 때문에 코드를 읽기가 한결 수월하다. 기본 설정은 다음과 같다.

- R 키워드는 파랑
- 텍스트 문자열은 초록
- 숫자는 어두운 파랑
- 주석은 흐릿한 초록

코드 자동완성

마술봉magic stick처럼 생긴 아이콘을 클릭하면 소스 편집기에서 가장 중요한 메뉴들이 나타난다. 사용하려는 함수의 정확한 인자가 기억나지 않으면 탭Tab 키를 눌러보라. 그러면 설명과 함께 사용가능한 인자의 목록을 볼 수 있다.

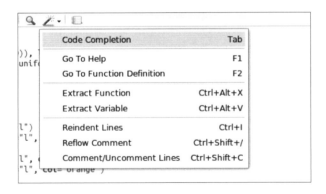

목록을 스크롤해 필요한 인자를 선택할 수 있다. 이 기능은 인자가 많은 함수를 사용할 때 특히 유용하다. 그렇지 않으면 호출하려는 함수의 패키지 문서를 일일이 열어서 확인해야 되기 때문에 시간을 많이 소비하게 된다.

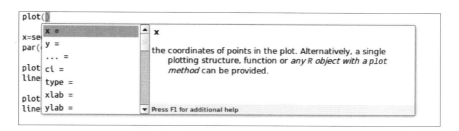

또 함수에 대한 도움말이나 함수 정의를 바로 보여주는 링크를 확인할 수 있고 이것으로 현재 함수가 어디에서 정의된 것인지 보여준다.

그다음 Extract Function, Extract Variable 메뉴를 볼 수 있다. 이 기능은 함수를 생성할 때 도움이 된다. Extract Function 메뉴나 단축키 Ctrl + Alt + X를 클릭하면 선택된 코드를 가지고 함수를 자동으로 만들고 이것을 소스코드에 삽입한다.

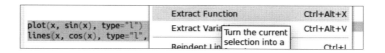

명령을 실행하면 코드는 다음과 같은 모습이 된다.

```
plot_sin_cos <- function (x) {
  plot(x, sin(x), type="l")
  lines(x, cos(x), type="l", col="red")
}
```

마술봉 버튼 옆에는 노트 모양의 Compile Notebook 버튼이 있다. 이 버튼을 누르면 현재 열려 있는 소스 파일을 HTML, PDF, MS 워드 포맷의 노트북으로 컴파일할 수 있다.

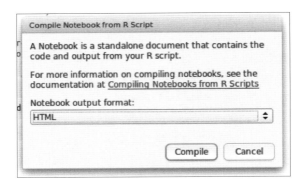

컴파일된 보고서는 새로운 창에서 열린다.

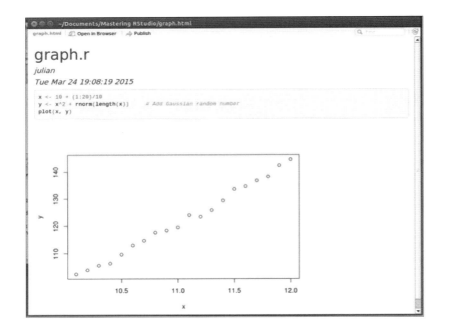

그림에 있는 플롯은 다음 코드를 사용했다.

```
x <- 10 + (1:20)/10
y <- x^2 + rnorm(length(x))
plot(x, y)
```

소스 창에서 R 코드 실행하기

소스코드 메뉴의 가장 오른쪽에 보면 코드를 실행할 때 다음과 같은 버튼들을 사용한다.

- Run 버튼은 한 줄의 코드를 실행하고, 단축키는 Ctrl + Enter이다.
- 이전 영역까지 다시 실행하려면 Ctrl + Shift + P를 누른다.
- Source 버튼은 전체 소스 파일을 실행한다. 단축키는 Ctrl + Shift + Enter이다.

 코드 영역은 코드 에디터에서 접을 수 있는 코드 영역을 의미한다. 나중에 만드는 방법을 설명할 것이다.

커서가 위치한 행 하나만을 실행할 때는 Run 버튼을 클릭하거나 Ctrl + Enter를 클릭한다. 실행하면 커서가 다음 행으로 이동한다.

여러 행을 실행할 때는 실행할 행들을 선택하고 Run 버튼을 누른다.

코드 접기

RStudio는 코드 영역에 대해 자동 접기 또는 사용자 정의 접기folding를 지원한다. 이것은 많은 함수와 긴 스크립트를 다룰 때 특히 편리하다. 이것을 사용하면 블록을 숨기거나 보이게 할 수 있어서 이동이 매우 편리해진다.

RStudio는 소스 에디터에서 다음과 같은 영역을 자동으로 접는다.

- 괄호로 감싸진 영역(함수 정의, 조건 블록 등)
- R Sweave 또는 R 마크다운 문서에서의 코드 청크
- 선택된 코드(사용자 정의)

코드가 접힌 모양은 다음과 같다.

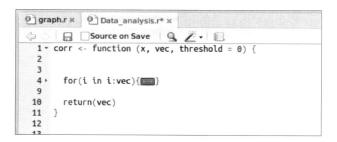

다음과 같은 방법으로 코드의 섹션을 정의하면 큰 소스 파일에서 편리하게 이동할 수 있다.

- #Section One-------------
- #Section Two================
- ### Section Three #################

사용자 정의 섹션을 만들 때, 그 시작은 항상 # 기호를 사용한다. 몇 개를 써도 상관없다. 행의 끝은 −, =, # 문자를 적어도 4개 이상 사용해 표시한다. 그러면 RStudio는 자동으로 그다음에 있는 코드를 섹션으로 정의한다. 코드 섹션 사이를 이동할 때는 에디터의 가장 아래쪽에 있는 Jump To 메뉴를 사용한다.

바닥 메뉴에서 오른쪽을 보면 현재 열려진 소스 파일의 파일 포맷을 설택할 수 있는 버튼이 있다. 일반적으로 RStudio는 파일의 확장자를 읽어서 자동으로 언어 포맷을 선택한다. 만약 매뉴얼로 변경하면 코드 자동완성이나 구문 강조 기능이 새로운 파일 포맷에 맞게 재조정된다.

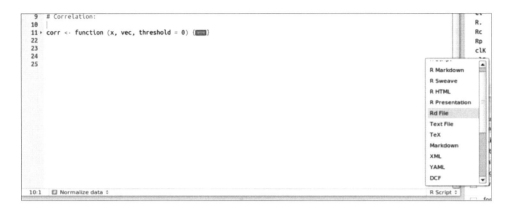

코드 디버깅

RStudio는 코드를 파악하고 버그 등의 문제를 이해하는 데 도움이 될 수 있도록 시각적인 디버거 기능을 제공한다. R에는 여러 용도의 디버깅용 함수가 있는데, 이런 기능은 RStudio 사용자 인터페이스에 통합돼 있다. 메뉴에서 Debug 탭을 선택하거나 Alt + D 단축키를 사용하면 이 기능들을 확인할 수 있다.

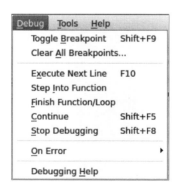

행 번호를 클릭하거나 Shift + F9 키를 누르면 소스 에디터에서 바로 브레이크 포인트를 지정할 수 있다.

디버거 출력물은 코드에서 버그를 더 효율적으로 찾게 도와준다. 이 예제에서는 디버거 출력은 debug.R:10이다. 소스 파일에서 10번째 행을 조사해봐야 한다는 의미다.

환경 창과 히스토리 창

RStudio를 처음 설치한 상태의 디폴트 설정에서는 Environment와 History 탭이 묶여 있다. Ctrl + 8 단축키를 사용하면 Environment 브라우저로, Ctrl + 4를 사용하면 History 창으로 이동한다.

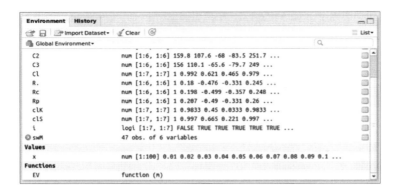

Environment 창은 RStudio가 제공하는 가장 좋은 기능 중 하나다. 이 창에서 현재 환경에 존재하는 모든 객체를 포괄적으로 살펴볼 수 있다. 여기에서 현재 R 세션에 있는 모든 데이터 객체, 값, 함수를 확인할 수 있다.

Environment 브라우저는 관찰 값과 변수의 개수를 보여준다. 그리고 행의 끝에 있는 테이블 모양의 기호를 클릭하면 데이터셋의 실제 값을 살펴볼 수 있다.

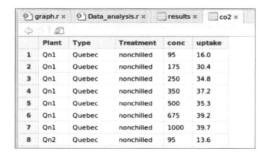

그리고 객체 이름 옆에 있는 파란색 바탕에 하얀색 화살표 버튼을 클릭하면 데이터의 구조를 볼 수 있다. 이것은 기본적으로 str( ) 함수의 출력과 비슷한데, 좀 더 구조화된 형태로 보여준다.

Import Dataset 버튼을 사용하면 외부 파일 등에 저장된 데이터를 쉽게 R로 불러 올 수 있다. 기본적으로 read.csv( ) 함수를 사용하는데 데이터를 불러 올 때 그래픽 인터페이스를 사용해 파라미터를 여러 개 설정할 수 있다. 로컬 파일에서 데이터셋을 불러올 수도 있고 URL을 통해서 웹에 존재하는 데이터셋도 부를 수 있다.

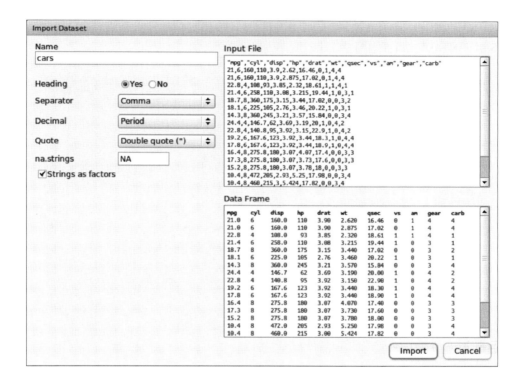

추가로 환경 창은 환경에 있는 객체를 삭제할 수 있는 기능도 제공하는데 정의한 변수나 소싱된 함수를 삭제할 수 있다.

히스토리 창

히스토리History 창은 콘솔에서 입력했던 모든 명령을 보여주며, 이전에 사용했던 것 중에서 선택된 명령을 To Console을 사용해 다시 콘솔로 보낼 수 있고, To Source를 사용해서 열려진 소스 파일로 보낼 수도 있다. 또는 명령들을 선택한 다음 빨간색 X 표시가 있는 종이 모양의 아이콘을 클릭해 히스토리에서 삭제할 수 있다. 빗자루 모양의 아이콘을 클릭하면 전체 히스토리가 삭제된다.

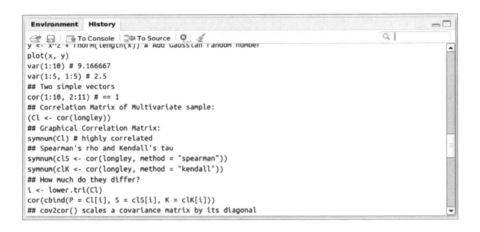

콘솔 창

콘솔 창은 기본적으로 R 콘솔이고 RStudio가 제공하는 추가 기능을 가지고 있다. 소스 에디터에서 사용했던 자동 코드 완성 기능과 히스토리 팝업 기능을 사용해 최근에 사용했던 명령을 볼 수 있다.

콘솔 창에서 사용할 수 있는 키보드 단축키에는 다음과 같은 것들이 있다.

- 명령 자동완성: Tab
- 히스토리 팝업: Ctrl + 위 화살표

- 콘솔 정리: Ctrl + L
- 이전 입력 명령으로 가기: 위 화살표

파일, 플롯, 패키지, 도움말, 뷰어 창

이 창은 이름과 같이 파일^{Files}, 플롯^{Plots}, 패키지^{Package}, 도움말^{Help}, 뷰어^{Viewer}라는 다섯 개의 서브 창으로 구성된다.

파일 창

파일^{Files} 창은 일반적인 R 콘솔과 비교해서 RStudio가 제공하는 가장 크게 개선된 점 가운데 하나다. 파일 창은 현재의 워킹 디렉터리에 있는 모든 파일을 보여준다. 파일의 크기와 마지막으로 수정된 날짜 등에 대한 정보도 제공한다. 파일을 클릭하면 파일에 맞는 애플리케이션이 열린다.

플롯 창

플롯^{Plots} 창은 모든 그래픽이 출력되는 곳이다. 모든 그래픽 출력이 새로운 창에서 열리기 때문에 보통 R 콘솔에서보다 훨씬 쉽게 그래픽 출력을 다룰 수 있다.

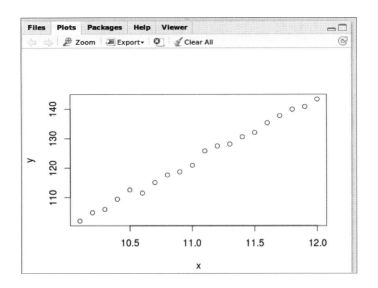

플롯 창에는 그래프를 확대하는 옵션도 있다. 확대 옵션을 사용하면 새로운 창에서 확대된 현재 플롯의 버전을 볼 수 있다.

그리고 Export 버튼을 사용해서 현재 그래픽을 익스포트(저장)할 수 있다. 이 메뉴에는 3개의 옵션이 있다.

- 플롯을 하나의 이미지로 저장하기
- PDF로 플롯을 저장하기
- 플롯을 클립보드에 저장하기

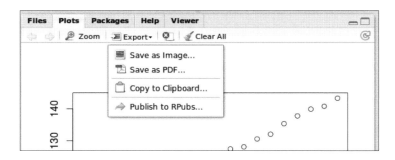

Save as Image... 옵션을 선택하면 이미지 포맷, 저장할 디렉터리, 파일 이름, 이미지의 폭과 높이를 설정할 수 있는 창이 열린다.

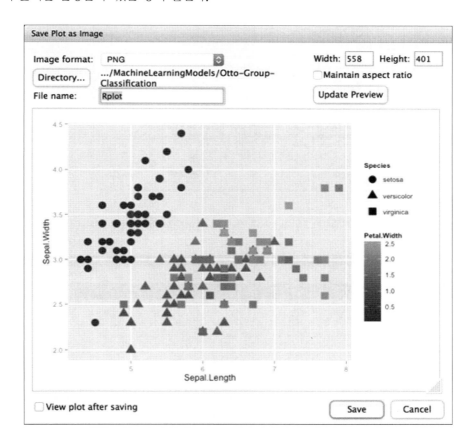

Save as PDF... 옵션은 플롯을 한 장의 PDF 문서로 만들어준다. 설정된 폭과 높이 정보를 사용해 가로 혹은 세로 포맷으로 만든다.

RStudio는 플롯을 RPubs에 발행할 수 있는 옵션도 제공한다. RPubs는 RStudio 회사가 무료로 제공하는 매우 간단한 웹 서비스로 여기에 R 그래픽이나 R 마크다운 문서를 업로드할 수 있다. 웹에 발행된 것들을 링크를 통해 공유할 수 있다. R 마크다운의 여러 기능은 이후 장들에서 설명한다.

Publish 버튼을 클릭하면 새로운 창이 열리고 그 과정을 안내한다.

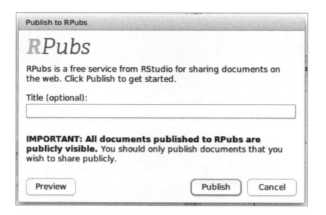

Publish를 클릭하면 새로운 브라우저 창이 열리고 업로드된 보고서가 나타난다.

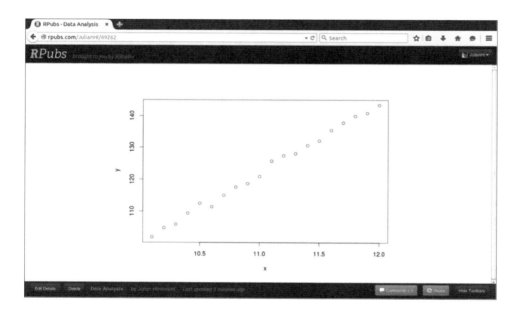

패키지 창

패키지Packages 창은 패키지의 설치, 업데이트, 로딩을 도와준다. 설치된 패키지의 목록, 간단한 설명과 패키지 버전을 보여준다.

패키지 이름 앞의 체크박스를 클릭하면 자동으로 패키지가 로딩되고, 체크를 취소하면 현재 R 세션에서 패키지를 소거detach해 실질적으로 패키지를 언로딩하게 된다.

패키지 창은 그래픽 사용자 인터페이스를 가지고 편리하게 새로운 패키지를 설치할 수 있는 기능을 제공한다. Install 버튼을 클릭만 하면 인스톨 과정을 도와주는 창에 따라 과정을 진행할 수 있다. Install packages 대화창은 우리의 컴퓨터에 로컬로 저장된 패키지들도 인스톨하는 기능을 제공한다.

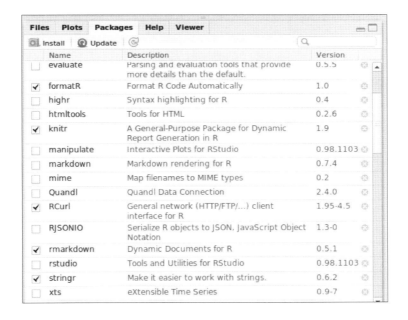

그러고 나면 RStudio가 하는 일을 R 콘솔에서 볼 수 있다.

```
> library("RCurl", lib.loc="~/R/x86_64-pc-linux-gnu-library/3.1")
Loading required package: bitops
> detach("package:RCurl", unload=TRUE)
>
```

도움말 창

R 언어의 큰 장점 가운데 하나는 CRAN에 등재되는 모든 패키지는 패키지 문서를 첨부해야 한다는 점이다. 이런 문서는 CRAN 사이트에서도 찾을 수 있지만 RStudio는 도움말[Help] 창을 통해서 쉽게 확인할 수 있다. 검색 바 또는 F1 키를 가지고도 도움말을 볼 수 있다.

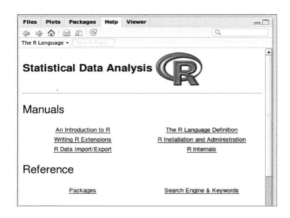

뷰어 창

RStudio의 뷰어[Viewer] 창은 rCharts, googleVis 패키지 등으로 만든 웹 그래픽 같은 로컬 웹 콘텐츠를 볼 때 사용된다. 그리고 샤이니[Shiny]나 오픈CPU 같은 로컬 웹 애플리케이션도 보여준다.

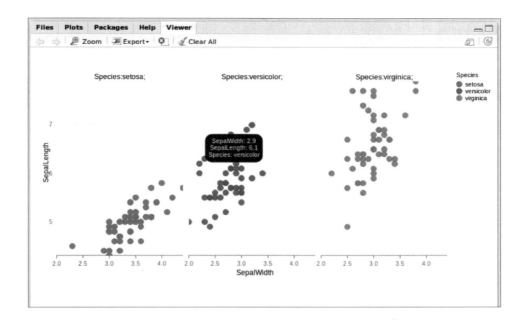

Export 메뉴에 있는 Save as Web Page...를 클릭해보자.

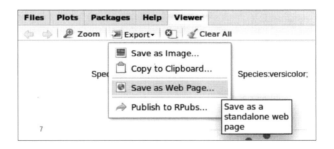

뷰어 창의 Export 메뉴는 앞에서 본 그래픽 익스포트 기능과 유사하다. Save as Image 옵션이 Save as Web Page로 바뀐 것만 다르다. 이 버튼을 클릭하면 독자적인standalone 웹 페이지를 생성한다.

RStudio 커스터마이징

RStudio의 디폴트 옵션은 대다수의 사람에게 적합하도록 설정되어 있는데, 이것을 자신이 원하는 대로 언제든지 그 외관과 창의 레이이웃을 바꿀 수 있다. Tools ➤ Global Options를 클릭하면 Options를 선택할 수 있다.

RStudio는 코드 편집 환경을 바꿀 수 있는 다양한 방법을 제공한다. 이를테면 탭 키를 눌렀을 때 얼마만큼의 공백을 옮길지 정할 수도 있고, 진단 정보diagnostics information도 수정할 수 있다. 그리고 Apperance 탭을 클릭하면 다음과 같은 창이 나타난다.

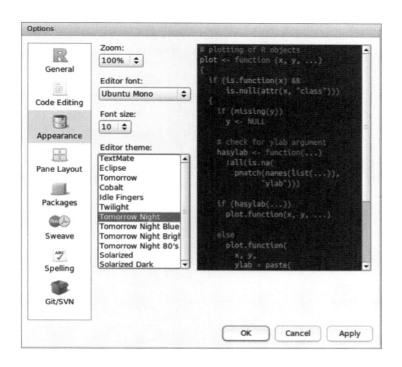

여기에서 코드 에디터에서 사용할 폰트, 에디터 테마 등을 선택할 수 있다. 이런 방법을 통해서 원하는 대로 RStudio의 외관을 바꿀 수 있다.

Pane Layout 탭을 선택하면 주요 창 네 개의 콘텐츠를 수정할 수 있다. 소스, 콘솔, 그리고 필요한 창으로 구성할 수 있다. 그리고 체크박스를 사용해 창에 필요한 요소를 손쉽게 추가할 수도 있다.

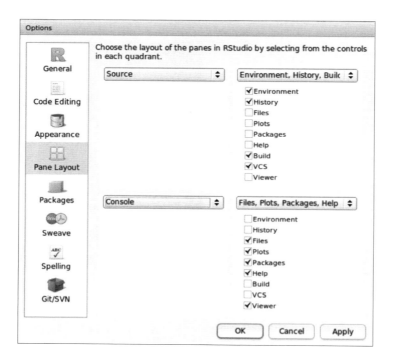

단축키 사용

RStudio를 가장 빠르게 사용하는 방법은 키보드 단축키를 사용하는 것이다. 앞에서 몇 가지를 언급했다. 다음 표에 가장 중요한 단축키를 정리했다.

설명	윈도우와 리눅스	맥
포커스를 소스 에디터로 이동	Ctrl + 1	Ctrl + 1
포커스를 콘솔로 이동	Ctrl + 2	Ctrl + 2
포커스를 Help로 이동	Ctrl + 3	Ctrl + 3
History 창으로 이동	Ctrl + 4	Ctrl + 4
Files 창 보기	Ctrl + 5	Ctrl + 5

(이어짐)

설명	윈도우와 리눅스	맥
Plots 창 보기	Ctrl + 6	Ctrl + 6
Packages 창 보기	Ctrl + 7	Ctrl + 7
Environment 창 보기	Ctrl + 8	Ctrl + 8
문서 열기	Ctrl + O	Command + O
현재 행이나 섹션 코드 실행	Ctrl + Enter	Command + Enter
콘솔 정리하기	Ctrl + L	Command + L
선택된 코드에서 함수 추출하기	Ctrl + Alt + X	Command + Option + X
현재 문서 소싱하기	Ctrl + Shift + Enter	Command + Shift + Enter
브레이크포인트 설정/해제	Shift + F9	Shift + F9

RStudio에서 프로젝트 기능 사용

RStudio 없이 일반 R 콘솔을 사용해 작업할 때는 모든 폴더 구조를 사용자가 직접 생성해야 하기 때문에 큰 프로젝트를 다루는 것이 상당히 어려웠다.

RStudio에서 프로젝트를 정의하고, 이것을 열면 RStudio는 동시에 몇 가지 일을 수행한다. 이를테면 새로운 R 세션을 시작하고 R의 워킹 디렉터리를 작업하는 프로젝트의 디렉터리로 재설정한다. 이런 과정을 거치고 나면 모든 프로젝트에 대해 완전히 독립적인 작업 환경을 구성할 수 있다. RStudio는 프로젝트를 열 때 어떤 창을 활성화할지, 구분자를 어디에 둘지 결정하거나 프로젝트를 닫을 때 이들을 어떻게 할지 등을 지정할 수 있다.

RStudio에서 쉽게 프로젝트를 생성할 수 있다는 것이 R 코드를 작성할 때마다 프로젝트를 꼭 만들어야 한다는 의미는 아니다. 이를테면 작은 분석을 하는 경우에는 이런 작은 스크립트들을 모두 저장할 프로젝트를 하나 만들어서 사용하면 된다.

RStudio로 프로젝트 만들기

RStudio는 프로젝트를 쉽게 만들 수 있는 기능을 제공한다. File ❯ New Project를 클릭하면 다음과 같은 옵션을 가진 팝업창이 나타난다.

- New Directory
- Existing Directory
- Version Control

이들 옵션을 통해서 어디에 프로젝트를 만들지 결정할 수 있다. 그래서 완전히 처음부터 만드는 경우에는 New Directory를 선택하고, 기존의 디렉터리를 프로젝트에 연결하고자 하는 경우에는 Existing Directory를 클릭한다. 버전 관리 저장소로부터 프로젝트를 만들고자 한다면 Version Control을 선택한다. 여기서는 새로운 디렉터리를 만들어 사용하는 경우를 설명한다.

New Directory를 클릭하면 다음과 같은 옵션이 나타난다.

- Empty Project
- R Package
- shiny Web Application

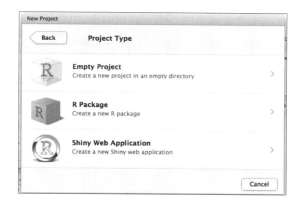

R Package와 shiny Web Application에 관해서는 뒤에서 설명된다. 지금은 Empty Project를
선택한 경우에 집중한다.

프로젝트 위치 정하기

새 프로젝트를 만들 때 가장 고민해야 하는 부분은 저장 위치다. 특히 여러 사람이 협업하
는 프로젝트일 경우에는 선택할 수 있는 옵션과 세부 사항을 결정해야 한다.

프로젝트는 로컬 컴퓨터, 클라우드 저장소, 깃^{Git}과 같은 버전 관리 시스템에 만들 수 있다.

드롭박스와 함께 RStudio 사용하기

장소에 구애받지 않고 사용하려면 드롭박스^{Dropbox} 같은 클라우드 저장소를 사용하는 것이
가장 간단하다. 드롭박스는 계정을 만들면 2GB의 무료 저장 용량을 부여받을 수 있는데
이 정도만으로도 처음 프로젝트를 사용하는 데 충분할 것이다.

드롭박스 동기화 충돌 예방하기

RStudio는 지속적으로 프로젝트의 파일 변화를 모니터하고, 함수와 파일들을 인덱스에
놓고 관리해 코드 자동완성과 내비게이션 기능 등을 제공한다. 그런데 드롭박스를 원격

저장소와 동기화하면서 작업을 하면 드롭박스도 파일을 모니터하기 때문에 동기화 충돌이 발생할 수 있다. 따라서 드롭박스에서 RStudio 프로젝트에 있는 .Rproj.user 디렉터리를 무시하도록 설정해야 한다.

드롭박스에서 파일을 무시하게 만들려면 Preferences ❯ Account ❯ Selective Sync로 가서 .Rproj.user 디렉터리를 언체크하면 된다.

드롭박스는 버전 관리 기능도 제공해서 파일의 과거 버전들을 저장한다.

Version history of 'diamonds.R'

Dropbox keeps a snapshot every time you save a file. You can preview and restore 'diamonds.R' by choosing one of the versions below:

	Version 2 (current)	✏ Edited by Mastering RStudio (julian-VirtualBox)	41 secs ago	101 bytes
◉	Version 1 (oldest)	⊕ Added by Mastering RStudio (julian-VirtualBox)	3 mins ago	31 bytes

프로젝트 만들기

프로젝트를 새로 만들려면 앞에서 설명한 New Directory 옵션을 선택해서 Empty project를 선택한다. 그런 다음 사용할 디렉터리 이름과 저장할 위치를 선택한다. 예를 들어 드롭박스에 projects라는 폴더 아래에 프로젝트를 저장하려면 드롭박스 디렉터리에 이 디렉터리를 만든다.

첫 프로젝트는 '모터 트렌드 US'라는 잡지의 1974년 호에 추출한 데이터셋을 가지고 작은 분석을 하는 것이다. 그 데이터셋은 연비, 자동차 디자인에 대한 내용, 성능 등에 관해서 32개 자동차의 무게, 실린더 수 등을 정리한 것이다. 이 데이터셋은 베이스 R 패키지에 포함되어 있다. 굳이 별도의 패키지를 로딩하지 않아도 자동으로 R을 시작하면 사용할 수 있다.

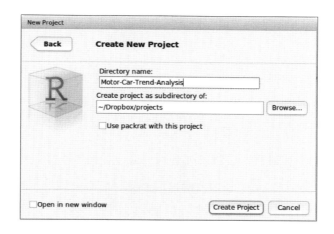

보는 바와 같이 Use packrat with this project 옵션은 언체크된 상태로 두었다. Packrat 은 R 코드를 독립적이고 이동하기 쉽고 재현가능하게 만들어 주는 의존성 관리 도구다. Packvat을 사용하면 특정 프로젝트에 시스템과 독립적인 패키지 라이브러리를 사용할 수 있다. 회사 등 코드가 다양한 컴퓨터 시스템에서 실행되고 수많은 유저가 사용해야 하 는 경우에 특히 중요한 기능이다. 지금 만드는 첫 번째 프로젝트는 로컬에서 실행될 것이 기 때문에 특정 패키지 버전의 조합 등에는 신경쓰지 않으려고 해당 옵션을 언체크했다.

폴더 구성

앞에서와 같이 처음 프로젝트를 생성하면 RStudio는 Motor-Car-Trend-Analysis. Rproj라는 파일만 있는 빈 디렉터리를 만든다. 이 파일에는 RStudio가 프로젝트를 로딩 할 때 필요한 모든 정보가 기록된다. 그런데 뭔가 작업을 하고 프로젝트의 여러 파일을 제 대로 정리하려면 디렉터리에 폴더를 만들어야 한다. 다음과 같은 폴더를 만든다.

- data: 이 디렉터리에는 분석에 필요한 모든 데이터를 넣는다.
- code: 여기에는 데이터를 수정하고, 플롯을 만드는 등의 모든 코드를 넣는다.
- plots: 모든 그래픽 출력물을 보관한다.
- reports: 우리의 데이터셋으로부터 만든 모든 보고서를 보관한다.

가장 기본적인 폴더 구조로써 프로젝트에 맞게 필요한 부분을 수정해 사용해야 한다. 이를테면 data 폴더를 raw, processed 등으로 나눠서 구성할 수 있다. raw에는 처음 시작하는 구조화되지 않은 데이터를 보관하고, processed에는 정제돼 실제로 분석에 사용되는 데이터셋을 보관한다.

데이터 저장

앞에서 살펴본 Motor Trend Car Road Tests 데이터셋은 dataset 패키지의 일부이고, R을 설치할 때 같이 설치되는 패키지 가운데 하나다. 그런데 여기서는 이 데이터에서 몇 개의 변수를 추출한 다음 data 폴더에 CSV 포맷으로 저장할 것이다.

```
#write data into csv file
write.csv(mtcars, file = "data/cars.csv", row.names = FALSE)
```

이 코드를 새로운 R 스크립트 파일 처음에 작성한 다음 code 폴더에 data.R이라는 이름으로 저장한다.

데이터 분석

분석할 스크립트에는 다음과 같이 CSV 파일로부터 데이터를 로딩하는 코드가 가장 먼저 있어야 한다.

```
cars_data <- read.csv(file = "data/cars.csv", header = TRUE, sep = ",")
```

보고서를 내보내기 위한 경로 조정

R 스크립트를 가지고 보고서를 만들고자 하면 먼저 데이터 파일의 상대 경로를 설정해야 하는데 다음과 같이 두 개의 도트로 시작한다.

```
cars_data <- read.csv(file = "../data/cars.csv", header  = TRUE, sep = ",")
```

그런 다음 여러 변수를 살펴보고 먼저 어떤 연관성이 있는지 살펴본다. 다음과 같이 pairs( )라는 함수로 일종의 매트릭스 모양의 플롯을 얻는다.

```
pairs(cars_data)
```

이것을 Plots 창의 Export 기능을 사용해 생성한 플롯을 저장할 수 있다. 그 플롯을 plots 폴더에 이미지로 저장할 수 있을 것이다.

보는 바와 같이 여러 가지 서로 다른 변수들의 조합을 생각해 볼 수 있을 것이고 이 중 일부는 연관성이 높아 보인다. 가장 뚜렷한 연관성은 차의 무게wt와 연비mpg와의 관계다. 무거운 차가 가벼운 차에 비해 더 많은 연료를 필요로 하는 것으로 보인다.

이제 상관도를 계산하고 두 변수 간의 산점도를 통해서 가설을 검증할 수 있다. 추가로 선형회귀분석을 시행해 어떻게 작동하는지 확인해볼 수 있다.

```
cor(cars_data$wt, cars_data$mpg)

install.packages("ggplot2")
require(ggplot2)
```

```
ggplot(cars_data, aes(x = wt, y = mpg)) +
  geom_point(aes(shape=factor(am, labels=c("Manual", "Automatic")))) +
  geom_smooth(method=lm) + scale_shape_discrete(name="Transmission Type")

firstModel <- lm(mpg~wt, data = cars_data)
```

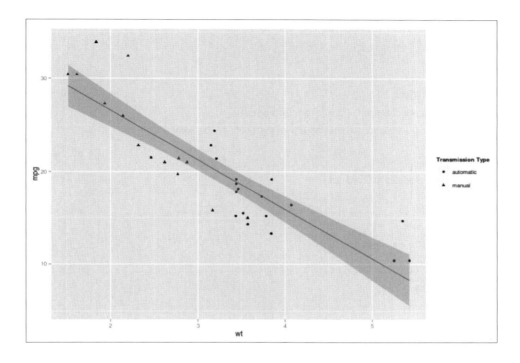

다음과 같이 세부적인 내용을 확인할 수 있다.

```
summary(firstModel)$coef

[1] -0.8676594

print(c('R-squared', round(summary(firstModel)$r.sq, 2)))

[1] "R-squared"   "0.75"
```

두 변수 사이에는 높은 음의 상관 관계가 있다는 것을 볼 수 있고, 첫 모델의 R-squared 값이 0.75로 높은 접합도를 보이는 것을 알았다.

그렇지만 변수들 간의 조합도 확인해봐야 한다. 기본적으로 우리가 하려는 것은 모든 상관들을 테스트하고 가장 적합한 모델을 사용하는 것이다.

여기에서 사용된 통계적인 방법이나 관련된 함수는 설명하지 않았다. 왜냐하면 이 장의 범위에서 벗어나기 때문이다.

```
#다른 변수들의 상관분석
completeModel <- lm(mpg ~ ., data=cars_data)
stepSolution <- step(completeModel, direction = "backward")

#최적의 모델 획득
bestModel <- stepSolution$call
bestModel
```

출력은 다음과 같다.

```
Start:  AIC=70.9

mpg ~ cyl + disp + hp + drat + wt + qsec + vs + am + gear + carb

        Df Sum of Sq    RSS    AIC
- cyl    1    0.0799 147.57 68.915
- vs     1    0.1601 147.66 68.932
- carb   1    0.4067 147.90 68.986
- gear   1    1.3531 148.85 69.190
- drat   1    1.6270 149.12 69.249
- disp   1    3.9167 151.41 69.736
- hp     1    6.8399 154.33 70.348
- qsec   1    8.8641 156.36 70.765
<none>              147.49 70.898
- am     1   10.5467 158.04 71.108
```

```
- wt    1   27.0144 174.51 74.280

Step:  AIC=68.92
mpg ~ disp + hp + drat + wt + qsec + vs + am + gear + carb

        Df Sum of Sq    RSS    AIC
- vs     1    0.2685 147.84 66.973
- carb   1    0.5201 148.09 67.028
- gear   1    1.8211 149.40 67.308
- drat   1    1.9826 149.56 67.342
- disp   1    3.9009 151.47 67.750
- hp     1    7.3632 154.94 68.473
<none>              147.57 68.915
- qsec   1   10.0933 157.67 69.032
- am     1   11.8359 159.41 69.384
- wt     1   27.0280 174.60 72.297

Step:  AIC=66.97
mpg ~ disp + hp + drat + wt + qsec + am + gear + carb

        Df Sum of Sq    RSS    AIC
- carb   1    0.6855 148.53 65.121
- gear   1    2.1437 149.99 65.434
- drat   1    2.2139 150.06 65.449
- disp   1    3.6467 151.49 65.753
- hp     1    7.1060 154.95 66.475
<none>              147.84 66.973
- am     1   11.5694 159.41 67.384
- qsec   1   15.6830 163.53 68.200
- wt     1   27.3799 175.22 70.410

Step:  AIC=65.12
mpg ~ disp + hp + drat + wt + qsec + am + gear

        Df Sum of Sq    RSS    AIC
- gear   1    1.565 150.09 63.457
- drat   1    1.932 150.46 63.535
<none>             148.53 65.121
```

```
- disp     1    10.110 158.64 65.229
- am       1    12.323 160.85 65.672
- hp       1    14.826 163.35 66.166
- qsec     1    26.408 174.94 68.358
- wt       1    69.127 217.66 75.350

Step:  AIC=63.46
mpg ~ disp + hp + drat + wt + qsec + am

        Df Sum of Sq    RSS    AIC
- drat   1     3.345 153.44 62.162
- disp   1     8.545 158.64 63.229
<none>               150.09 63.457
- hp     1    13.285 163.38 64.171
- am     1    20.036 170.13 65.466
- qsec   1    25.574 175.67 66.491
- wt     1    67.572 217.66 73.351

Step:  AIC=62.16
mpg ~ disp + hp + wt + qsec + am

        Df Sum of Sq    RSS    AIC
- disp   1     6.629 160.07 61.515
<none>               153.44 62.162
- hp     1    12.572 166.01 62.682
- qsec   1    26.470 179.91 65.255
- am     1    32.198 185.63 66.258
- wt     1    69.043 222.48 72.051

Step:  AIC=61.52
mpg ~ hp + wt + qsec + am

        Df Sum of Sq    RSS    AIC
- hp     1     9.219 169.29 61.307
<none>               160.07 61.515
- qsec   1    20.225 180.29 63.323
- am     1    25.993 186.06 64.331
- wt     1    78.494 238.56 72.284
```

```
Step: AIC=61.31
mpg ~ wt + qsec + am

        Df Sum of Sq    RSS    AIC
<none>                169.29 61.307
- am     1    26.178 195.46 63.908
- qsec   1   109.034 278.32 75.217
- wt     1   183.347 352.63 82.790
lm(formula = mpg ~ wt + qsec + am, data = cars_data)
```

```
> bestModel
lm(formula = mpg ~ wt + qsec + am, data = cars_data)
```

최적 모형은 다음과 같은 식formula을 가진다.

```
mpg ~ wt + qsec + am
```

위 식을 통해 마지막 모형을 만들고 그 성능을 평가한다.

```
finalModel <- lm(mpg~wt + factor(am) + qsec, data = cars_data)
summary(finalModel)$coef
print(c('R-squared', round(summary(finalModel)$r.sq, 2)))
```

```
                 Estimate Std. Error   t value      Pr(>|t|)
(Intercept)      9.617781  6.9595930  1.381946 1.779152e-01
wt              -3.916504  0.7112016 -5.506882 6.952711e-06
factor(am)manual 2.935837  1.4109045  2.080819 4.671551e-02
qsec             1.225886  0.2886696  4.246676 2.161737e-04
```

```
[1] "R-squared" "0.85"
```

보는 바와 같이 마지막 모델은 qsec이라는 변수를 포함하고 있는데 이것은 4분의 1마일 (약 400m)까지 움직이는 데 필요한 시간을 말하고, am은 자동인지 수동인지를 가르는 변속 장치의 유형을 말한다.

변속기 타입에서 수동manual만이 연비에 상당한 기여를 하는 것으로 보인다.

스크립트를 전부 실행하면 모든 결과가 RStudio에 남아 있다는 것을 알 수 있는데 이것은 일반적인 R 콘솔을 사용할 때와 비교해 큰 장점이 된다.

Plots 창에서 지금까지 만들었던 모든 그래픽을 화살표를 사용해 살펴볼 수 있다.

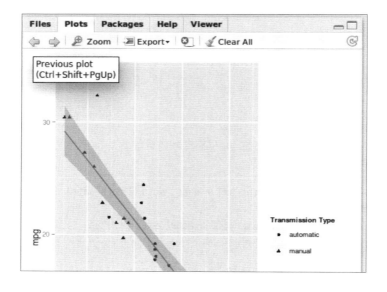

또는 Environment 창에서 어떤 변수들이 있는지 확인해볼 수 있다. 이 분석에서 계산한 모델과 초기 데이터셋을 확인해볼 수 있다.

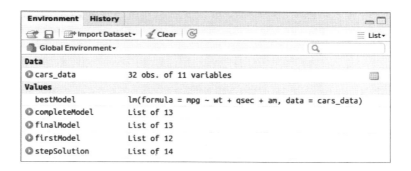

Environment 창에서 테이블 아이콘을 클릭하면 소스 창에서 데이터 프레임을 열어볼 수 있다.

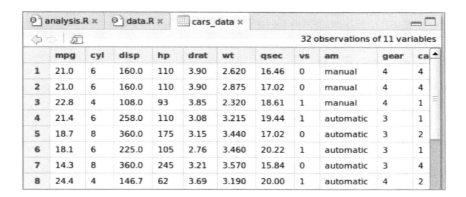

분석된 결과를 보고서로 출력하기

analysis.R 스크립트를 HTML, PDF, MS 워드 같은 포맷의 보고서로 출력할 수 있다. 해당 레포트는 File ➤ Complile Notebook...을 클릭해 안내에 따라 code 폴더에서 찾을 수 있다.

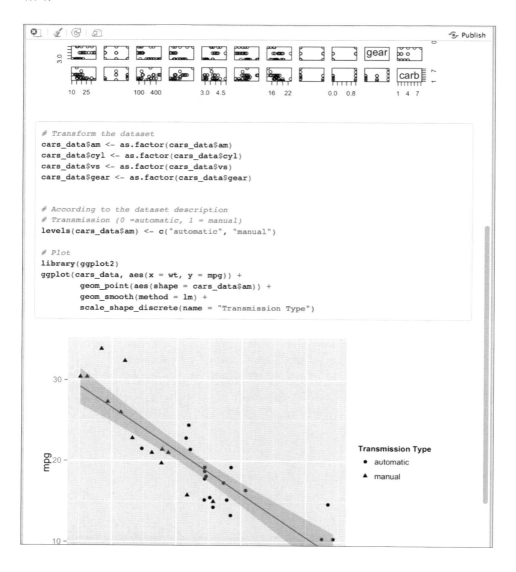

▋ 정리

1장에서는 RStudio를 설치하는 방법, RStudio 사용자 인터페이스에 대한 전반적인 내용을 소개했다. RStudio는 크게 4개의 소스 에디터 창, 콘솔 창, 환경과 도움말 창, 파일/플롯/도움말/뷰어 창으로 구성된다. 각각의 기능들을 배웠다.

또한 RStudio로 프로젝트를 구성하는 방법, 드롭박스와 함께 사용하는 방법, 간단하지만 이런 프로젝트를 구성해 데이터 분석 작업도 해봤다.

2장에서는 R 마크다운을 통해 분석 결과물을 다른 사람들과 커뮤니케이션하는 방법과 작업을 재현 가능하게 구성하는 방법을 설명한다.

02

R 마크다운으로
작업물 공유하기

2장에서 다루는 내용은 다음과 같다.

- R 마크다운을 사용해 재현 가능 연구 방법으로 문서 만들기
- R 마크다운 인터페이스 익히기
- R 코드 청크와 출력 포맷 커스터마이징
- 템플릿과 커스텀 스타일시트 사용하기
- R 마크다운으로 프레젠테이션 만들기

▌ 재현가능 연구의 개념

연구의 재현성은 어떤 결과물의 과학적인 증거를 강화하는 데 있어 필수적인 요소다. 특히 해당 연구가 사회적인 의사결정 과정에 영향을 주는 공공 연구인 경우에 더욱 중요하다. 연관된 모든 데이터셋, 분석 방법, 발견된 내용을 모두 공개해, 그 투명성을 바탕으로 관심있는 사람이라면 누구나 과학적인 연구 결과를 재현해볼 수 있도록 하는 것이 가능하다. 이런 접근 방법은 정확성을 점검할 수 있고, 다른 사람에 의해서 수정되고 검증 가능하다. 재현 가능 연구의 작업 흐름은 다음과 같이 요약할 수 있다.

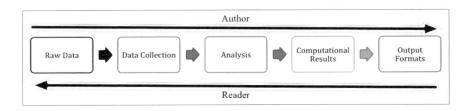

▌ R 마크다운으로 재현가능 연구법으로 문서 작성

재현가능 연구에 대한 개념과 방법만으로도 여러 권의 책을 만들 수 있지만, 여기서는 RStudio에서 R 마크다운을 사용하는 경우에 집중해 설명한다. 더 깊이 들어가기 전에 몇 가지 사전 지식이 필요하다.

마크다운이란

> 마크다운은 텍스트를 HTML로 변환하는 도구로 웹 저술가들을 위한 도구다. 마크다운을 사용하면 읽기 쉽고, 쓰기 쉬운 플레인 텍스트 포맷으로 글을 쓸 수 있고, 구조적으로 유효한 XHTML(또는 HTML)로 바꿔준다.
>
> – 존 그루버, 마크다운 창시자(http://daringfireball.net/projects/markdown/)

마크다운은 문법이 간단하면서도 기존의 HTML 마크업 언어와 유사한 결과물을 얻을 수 있기 때문에, 글을 쓰는 사람들이 빠르고 직관적으로 텍스트를 포맷팅할 수 있다. 다음은 마크다운 문법의 몇 가지 예제다.

- 해시 기호의 사용은 제목을 만든다.

  # 이것은 H1 제목이다.

  ## 이것은 H2 제목이다.

  ### 이것은 H3 제목이다.

  #### 이것은 H4 제목이다.

- 순서 있는 목록을 만들고 싶으면 숫자 다음에 마침표를 사용한다.

  1. 파랑

  2. 초록

  3. 검정

  4. 노랑

- 순서 없는 목록을 만들 때는 *(별표), +(더하기), −(하이픈)을 사용한다.

문해적 프로그래밍이란

문해적 프로그래밍literature programming이란 사람들이 읽기 쉽게 컴퓨터 프로그램을 작성하는 것을 말한다. 기술적인 관점에서 보면 이 방법을 사용할 때는 각각의 프로그램에 대한 (설명) 문서와 소스코드가 하나의 파일에 작성된다. 문해적 프로그래밍 시스템을 구현하려면 다음과 같은 항목이 요구된다.

- 소스코드와 텍스트를 혼합할 수 있다.
- 소스코드 섹션을 순서대로 정렬할 수 있다. 문해적 프로그래밍 시스템이 자동으로 코드를 순차적으로 실행하여, 기계가 읽을 수 있도록 변환한다.

- 그다음 문해적 프로그래밍 시스템은 사람이 읽을 수 있도록 목차, 참고문헌, 기타 부분 등을 생성한다.

사람이 읽을 수 있는 문서를 만드는 과정을 짜기weaving라고 하고, 기계가 읽을 수 있는 문서를 생성하는 과정을 풀기tangling라고 한다.

R과 RStudio를 사용해서 문해적 프로그래밍 원리를 사용하려면 스위브Sweave 또는 니터knitr 패키지를 사용한다.

스위브에 대한 간단 설명

스위브Sweave는 R이 설치될 때 기본으로 따라서 설치된다. 프리드리히 레이쉬Friedrich Leisch 교수가 만든 도구로 레이텍LaTEX을 문서 제작도구로 사용하고 R을 프로그래밍 언어로 사용한다. 스위브가 널리 사용되지 못한 이유는 문서 제작도구로 사용하는 레이텍이 상대적으로 복잡한 마크업 언어라는 제한 때문이다. 그리고 이 도구는 최신의 중요한 기능, 이를테면 캐싱caching 또는 다양한 프로그래밍 언어를 동시에 사용하는 기능 등이 없다.

RStudio에서 R 스위브 문서를 작성해보고 싶으면 File 버튼을 클릭해서 R Sweave를 선택한다.

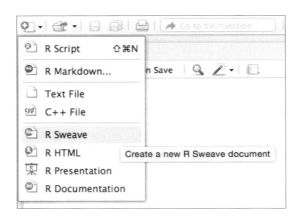

스위브에 대한 자세한 내용은 http://statistik.lmu.de/~leischch/Sweave/에서 찾을 수 있다.

니터로 동적인 보고서 만들기

> 니터(knitr) 패키지는 R을 가지고 동적인 보고서를 위한 투명한 엔진 역할을 하도록 개발
> 됐으며, 스위브의 오랜 문제점을 해결하고 필요한 여러 패키지를 하나의 패키지로 결합했
> 다(knitr = Swave + cacheSweave + pgfSweave + weaver + animation::saveLatex
> + R2HTML::RweaveHTML + highlight::HighlightWeaveLatex + 0.2brew +
> 0.1SweaveListingUtils + more).
>
> — 이휘 지(Yihui Xie), 니터 개발자(http://yihui.name/knitr)

니터 패키지는 스위브의 기술적인 제한 사항들을 극복할 수 있으며, 현재 활발하게 유지 개선되고 있기 때문에 이 패키지를 사용해 R 마크다운 문서를 만드는 방법을 앞으로 소개한다. 니터는 R을 프로그래밍 언어로 사용하지만 파이썬Python, SAS, 펄, 루비와 같은 다른 언어들과 사용하는 것도 가능한다. 문서 작성 언어는 마크다운을 사용하며, 이것을 프로세싱해 HTML, 레이텍, 아스키독AsciiDoc 같은 여러 포맷의 문서를 만들 수 있다.

R 마크다운이란

R 마크다운은 플레인 R 코드와 마크다운을 통합한 것으로 니터 패키지와 오픈소스 문서 변환 도구인 팬독pandoc에 기반을 둔다. 이를 통해서 동적인 문서, 문해적 프로그래밍, 재현가능 연구의 기능들을 통합한다. R 마크다운을 사용하면 R 코드와 마크다운을 결합해, 사람이 읽을 수 있는 텍스트와 컴퓨터 실행 코드를 같이 놓고 작성할 수 있다. 이를 바탕으로 HTML 파일, PDF, 마이크로소프트 워드, 아이오슬라이드 등의 형태로 출력물들을 생산할 수 있다.

레이텍에 대한 간략 설명

레이텍^{LaTeX}은 R 마크다운에서 중요한 요소 중 하나이고, 다음과 같은 특징이 있는 도구다.

> 레이텍은 고품질의 조판을 위한 문서를 만들 수 있는 시스템이다. 주로 중간 크기에서 큰 기술 문서나 과학 문서에서 사용되지만 어떤 형태의 문서에서든 다 사용이 가능하다.
>
> 레이텍은 도널드 크누스(Donal E. Knuth)의 텍(TeX) 조판 언어에 기반하여 그 기능을 확장한 것이다. 레이텍은 1985년 레슬리 램포트(Leslie Lamport)가 처음 개발했으며 현재는 LaTeX3 Project 팀에서 유지 개발하고 있다.
>
> – (http://latex-project.org/intro.html)

R 마크다운 설정

R 마크다운을 사용하려면 몇 가지 설정이 필요하다. 독자들이 이미 최신 R과 RStudio를 컴퓨터에 설치했다고 가정하고 설명할 것이다. RStudio는 자동으로 꼭 필요한 패키지인 `rmarkdown`, `knitr`를 설치하고 또한 마크업 문서 변환 도구인 팬독^{pandoc}도 자동으로 설치한다. PDF 문서를 생성하려면 레이텍이 필요한데 추가로 인스톨해야 한다. 워드 포맷 문서를 원하는 경우에는 마이크로소프트 워드나 리브레 오피스 등이 필요하다.

▌ RStudio에서 R 마크다운 시작하기

다시 말하지만 R 마크다운은 여러 가지 도구를 사용하는데 이것들이 RStudio의 내부 기능으로 잘 녹아 들어가 있다.

첫 R 마크다운 문서 생성

다음 절차에 따라 R 마크다운 문서를 만든다.

1. 먼저 RStudio에서 File ❯ New File을 클릭한 다음 R Markdown...을 선택한다.

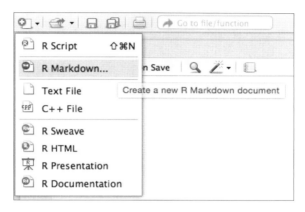

2. 새로운 팝업 창이 열리고 여기에서 여러 가지 값을 설정할 수 있다.

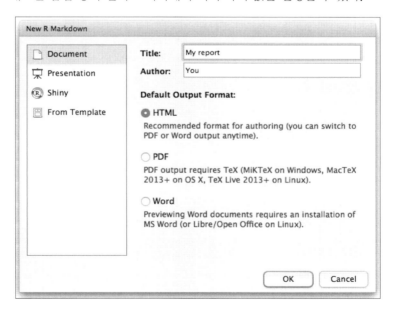

3. 첫 번째 문서에서는 모든 설정을 있는 그대로 사용해본다. 제목(Title)과 저자 이름 (Author)만 바꿔본다.

4. OK 버튼을 누르면 RStudio는 자동으로 일부 내용이 있는 .Rmd 파일을 연다.

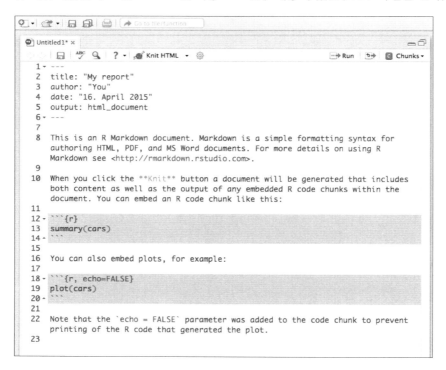

5. Knit 버튼을 클릭하면 문서가 렌더링된다.

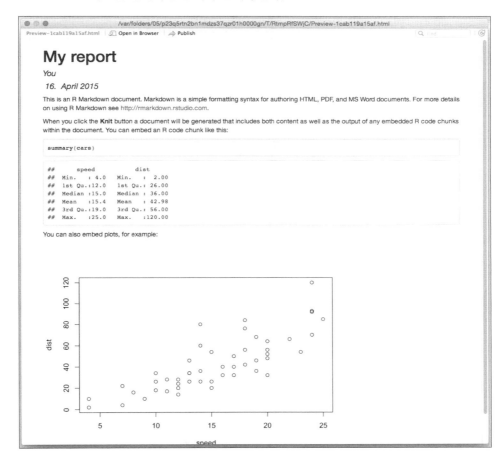

보는 바와 같이 니팅된 파일은 미리보기 창에서 열린다.

6. 디폴트 옵션을 사용하는 대신 RStudio의 설정을 바꿔서 렌더링된 .Rmd 파일을 전용 뷰어 창에서 열리도록 설정할 것을 권한다. Knit HTML 버튼 바로 오른쪽에 있는 작은 아래쪽 화살표를 클릭해 View in Pane을 클릭하면 뷰어 창에서 열리게 할 수 있다.

7. 이렇게 설정하면 R 마크다운 문서와 그 결과를 나란히 놓고 작업할 수 있어서 편리하다.

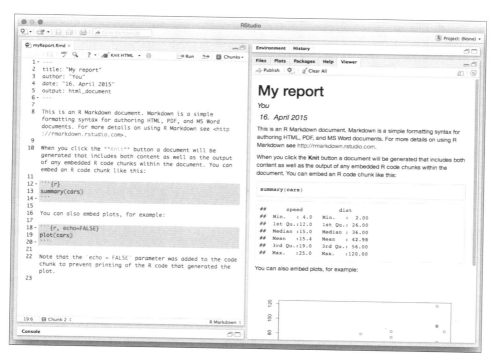

▌ R 마크다운 인터페이스

R 마크다운 방법으로 문서를 만들어 보았기 때문에 RStudio 통합개발환경에 있는 R 마크
다운 관련 인터페이스를 자세히 살펴보자.

R 마크다운 창 살펴보기

다음 화면을 보면 R 마크다운 문서를 프로세싱하는 데 관여하는 3개의 창을 확인할 수
있다.

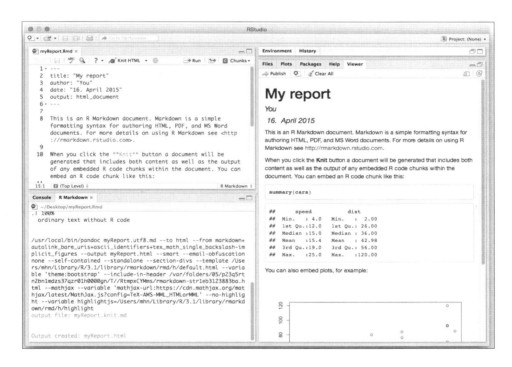

앞에서 권장한 대로 출력은 뷰어 창을 사용하는 것이 좋다. 콘솔 창 옆에는 R 마크다운 콘솔(R Markdown)이 있고 여기에서 .Rmd 파일을 프로세싱하는 과정을 확인할 수 있다. R 마크다운 파일의 코드에서 어떤 에러가 있는 경우에는 실행이 중단되고 오른쪽 구석에 2개의 새로운 버튼이 나타난다.

Output 창에서 첫 에러에 도달하기 전까지 정상적인 프로세스를 확인할 수 있고, Issues 창에서 관련된 에러와 문제가 발생한 행을 확인할 수 있다.

R 마크다운 파일 편집창

R 마크다운 파일 편집창을 살펴보자. 다음은 화면에 보이는 메뉴의 설명이다.

파일 탭 화살표

왼쪽 상단 구석을 보면 두 개의 화살표가 있다. 오른쪽 화살표를 클릭하면 이전 소스 파일 위치로 이동하고, 왼쪽 화살표를 클릭하면 다음 소스 파일 위치로 이동한다.

현재 문서 저장하기

R 마크다운 문서를 저장할 수 있는 디스크 모양의 버튼이 있다. .Rmd 파일 내용이 변경됐을 때 Save 버튼을 클릭하는 것은 출력에 영향을 주지 않는다. 바뀐 내용을 적용하려면 파일을 다시 니팅해야 한다. 그러면 변경된 내용을 반영하여 문서가 만들어진다.

철자 검사

ABC라고 되어 있는 아이콘을 클릭하면 철자 검사를 할 수 있다. 철자에 문제가 없는 경우 작은 팝업 창이 열리고 철자 검사가 끝났다고 알려준다. 어떤 에러가 있는 경우에는 다른 팝업 창이 열리고 잘못된 것으로 보이는 단어들을 보여준다. 정말로 긴 보고서를 작성하다보면 철자 검사 도구가 매우 유용하다는 것을 알 수 있다.

찾기/바꾸기

돋보기 모양의 아이콘은 찾기/바꾸기 기능을 제공한다. 이 놀라운 기능에 대해서는 1장에서 소개했는데, 이것을 사용해 텍스트, 코드를 찾고 바꾸는 일들을 바로 할 수 있다.

물음표

물음표 아이콘을 클릭하면 두 가지 참고 목록이 나타난다.

- Using R Markdown: 이것을 클릭하면 RStudio(http://rmarkdown.rstudio.com/)에
  있는 R 마크다운 레퍼런스 페이지를 브라우저에서 보여준다.
- Markdown Quick Reference: 이것을 클릭하면 RStudio 도움말 창을 새로운 뷰에
  서 보여주고 주요 마크다운 포맷 옵션을 개괄적으로 보여준다.

Knit 버튼

아는 바와 같이 Knit 버튼을 클릭하면 R 마크다운 파일이 니팅 프로세스가 진행된다. 옆
에 있는 아래쪽 방향 화살표를 클릭해 HTML, PDF 또는 워드 등의 출력 포맷을 선택할
수 있다.

기어 모양의 아이콘

기어 모양의 아이콘을 클릭하면 출력 포맷을 설정할 수 있고 선택된 문서 포맷에 대한 세
부 사항들을 설정할 수 있다.

HTML 출력

HTML은 R 마크다운의 디폴트 출력이고 권장되는 출력 포맷이다. 다음 화면에서 보는 바
와 같이 세 영역에서 값들을 설정할 수 있다.

- General 탭에서는 구문 강조를 사용할지, 사용자 정의 CSS 파일을 사용할지 등을 정한다.
- Figures 탭에서는 생성되는 플롯의 디폴트 너비와 높이를 정할 수 있고 플롯에 캡션을 렌더링할지를 결정한다.
- Advanced 탭에서는 부가 옵션이 있다. 이를테면 스마트 구두점(smart punctuation)을 선택하면 자동으로 따옴표 등을 제대로 출력하게 만든다.

PDF 출력

PDF 출력은 세 가지 설정 영역이 있다.

다음은 위 그림에서 볼 수 있는 각 탭에 대한 설명이다.

- General 탭에서는 목차를 넣을지, 구문 강조를 할지 등을 정한다.
- PDF 출력에 대한 Figures 탭은 HTML에서의 설정과 같은데, 그림을 축소할지 등을 정할 수 있다.
- Advanced 탭에서는 레이텍 엔진을 선택할 수 있고, 텍^{TeX} 소스 파일을 유지할지 등을 선택한다.

워드 출력

원한다면 워드 문서로 문서를 니팅할 수 있다. 워드 문서를 위한 옵션은 두 개의 탭(현재는 3개의 탭)이 있다. 다음 화면을 보자.

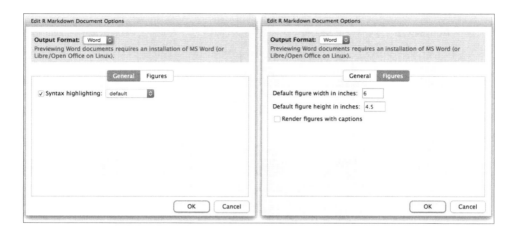

위 화면은 다음과 같이 사용한다.

- General 탭에서는 구문 강조 여부를 선택할 수 있다.
- Figures 탭에서는 HTML에서의 설정과 같다.

Run 아이콘

Run 아이콘은 일반 .R 파일에서 사용했던 것과 같이 선택된 행을 실행하거나 선택된 섹션을 실행할 수 있고, 이전 코드 영역을 다시 실행시킬 수 있다.

Chunks

Chunks 버튼을 클릭하면 다음과 같은 여러 옵션을 선택할 수 있는 드롭다운 메뉴가 열린다.

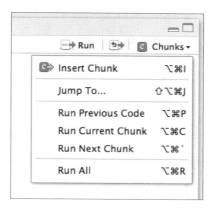

플레인 R 코드 청크를 삽입하거나 파일에 있는 청크 사이를 이동할 수 있다. 그리고 이전, 현재, 다음 청크의 코드를 실행하게 만들 수 있고, 한꺼번에 모든 코드를 실행하게 할 수도 있다. 청크를 실행한 결과는 일반적인 콘솔 창에 표시된다.

Jump 메뉴

Jump 메뉴 역시 코드 청크들에서 빠르게 이동할 수 있도록 도와준다. 코드 청크에 레이블을 붙인 경우에는 더 정확한 청크로 빠르게 이동할 수 있다.

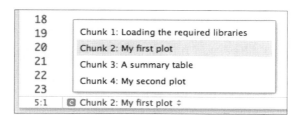

뷰어 창

뷰어 창에서 결과를 볼 때 다음과 같은 옵션을 사용할 수 있다.

Publish 버튼을 클릭하면 R 마크다운 파일을 http://rpubs.com/에 바로 발행할 수 있다.

▌고급 R 마크다운 문서

이제 좀 더 나아가서 니터로 삽입한 코드 청크에 고급 옵션을 적용시켜 보자. 그리고 사용자 정의 스타일 시트를 가지고 보고서를 꾸미는 방법도 배울 것이다.

R 코드 청크

샘플 보고서에서 보았던 바대로 R 마크다운은 코드 청크에 R 코드를 넣고 이것을 컴파일하면 보고서에 실행된 내용이 들어간다.

이 예제 코드 청크는 .Rmd 파일에 R 코드 시니펫을 포함시키는 가장 기초적인 방법을 보여준다. 3개의 백틱(`)으로 시작하고 끝나며 중괄호 안에 r이 들어가서 {r}이 포함된다.

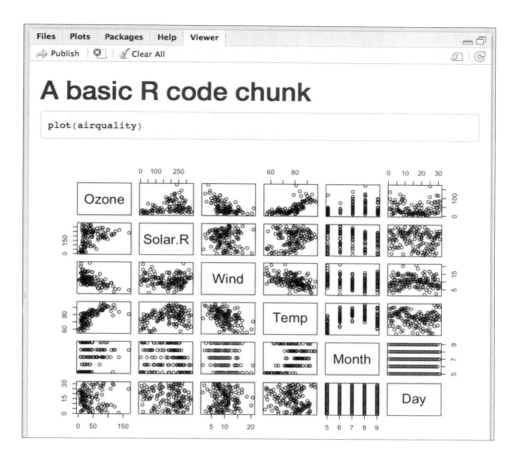

간단한 코드 청크와 함께 출력물에는 H1이 있고, 사용된 R 코드와 완성된 플롯이 결과물에 보인다.

R 코드 청크 커스터마이징

R 마크다운에는 코드 청크를 커스터마이징하는 수많은 옵션이 있다. 사용된 모든 코드와 에러, 경고문 등은 모두 포함되게 기본 설정돼 있기 때문에 이런 옵션들을 가지고 원하는 대로 조절할 수 있다. 코드의 양이 너무 많으면 보고서를 읽는 독자들이 짜증을 낼 수도 있

다. 특히 R 언어에 익숙하지 않은 독자의 경우에는 더욱 그러하다. 그래서 읽기 쉽게 깔끔한 R 마크다운 보고서를 작성할 수 있도록 옵션과 인자를 배울 필요가 있다.

청크 옵션

먼저 보고서에 경고문, 에러, 일반 메시지 등이 표시되기 않게 하는 옵션부터 시작해보자.

에러, 경고문, 메시지 감추기

다음 예에서는 패키지를 하나 로딩하는데, 이럴 때 패키지에 대한 일반정보가 담긴 메시지가 표시된다. 먼저 install.packages("forecast")로 라이브러리를 컴퓨터에 인스톨한다.

청크 옵션 예제

````{r }
library(forecast)
````

그러면 다음 화면과 같은 내용이 출력되는 것을 볼 수 있다.

```
Chunk option example

library(forecast)

## Loading required package: zoo
##
## Attaching package: 'zoo'
##
## The following objects are masked from 'package:base':
##
##     as.Date, as.Date.numeric
##
## Loading required package: timeDate
## This is forecast 5.9
```

패키지를 로딩할 때 코드 청크에 인자를 설정해 이런 메시지가 출력되지 않게 할 수 있다. 이 경우에는 message=FALSE를 괄호 안의 r 다음에 지정한다.

코드 청크의 모양은 다음과 같은 모습이 될 것이다.

```
### 청크 옵션 예제
```{r message=FALSE}
library(forecast)
```
```

이제는 출력물에서 메시지가 사라지고 다음과 같은 모습이 될 것이다.

Chunk option example

```
library(forecast)
```

비슷한 방법으로 warning=FALSE, error=FALSE 옵션을 사용해서 경고문과 에러문이 출력되지 않게 할 수 있다. 하지만 알아둘 내용은 이런 출력은 출력되는 이유가 있기 때문에 무턱대고 무시하는 것은 좋지 않은 습관이다.

귀찮은 코드 숨기기

앞에서 언급한 대로 보고서에 코드가 많으면 읽기 어려워 R 코드 혹은 프로그래밍을 모르는 사람들을 당황하게 만들 수 있다. 이런 문제는 코드 청크에 여러 인자를 추가해 해결할 수 있다.

가장 많이 사용되는 청크 인자는 다음 세 가지다.

- echo = FALSE: 이 옵션을 추가하면 R 마크다운은 청크에 있는 코드를 출력하지 않는다. 단지 실행만 한다.

- eval = FALSE: 이 인자를 사용하면 R 마크다운은 코드를 실행하지 않게 하고, 코드는 출력된다.
- results = 'hide': 이 옵션을 추가하면 어떤 결과도 보이지 않고, 코드 청크의 코드는 실행되고 출력된다.

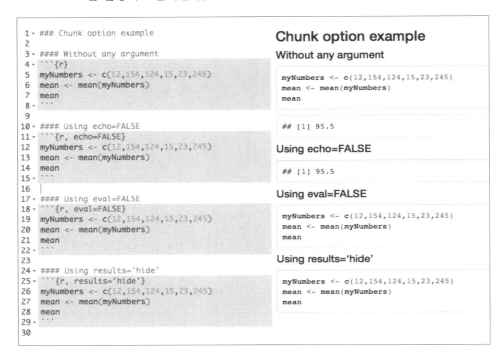

인라인 R 코드 삽입

보고서의 텍스트에 R 코드를 넣을 때는 `r  ` 문법을 사용한다. 그러면 R 마크다운이 코드를 실행하고 그 결과를 그 위치에 출력한다. 물론 이 경우에 결과로 들어갈 것들은 하나의 문자, 문자열 같은 작은 것들일 것이고 표 같은 큰 객체는 아닐 것이다.

```
1 ▾ ### Embedding R code inline
2
3 ▾ ```{r, echo=FALSE}
4   meanHp <- mean(mtcars$hp)
5   maxHp <- max(mtcars$hp)
6   minHp <- min(mtcars$hp)
7 ▾ ```
8
9 ▾ #### Motor Trend Car Road Tests
10
11 ▾ ##### Description
12
13  The data was extracted from the 1974 Motor Trend US magazine, and
    comprises fuel consumption and 10 aspects of automobile design and
    performance for 32 automobiles (1973-74 models).
14  The average gross horsepower of the given 32 automobiles is `r
    meanHp`, while the highest value lies at `r maxHp` hp and the
    lowest gross horsepower of a car in the dataset is `r minHp` hp.
```

코드 파일을 프로세싱하여 니팅한 결과는 다음과 같다.

Embedding R code inline

Motor Trend Car Road Tests

Description

The data was extracted from the 1974 Motor Trend US magazine, and comprises fuel consumption and 10 aspects of automobile design and performance for 32 automobiles (1973-74 models). The average gross horsepower of the given 32 automobiles is 146.6875, while the highest value lies at 335 hp and the lowest gross horsepower of a car in the dataset is 52 hp.

코드 청크의 이름 부여

많은 코드 청크를 사용하는 큰 보고서를 만드는 경우에는 이들 청크에 이름을 부여하는 것이 유용하다. 무엇보다도 이름을 부여하면 코드 청크가 무엇을 하는 것인지 이해하기 쉽고, 또한 이름을 부여하면 보고서 안에서 이 청크를 재활용할 수 있다.

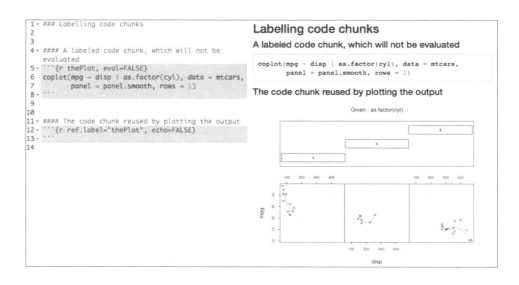

앞의 예에서 본 바와 같이 첫 번째 코드 청크는 thePlot이라고 이름이 부여됐다. 더불어 eval=FALSE라는 옵션을 주었기 때문에 이 코드는 마지막 보고서에 코드만 보인다. 두 번째 코드 청크는 ref.label="thePlot"이라는 인자를 사용해 첫 번째 코드를 재사용한다. 보고서에는 echo=FALSE로 되어 있어서 코드는 보이지 않고 플롯만 출력된다.

팬독과 니터 옵션

알고 있듯이 R 마크다운에는 여러 가지 종류의 기술이 혼합되어 있다. 마크다운으로 쓰여진 텍스트와 코드 청크를 여러 가지 포맷으로 컴파일할 때는 팬독pandoc이라는 도구가 사용된다.

마크업 포맷의 파일을 다른 포맷으로 바꿔야 할 때 팬독은 스위스 칼이 될 것이다.

– 팬독에 대해(http://pandoc.org/index.html)

RStudio에서 새로운 R 마크다운 파일을 생성할 때 새로운 .Rmd 파일에서 3개의 대시 기호로 둘러싸인 코드 4줄을 볼 수 있다. 소스 파일을 니팅한 이후 YAML 헤더라고 불리는 부분은 출력물에 표시되지 않지만 R 마크다운이 그 정보를 꺼내서 사용하게 된다.

```
1  ---
2  title: "My Report"
3  author: "Your Name"
4  date: "16. April 2015"
5  output: html_document
6  ---
7
8  ## Pandoc & knitr options
```

My Report

Your Name

16. April 2015

Pandoc & knitr options

제목, 저자 이름, 날짜 등 YAML 헤더에서 정보를 가져와 컴파일되어 최종 HTML 파일에 출력된다.

출력 포맷

Knit 버튼 옆에 있는 아래쪽 화살표를 클릭하면 출력 포맷을 바꿀 수 있고 HTML, PDF, 워드 문서를 선택할 수 있다. 또는 YAML 헤더에서 직접 바꿀 수 있다. YAML 헤더에 쓸 때는 output이라는 필드 다음에 다음과 같은 형태로 작성한다.

- output: html_document: HTML 파일 생성
- output: pdf_document: PDF 문서 생성
- output: word_document: 마이크로 소프트 워드 파일을 생성
- output: md_document: 마크다운 파일 생성

모든 출력 포맷물은 현재 작업 디렉터리에 저장된다.

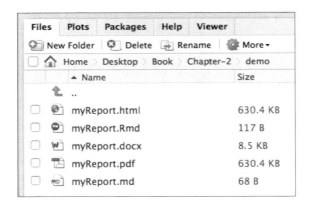

출력물의 외관 변경

YAML 헤더에 세부사항을 추가해 보고서의 테마를 바꿀 수 있다. 출력 설정 창에서 수많은 변경 옵션을 조절 가능하다.

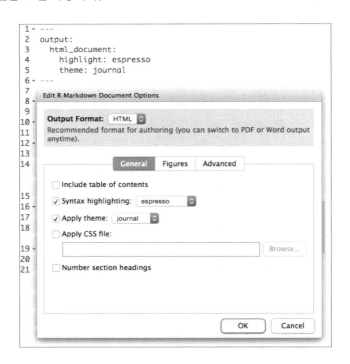

앞의 예에서는 구문 강조를 위해 espresso를 사용했고, CSS 테마를 journal을 선택했다. 이런 테마는 잘 알려진 트위터 부트스트랩 테마에서 가져온 것이다. 그 효과는 다음 화면에서 확인할 수 있다. 왼쪽은 디폴트 구문 강조 기능과 디폴트 CSS 테마를 사용한 것이고 오른쪽은 변경된 내용이 반영된 것이다.

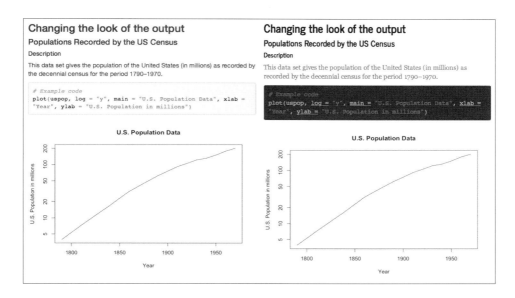

헤더를 수정하면 모든 것을 바꿀 수 있는데, 중요한 것은 들여쓰기에 신경 쓰는 것이다.

```
---
title: "My Report"
output:
  html_document:
    toc: yes
    number_sections: yes
    theme: united
---
```

위와 같은 헤더를 사용하면 목차와 번호가 부여된 제목을 가지면서, united라는 테마를 가진 HTML 파일이 생성된다.

YAML 헤더에서 들여쓰기 기준은 매우 엄격하다. 들여쓰기를 맞추지 않으면 에러 메시지가 R Markdown 콘솔에 표시된다. 이를테면 다음과 같이 되어 있다고 가정해보자.

```
1  ---
2  title: "My Report"
3  output:
4    html_document:
5      toc: yes
6        number_sections: yes
7      theme: united
8  ---
```

그러면 다음과 같은 오류 메시지가 발생한다.

```
Error in yaml::yaml.load(front_matter) :
  Scanner error: mapping values are not allowed in this context at
line 5, column 22
```

YAML에 대한 자세한 내용은 http://yaml.org/를 참고한다.

커스텀 CSS 스타일 시트 사용하기

앞에서 살펴본 바와 같이 HTML을 출력 포맷으로 사용하는 경우 내장된 CSS 테마를 사용하면 전체 외관을 한꺼번에 바꿀 수 있다. RStudio에는 자신이 직접 만든 CSS 파일을 사용할 수 있는 기능이 있다. 그래서 회사 디자인에 적합한 형태로 보고서를 만들 수 있다.

HTML 출력물 설정 창은 툴바의 기어 아이콘을 클릭해서 열 수 있는데, Apply theme 박스를 언체크하고 Apply CSS file을 선택하여 자신이 만든 CSS 파일명을 선택한다.

R 마크다운 템플릿 사용하기

RStudio는 R 마크다운으로 작업할 때 사용자가 직접 정의한 템플릿을 사용할 수 있는 옵션을 제공한다. 템플릿을 반복 사용하는 경우에는 이것이 큰 의미를 갖는다. 단순히 CSS 파일을 사용해 외관을 바꾸는 것뿐만 아니라 R 마크다운 템플릿을 가지고 아주 세부적인 내용까지 조절할 수 있다. 폰트, 색상뿐만 아니라 완전히 새로운 포맷을 적용해 특별한 포맷을 만들 수 있다. 일반적으로 이러한 템플릿은 R 패키지의 형태로 배포되고 인스톨된다. RStudio는 디폴트로 두 개의 템플릿을 미리 인스톨한다. 하나는 패키지 비니에트 문서용이고 다른 것은 터프트 핸드아웃^{Tufte Handout}이라고 부르는 것이다 .

R 마크다운 생성창에서 From Template 메뉴를 선택하면 이들 템플릿을 볼 수 있다.

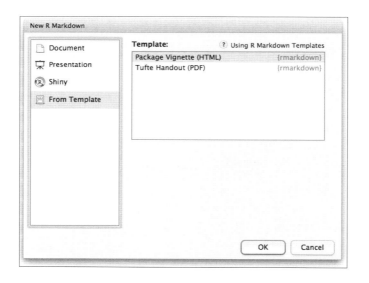

패키지 비니에트

패키지 비니에트는 html_document 포맷에 커스텀 CSS를 사용하여 만드는데, 비이에트 저술과 관련된 내용에 맞게 커스터마이징한 예다. 패키지 비니에트 포맷과 커스텀 템플릿에 대한 소스코드는 직접 HTML에 기초한 포맷을 생성해 볼 수 있는 좋은 시작점이 될 수 있다.

R 마크다운 v2 가이드 (http://rmarkdown.RStudio.com/developer_document_template.html)

패키지 비이에트^{vignette} 파일은 마크다운으로 포맷 텍스트와 예제 코드 청크로 이미 채워져 있다. 그 모양은 다음과 같다.

```
1  ---
2  title: "Vignette Title"
3  author: "Vignette Author"
4  date: "`r Sys.Date()`"
5  output: rmarkdown::html_vignette
6  vignette: >
7    %\VignetteIndexEntry{Vignette Title}
8    %\VignetteEngine{knitr::rmarkdown}
9    %\VignetteEncoding{UTF-8}
10 ---
11
12 Vignettes are long form documentation commonly included in
   packages. Because they are part of the distribution of the
   package, they need to be as compact as possible. The `html_vigne
   tte` output type provides a custom style sheet (and tweaks some
   options) to ensure that the resulting html is as small as
   possible. The `html_vignette` format:
13
14 - Never uses retina figures
15 - Has a smaller default figure size
16 - Uses a custom CSS stylesheet instead of the default Twitter
   Bootstrap style
17
18 ## Vignette Info
19
20 Note the various macros within the `vignette` setion of the
   metadata block above. These are required in order to instruct R
   how to build the vignette. Note that you should change the
   `title` field and the `\VignetteIndexEntry` to match the title
   of your vignette.
21
22 ## Styles
23
24 The `html_vignette` template includes a basic CSS theme. To
   override this theme you can specify your own CSS in the document
   metadata as follows:
25
26     output:
27       rmarkdown::html_vignette:
28         css: mystyles.css
29
```

Vignette Title

Vignette Author

2015-04-18

Vignettes are long form documentation commonly included in packages. Because they are part of the distribution of the package, they need to be as compact as possible. The html_vignette output type provides a custom style sheet (and tweaks some options) to ensure that the resulting html is as small as possible. The html_vignette format:

- Never uses retina figures
- Has a smaller default figure size
- Uses a custom CSS stylesheet instead of the default Twitter Bootstrap style

Vignette Info

Note the various macros within the vignette setion of the metadata block above. These are required in order to instruct R how to build the vignette. Note that you should change the title field and the \VignetteIndexEntry to match the title of your vignette.

Styles

The html_vignette template includes a basic CSS theme. To override this theme you can specify your own CSS in the document metadata as follows:

```
output:
  rmarkdown::html_vignette:
    css: mystyles.css
```

터프트 핸드아웃

에드워드 터프트는 통계학자이자 예술가인 예일대학교 교수다. 그는 데이터 시각화와 관련된 유명한 4권의 책을 직접 쓰고, 디지인하고, 스스로 출판했다.

EdwardTufte.com(〈http://www.edwardtufte.com/tufte〉)

터프트 핸드아웃Tufte Handout은 애드워드 터프트의 유명한 책에서 사용된 스타일에 맞춰진 포맷이다. 여기에는 폰트, 타이포그라피, 본문의 텍스트와 그래프의 적절한 결합, 방주를 광범위하게 사용할 수 있는 템플릿이다. 템플릿을 만들면 다음과 같은 PDF 문서가 출력된다.

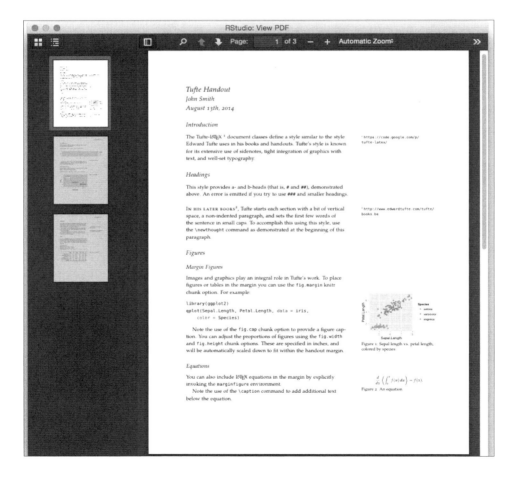

R 노트북 컴파일링

R Notebook은 R 스크립트 파일을 HTML 등으로 빠르게 렌더링하는 것을 말한다. RStudio 콘솔에서 rmarkdown::render("yourfilename.R")이라고 입력하면 R 스크립트가 HTML 버전으로 바뀐다.

R 마크다운 프레젠테이션 만들기

R 마크다운으로 프레젠테이션도 만들 수 있다. New File ➤ R Markdown...을 클릭해서 팝업된 창에서 Presentation 아이템을 선택한다. 아이템을 선택하면 RStudio는 3개의 출력 옵션을 기본 값으로 제공한다.

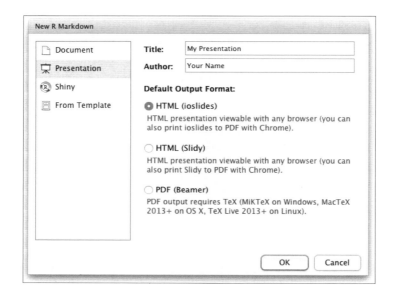

대신에 기존의 R 마크다운 문서에서 다음과 같은 YAML 헤더를 수정하여 사용할 수도 있다.

```
---
title: "My Report"
author: "Your Name"
output: html_document
---
```

이것을 다음과 같이 바꾼다. 이것은 slidy 프레젠테이션을 만든다.

```
---
title: "My Report"
author: "Your Name"
output: slidy_presentation
---
```

이런 내용은 beamer_presentation과 ioslides_presentation에서도 똑같이 적용된다. 모든 R 마크다운 프레젠테이션은 뷰어 창에서 열리지 않고 새로운 창에서 열린다.

ioslides

ioslides 프레젠테이션은 HTML 문서의 일종이며 새로운 슬라이드는 #으로 시작한다. 새로운 슬라이드를 만들 때 해시 기호를 하나만 사용하면 슬라이드의 배경이 검정색이 되고, 해시 기호를 두 개 사용하면 배경이 밝아진다. 첫 슬라이드의 내용은 YAML 헤더에서 가져온다. 다음 예제를 보자.

```
---
title: "My Report"
author: "Your Name"
output: ioslides_presentation
---

# Next slide (background will be dark)
... content ...

## Next slide (background will be bright)
... content ...
```

```
# Next slide (background will be dark)
... and so on ...
```

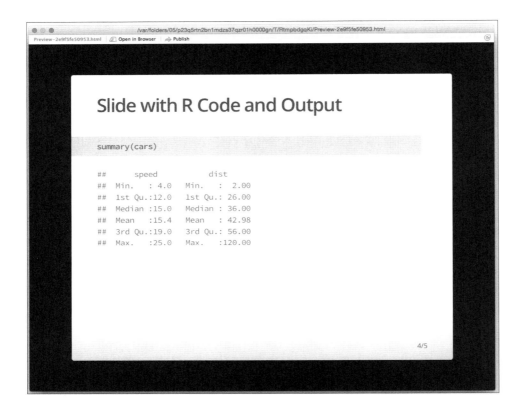

Slidy

Slidy 프레젠테이션 역시 니팅을 거치고 나면 하나의 HTML 문서가 되는데, ioslides 보다는 약간 더 정교하다. 이를테면 slidy는 처음부터 목차를 보여준다. 더불어 총 슬라이드의 개수 등도 보여준다.

여기서도 # 기호를 사용해 새로운 슬라이드를 만들 수 있다. 해시 기호를 하나를 쓸지, 두개 쓸지 결정해야 한다. 배경은 항상 밝은 상태다.

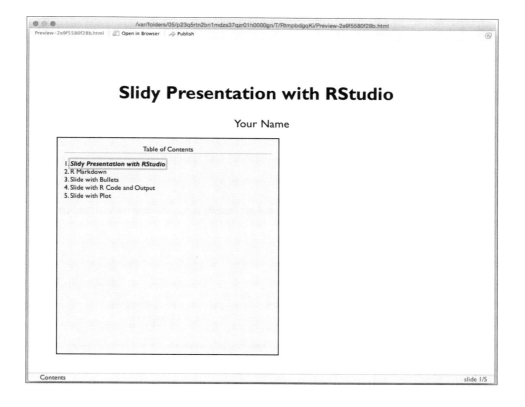

Beamer

Beamer 프레젠테이션은 PDF로 컴파일된다. 새로운 슬라이드를 만들려면 하나 혹은 두 개의 해시 기호를 사용하는데, 이것은 slidy 프레젠테이션과 같다. Beamer 프레젠테이션은 레이텍을 위한 수많은 옵션을 설정할 수 있어서 매크로 등을 사용할 수 있다.

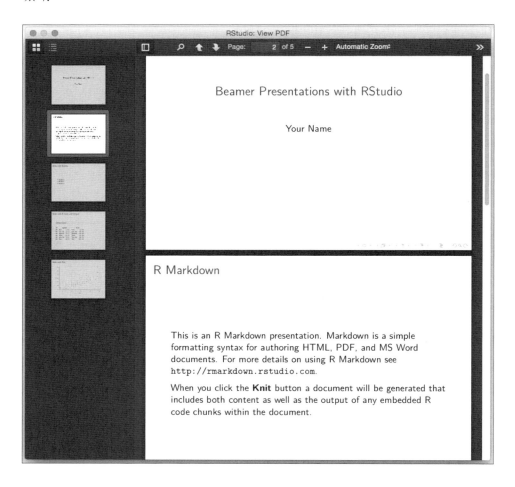

▍정리

2장에서는 R 마크다운 문서와 프레젠테이션을 만드는 방법을 배웠다. 도입부에서는 재현가능 연구의 개념에 대한 기초를 알았으며, RStudio 통합개발환경에서 R 마크다운을 가지고 어떻게 이 개념을 구현하는지도 설명했다. R 마크다운 작업에 필요한 패키지 등을 설치했다.

RStudio 통합개발환경에서 R 마크다운 기능을 사용하는 인터페이스를 살펴봤고, 관련된 함수와 그 사용법을 알아보았다. 마크다운과 R 코드를 통합시키는 방법과 더불어 HTML, PDF, 워드 문서 등 다양한 출력 포맷에 대해서도 살펴봤다. 이제 고급 R 마크다운 문서와 프로젠테이션을 만들 수 있게 됐다.

3장에서는 R, RStudio, 그리고 관련된 패키지를 사용해 데이터를 시각화하는 방법에 초점을 맞춘다. R의 기초 그래픽 시스템과 래티스 그래픽 시스템을 소개하고, ggplot2 패키지와 ggvis 패키지 등을 자세히 설명한다. 그리고 인터랙티브 데이터 시각화를 위한 혁신적인 라이브러리도 소개한다.

03

R 그래픽 시스템의 기초

3장에서 다루는 내용은 다음과 같다.

- R 그래픽 시스템과 그래픽 디바이스
- 기본(베이스) 플롯팅 시스템
- 래티스lattice 시스템을 사용해 차트 만들기
- 그래프의 문법grammer of graphics과 ggplot2
- ggplot2를 사용해 간단한 그래프와 고급 그래프 만들기
- ggvis 패키지 소개
- 인터랙티브 플롯을 만들 수 있는 다양한 R 패키지 소개

█ R 그래픽 시스템

우리가 일상으로 사는 모든 곳과 일하는 모든 공간에는 항상 그래프(플롯)가 있다. 대다수의 사람들은 숫자로만 구성된 표를 보고 인과 관계를 이해하는 것을 어려워한다. 데이터를 시각화하면 사람들은 변수 간의 관계를 빠르게 이해한다. R에는 이런 데이터 시각화에 알맞은 기능들이 있다.

R의 그래픽 디바이스 소개

데이터를 시각화할 때 만들어진 플롯은 그래픽 디바이스로 출력된다. 그래픽 디바이스에는 세 종류가 있다.

- 파일 디바이스는 벡터 출력이라고도 불리는데 PDF, PostScript, xfig, pictex, SVG, win.metafile 등이 여기에 속한다.
- 비트맵 디바이스로는 PNG, JPEG, TIFF, BMP 등이 있다.
- 스크린 디바이스는 플랫폼에 따라 다르다. 맥OS X에서는 quartz( )가 사용되고 윈도우에서는 windows( )이며, 리눅스/유닉스에서는 x11( )이다.

일반적인 R 콘솔에서 플롯을 생성하면 해당 그래픽은 스크린 디바이스로 보내진다. 당연한 이야기지만 하나의 운영체계에서는 운영체제에 맞는 단 하나의 스크린 디바이스가 사용된다. 그래서 윈도우에서는 맥용 그래픽 디바이스인 quartz( )를 론칭할 수 없다. 빠르고 쉽게 데이터를 시각화하기 위해서는 스크린 디바이스가 가장 유용하고, 이것이 디폴트로 사용된다. 그러나 보고서나 파일 출력물을 만들 때는 비트맵 디바이스를 활용해야 한다. 선과 적은 수의 점을 가진 플롯을 다룰 때는 벡터 포맷이 특히 적합하다. 많은 수의 점을 가진 플롯을 사용할 때는 비트맵 디바이스를 선택한다.

다음 절부터 우리는 R에서 가장 유명하고 많이 사용되는 그래픽 패키지를 자세히 설명한다. 최신 인터랙티브 기능을 제공하는 패키지들도 소개한다.

▋ 기본 R 그래픽 패키지

R에 내장된 그래픽 패키지를 보통 기본 그래픽 시스템^{base graphic system, base plotting system}이라고 한다. 데이터를 그래프로 만들 때 디폴트로 사용되는 시스템이라서 이것을 먼저 언급할 수밖에 없다. R의 graphics라고 불리는 패키지가 이러한 기본 플롯팅 함수들을 제공하고, grDevices 패키지가 시스템 디바이스를 호출해서 이런 기본 플롯팅 시스템을 구축하는 역할을 한다.

플롯이 만들어지는 과정은 크게 두 가지 과정으로 나눠서 생각할 수 있다.

1. 새로운 플롯을 위한 초기화
2. 기존 플롯에 추가하기

plot() 함수는 하나의 그래픽 디바이스를 호출하여 데이터를 사용해 디바이스에 플롯을 만든다. 이 함수는 여러 가지 기초 그래프 타입과 플롯에 주석을 부여하는 여러 인자를 가지고 있다. 더 나아가 여러 가지 파라미터를 사용해 생성되는 그래프의 타입을 쉽게 커스터마이징할 수 있다.

기본 플롯 만들기

내장된 library(datasets)에서 JohnsonJohnson 데이터셋을 이용해 플롯을 만들 것이다. 이 데이터셋은 1960년에서 1980년까지 존슨앤존슨 분기별 주당 수익률에 관한 것이다.

먼저 다음과 같이 plot() 함수를 사용해 데이터셋을 시각화해보자.

```
plot(JohnsonJohnson)
```

위 코드를 실행하면 다음과 같은 선 그래프가 만들어진다.

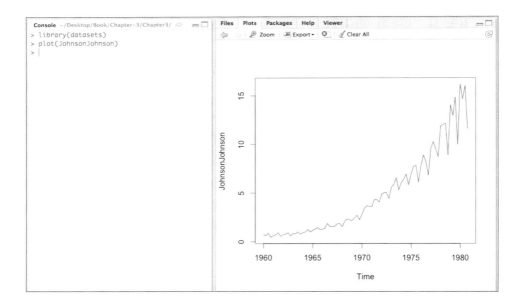

RStudio는 모든 플롯을 Plot 창에서 렌더링한다. 결과적으로 보여지는 그래프는 선 그래
프인데, 이것은 데이터셋이 시계열time-serise 객체이기 때문이다. ChickWeight 데이터셋을
사용한다면 이것은 먹이가 어떻게 병아리의 초기 성장에 영향을 주는 것을 기록한 데이
터 프레임이기 때문에 plot( ) 함수의 결과는 다음과 같이 이전과는 다르게 보일 것이다.

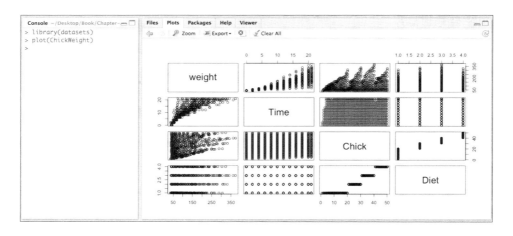

단순 선 그래프 대신에 우리는 여러 개의 상자와 데이터셋의 네 개의 변수에 대한 점들로 구성된 그래프를 얻게 된다. 이것은 간단한 산점도 매트릭스로 전체 데이터셋을 조망하는 데 도움이 된다.

기본 그래픽 사용하기

plot( ) 함수 이외에 여러 종류의 그래프를 만들 수 있는 기본 플로팅 함수들이 있다.

플롯 타입	함수	함수 인풋
히스토그램	hist(x)	x는 숫자형 벡터라야 한다.
막대 그래프	barplot(height)	height는 벡터이거나 매트릭스라야 한다.
도트 플롯	dotchart(x, labels=)	x는 숫자형 벡터이고 labels는 레이블 문자열이다.
박스 그래프	boxplot(x, data=)	x는 포뮬러이고 data는 데이터프레임이다.
산점도	plot(x, y)	x, y는 숫자형 벡터이다.
파이 차트	pie(x, labels=)	x는 숫자형 벡터이고 양수이며, labels는 레이블 문자열 벡터이다.
밀도 플롯	plot(density(x))	x는 숫자형 벡터이다.
매트릭스 플롯	matplot(x, y)	x, y는 숫자형 벡터이거나 행렬이고, 행의 수가 같아야 한다.

다음은 위 표에서 언급된 모든 타입의 플롯이다. 여기에 사용된 데이터셋은 mtcars와 cars 이다.

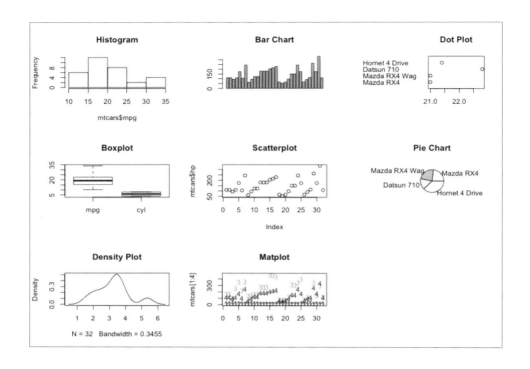

기본 그래픽을 위한 파라미터

기본 그래픽 파라미터는 par( ) 함수를 사용해 설정한다. par( ) 함수를 사용한 내용은 R 세션에서 생성되는 모든 플롯에 영향을 미치는 글로벌 파라미터로 사용된다. 글로벌 파라미터는 로컬 플롯에서 파라미터를 새로 지정하면 재설정(어버라이딩)된다.

위의 여러 가지 플롯을 보여주는 화면에서 마지막 그래프는 par( ) 함수를 사용한 간단한 예의 하나다. 이 경우에는 mfrow(c(nr, nc))라는 파라미터를 사용해 7개의 플롯을 한꺼번에 출력했다. mfrow( )는 행을 우선하여 플롯을 출력하고, c(nr, nc)는 전체 모양이 nr×nc 모양의 배치가 되도록 한다.

위에서 사용된 R 코드는 다음과 같다.

120

```
par(mfrow=c(3,3))
hist(mtcars$mpg, main = "Histogram")
barplot(mtcars$hp, main = "Bar Chart")
dotchart(mtcars$mpg[1:4], labels=row.names(mtcars), main = "Dot Plot")
boxplot(mtcars[1:2], main = "Boxplot")
plot(mtcars$hp, main = "Scatterplot")
pie(mtcars$disp[1:4], labels = row.names(mtcars), main = "Pie Chart")
plot(density(mtcars$wt), main = "Density Plot")
matplot(mtcars[1:4], main = "Matplot")
```

이미 언급했지만 수많은 기본 그래픽 파라미터가 있다. 여기서는 가장 흔하게 사용되는 것들만 살펴본다.

- mfrow, mfcol 파라미터는 행/열당 플롯의 수를 정한다. 행을 기준으로 할지 열을 기준으로 할지에 따라 mfrow, mfcol을 선택한다.
- mar는 여백 크기를 숫자형 벡터로 지정한다.
- pch는 하나의 정수이거나 문자인데 플롯에 사용되는 점의 모양을 바꾼다.
- las는 숫자로 축 값의 방향을 바꾼다.
- lty는 숫자로 선의 타입을 바꾼다. 이를테면 3은 도트로 된 선을 나타낸다.
- bg는 플롯의 배경색을 지정한다.
- col은 플롯의 점 색을 지정한다.
- col.lab은 x, y 축의 레이블 색을 지정한다.
- oma는 숫자형 벡터로 지정하는 데 외부 마진 크기를 정한다.
- Appendix에서 사용가능한 모든 파라미터 목록을 확인할 수 있다.

다음 코드 스크립트에서는 위에서 배운 파라미터를 사용해 표준 산점도의 모양을 바꿔본다.

```
## 일반적인 산점도
plot(mtcars$hp, main = "Standard Scatterplot")
## 수정된 파라미터를 사용한 산점도
par(bg = "grey", las = 2, mar = (c(10, 4, 4, 15) + 0.1), pch = 17, col.lab =
"blue", col.main = "red")
plot(mtcars$hp, main = "Scatterplot with Parameters")
```

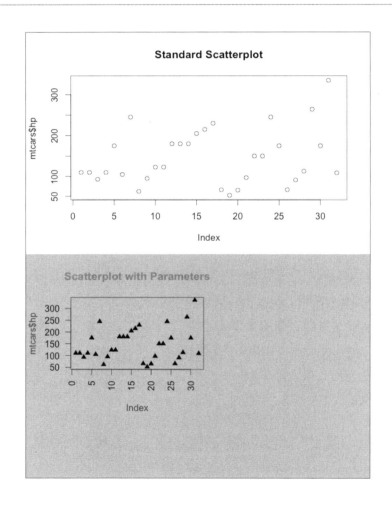

기본 플롯에 그래픽 요소 추가

이미 설명했던 plot( ) 함수나 서로 다른 타입의 차트를 만들 때 사용하는 hist( ) 같은 함수들과 더불어, 기본 플롯에 그래픽 요소를 추가할 수 있는 많은 보조 함수가 있다. 여기서 중요한 것은 다음에 설명할 함수들은 기존 플롯에 정보를 추가만 할 수 있다는 점이다. 독자적으로 사용하면 차트를 생성하지 않는다. 그러나 이들 함수들 역시 앞에서 소개한 일반적인 그래픽 파라미터를 그대로 사용한다.

- lines: x, y 벡터나 두 열의 행렬로 만들어지는 점들을 서로 연결한다.
- axis: 이 함수는 플롯에 축을 추가할 수 있는데 자체적으로 여러 파라미터를 가지고 있어서 위치, 레이블, 틱, 측면 등을 조절할 수 있다.
- points: 기존 플롯에 점을 추가할 수 있고 좌표를 명시할 수도 있다.
- text: 이 함수를 사용하면 x, y 좌표의 위치에 문자열을 추가할 수 있다.
- mtex: 플롯 안쪽 또는 바깥쪽 여백에 문자열을 추가할 때 사용한다.
- title: 제목, 부제목 등에 부가적인 내용을 추가할 때 사용한다.
- abline: 플롯에 하나 이상의 직선을 추가할 때 사용한다.
- matlines, matpoints: 이것은 matplot( ) 함수로 만들어진 플롯에 매트릭스에 대한 열과 다른 행렬의 열에 대응하여 점과 선을 추가할 수 있다.

여러 가지 베이스 플롯팅 파라미터를 표준 산점도에 추가했다. 아래와 같은 코드들 사용해 단순 산점도에 여러 요소를 추가하면 새로운 산점도를 만들 수 있다.

```
myData1 <- c(12, 45, 689, 87, 3, 45, 124, 356)
myData2 <- c(240, 36, 455, 33, 199, 10)
myData3 <- c(102, 155, 122, 77, 542, 652)
plot(myData1, main = "Scatterplot with Plotting Functions", lwd = 2)
lines(stats::lowess(myData1), lty = 6, lwd = 3)
points(myData2, pch = 5, col = "red", lwd =3)
abline(lsfit(1:6, myData2), lwd = 1.5)
title(sub = "Using the title function")
```

```
mtext("This is a mtext function", side = 4)
matpoints(myData3, col = "blue")
```

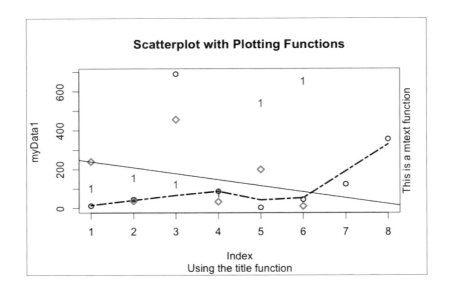

기본적으로 기본 플롯팅 시스템에는 커스터마이징 옵션이 매우 다양해서 출력물의 미세한 부분까지 조절 가능하다는 것을 보았다. 더불어 하나 이상의 플롯 함수를 호출하여 하나의 플롯으로 완성해 나갈 수 있다는 것을 알게 됐다.

▌ 래티스 패키지 소개

R에서 기본 베이스 플롯팅 시스템과 더불어 lattice는 다음에 소개된 ggplot2와 더불어 가장 많이 사용되는 데이터 시각화 패키지다. 래티스[lattice] 패키지는 디파얀 사르카[Deepayan Sarkar] 교수가 만든 것으로 R에 기본적으로 설치되는 패키지는 아니다. 래티스 플롯팅 시스템은 lattice라는 패키지로 구현되어 있는데, 이 시스템은 트렐리스[Trellis]와 그리드[grid]라는 개념을 바탕으로 코딩할 수 있는 독립적인 그래픽 시스템을 제공한다.

lattice 패키지는 트렐리스 그래픽^{Trellis Graphics}을 R 언어로 구현한 것이다. 이것은 다변량 데이터를 다룰 수 있는데 중점을 두어서 이런 데이터를 시각화하는 강력하고, 간결하며, 고수준의 인터페이스를 제공한다. 이 패키지는 아주 작은 부분을 조절하는 것만으로도 흔히 사용되는 전형적인 그래픽을 쉽게 만들 수 있도록 개발됐으며, 필요한 경우 확장하여 비전형적인 그래픽도 쉽게 만들 수 있다.

트렐리스 그래픽은 원래 벨 연구소에서 S와 S-PLUS 언어를 위해서 만들어진 것으로 베커(R.A. Becker), 클리블랜드(W.S. Cleveland) 등에 의해서 개발된 데이터 시각화 프레임워크다. 1993년에 출간된 『Visualizing Data』라는 책의 개념을 확장하여 만들어졌다. 래티스 API는 S 언어를 기반으로 설계됐으며, 여기에 여러 가지 부가 기능이 추가됐다.

– 디파얀 사르카(http://lattice.r-forge.r-project.org/)

래티스 플롯 만들기

기본 플롯팅 시스템과는 대조적으로 래티스 플롯은 여러 요소를 종합해 단 하나의 함수 호출로 생성된다. 완전한 래티스 플롯을 만드는 기본 형태는 다음과 같다.

```
plotType(formula, data= )
```

여기서 말하는 수식^{formula}은 변수-틸데-변수와 같은 모양으로 y ~ x와 같은 형태를 가진다. 그런데 플롯의 형태에 따라서 수식에 하나의 변수만 ~ x의 형태로 사용될 수도 있다. 조건이 사용되는 경우에는 하나 이상의 조건 변수는 수직바(|) 다음에 표시된다. 두 개의 조건 변수가 있는 경우에는 별표(*)로 표시한다. 데이터셋을 부르기 위한 인자는 데이터 프레임^{dataframe}이거나 리스트^{list} 또는 빈 상태로 남길 수 있다. 비어 있는 경우에는 부모 데이터 프레임이 사용된다. 그래서 변수와 조건이 사용되는 경우에는 다음과 같은 형태가 된다.

```
plotType(y ~ x | a * b, dataset)
```

앞에서 살펴본 베이스 플롯팅 시스템에서 사용된 플롯 파라미터는 래티스 플롯에서도 많이 사용된다. 다음 예제 코드는 래티스를 사용해 간단한 산점도를 그린다.

```
library(lattice)
library(datasets)
## 간단 래티스 산점도
xyplot(speed ~ dist, data = cars, main = "Lattice Scatterplot")
```

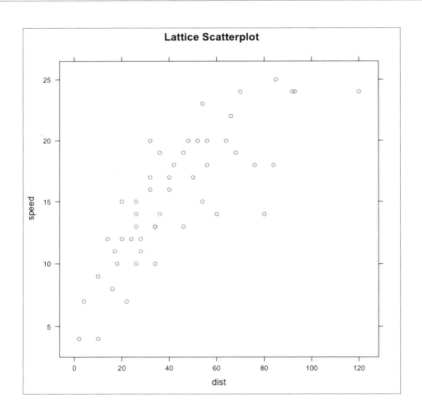

래티스 플롯 타입에 대해

래티스 패키지는 다양한 목적에 부합하는 여러 가지 그래프 함수를 제공한다.

플롯 타입	함수	수식 문법 예
히스토그램	histogram( )	~ x
막대 그래프	barchart( )	x ~ y 또는 y ~ x
도트 그래프	dotplot( )	~ x | a
산점도	xyplot( )	y ~ x | a
상자 그림	bwbplot( )	x ~ a 또는 a ~ x
커널 밀도 그래프	densityplot( )	~ x | a * b
Strip Plot	stripplot( )	~ x | a
이론적인 사분위 그림	qqmath( )	~ x | a
이표본 사분위 그림	qq( )	y ~ x
산점도 매트릭스	splom( )	데이터 프레임
Parallel Coordinates Plot	parallel( )	데이터 프레임
3차원 산점도	cloud( )	z ~ x * y | a
3차원 등고선 그림	contourplot( )	z ~ x * y
3차원 수준 그림	levelplot( )	z ~ x * y
3차원 Wireframe Plot	wireframe( )	z ~ x * y

다음은 래티스 패키지가 제공하는 플롯들에 대한 사례들이다.

```
bwplot(count ~ spray, InsectSprays, main = "Boxplot")
```

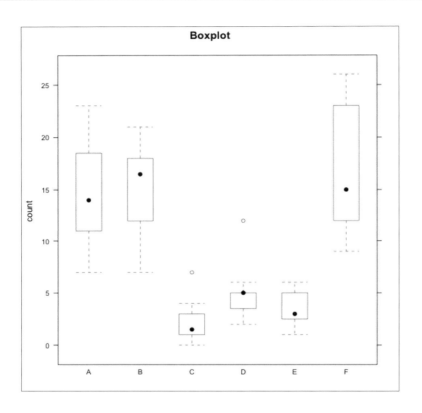

```
qqmath( ~ count | spray, InsectSprays, main = "Theoretical Quantile Plot")
```

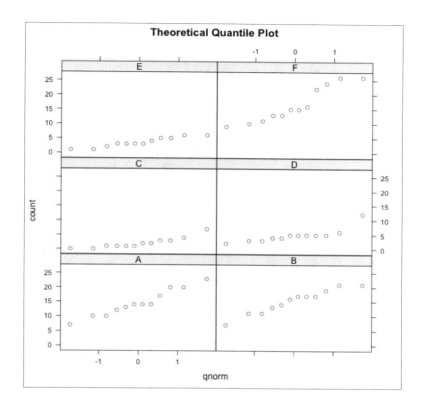

```
cloud(depth ~ lat * long, data = quakes,
      zlim = rev(range(quakes$depth)),
      screen = list(z = 105, x = -70), panel.aspect = 1,
      xlab = "Longitude", ylab = "Latitude", zlab = "Depth",
      main = "3D Scatterplot")
```

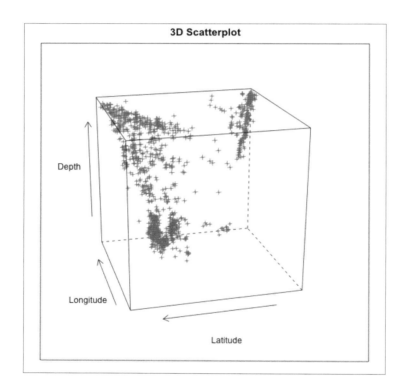

래티스 패널 함수

래티스 시스템의 독특한 부분은 패널 함수^{pandel functions}에 있다. 패널 함수는 플롯 함수의
외관을 조절하는데, 기본 플롯 함수의 요소를 추가하는 함수의 역할과 비슷하다. 각각의
래티스 플롯 함수에는 커스터마이징이 가능한 디폴트 패널 함수가 있다.

다음 코드 스크립트에서는 앞에서 만든 이론적인 사분의 그림^{Theoretical Quantile Plot}의 레이아웃 인자를 사용해 각각에 대해 두 개의 패널만 보이도록 만들었다.

```
qqmath( ~ count | spray, InsectSprays, layout = c(1, 2), main = "Two Panels
Look")
```

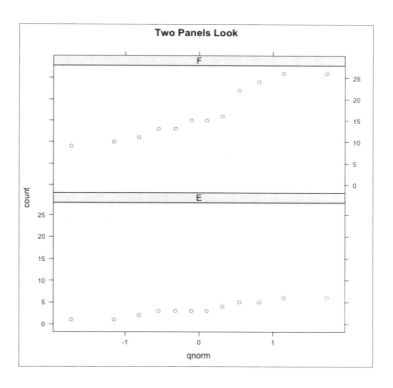

좀 더 정교한 예는 다음과 같다.

```
histogram( ~ count | spray, data = InsectSprays,
        ylab = "", main = "Using The Lattice Panel Functions",
        panel = function(x, ...) {
                panel.histogram(x, ...)
                panel.qqmathline(x, ..., col = "red", lty = 2, lwd = 3)
```

```
                    panel.abline(h = median(x), col = "blue", lwd = 2)
            }
)
```

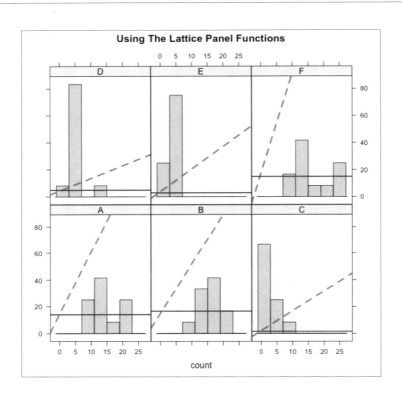

래티스에 대한 요점 정리

우리가 배워본 바대로 래티스와 기본 플롯팅 시스템에는 유사한 점이 몇 가지 있지만 상당한 차이가 있다. 가장 분명한 점은 기본 그래픽 시스템은 직접 그래픽 디바이스에 플롯을 생성하지만 래티스의 경우에는 트렐리스^{trellis}라는 클래스 객체를 반환한다. 이 때문에 플롯팅은 출력 메서드를 사용하거나 객체가 자동으로 출력되게 해야 한다. 이 말은 전체 래티스 플롯은 하나의 변수에 저장할 수 있다는 점을 의미한다. 그리고 가장 중요한 점은 플롯팅과 애노테이션이 단 하나의 함수 호출로 행해진다는 사실이다. 패널 함수는 래티스의 고유한 특징이다.

대체로 정리해보면 래티스 플롯은 어떤 변수가 서로 다른 조건하에 있을 때 전체 상황을 파악할 수 있는 조건부 플롯을 만드는 데 가장 가장 유용한 도구다.

▌ ggplot2 소개

ggplot2 패키지는 R의 데이터 시각화 패키지의 하나로 그래프의 문법^{grammer of graphics}이라는 개념을 쉽고 사용하기 편리하게 구현한 것이다.

ggplot2의 간략한 역사 살펴보기

2005년 해들리 위컴^{Hadley Wickham}이 ggplot2 패키지 개발하여 발표했다. 이후 ggplot2 패키지는 R 언어 패키지 가운데 가장 인기있는 패키지로 성장해 거대한 커뮤니티가 만들어졌다. ggplot2 패키지의 주요 목표는 R로 쉽게 플롯팅을 할 수 있게 하는 것이었는데, 이것이 성공적이어서 이제는 기본 그래픽 시스템을 상당부분 대체할 수 있게 발전했다.

이 패키지는 유명한 래티스를 계승하고 거기에서 좋은 부분은 취하고 나쁜 부분은 버렸다. 그래서 좀 더 쉽게 그래프를 만들 수 있게 했다.

2014년 2월 25일 개발자인 해들리 위컴은 공식적으로 ggplot2를 유지보수 모드로 전환한다고 발표했다. 이 말은 주요 기능을 더 이상 추가하지 않을 것이며, 주요 버그만 수정될 것이라는 의미를 담고 있다. 패키지에 대한 관심이 떨어져서가 아니라 필요한 기능이 거의 완성 단계에 이르렀다는 의미다. 패키지가 사용자의 요구에 맞춰 강력한 그래픽을 만들 수 있는 기능이 모두 갖췄음을 의미한다.

그래프의 문법

2005년 리랜드 윌킨슨Leland Wilkinson은 『The Grammer of Graphics』이라는 책을 저술했다. 이 책은 그래픽의 디자인 요소들, 구현법, 읽는 방법, 이해법을 체계있게 망라한 프레임워크다. 윌킨슨은 그래픽의 생성 과정을 데이터 변형data transformation, 스케일scale, 좌표coordinates, 요소elements, 가이드guides, 그리고 마지막으로 디스플레이로 나누어 설명했다. 첫 번째 과정인 데이터 부분은 시각화하려는 데이터셋에 대한 실제 통계적인 계산을 포함한다. 해들리 위컴은 이런 단계들을 ggplot2 패키지로 반영하기 위해 노력했고 큰 성공을 거두었다.

▌ ggplot2로 그래프의 문법 적용하기

리랜드 윌킨슨이 『The Grammer of Graphics』에서 설명한 과정과 프레임워크는 매우 이론적이다. 다음 절에서 그 사고 방식을 실제 시각화에 적용하는 방법을 설명한다.

▌ ggplot2 사용하기

이제 ggplot2 패키지를 사용해 실제로 플롯을 만드는 데 그래프의 문법 원리를 적용해보자. 이 패키지를 사용하면 그래픽의 상당히 세밀한 부분까지 바꿀 수 있고 원하는 스타일대로 변형할 수 있다. 몇 가지 예제를 통해 패키지의 주요 설정법을 살펴보자.

ggplot2 패키지 설치하기

다음과 같은 코드로 CRAN에서 ggplot2 패키지를 다운로드하여 설치한다.

```
install.packages("ggplot2")
```

설치한 후 다음과 같은 함수를 호출하여 패키지를 로딩한다.

```
library(ggplot2)
```

또는 RStudio의 **Packages** 창에서 패키지 이름 앞에 있는 체크박스를 선택해도 패키지가
로드된다.

	ggmap	A package for spatial visualization with Google Maps and OpenStreetMap	2.3	⊗
☑	ggplot2	An implementation of the Grammar of Graphics	1.0.0	⊗
	gnm	Generalized Nonlinear Models	1.0-7	⊗

qplot()과 ggplot()

ggplot2 패키지에는 그래픽 객체를 생성하는 두 개의 함수가 있다.

```
qplot()
```

```
ggplot()
```

qplot 함수는 빠른 플롯quick plot을 의미하고 ggplot은 grammer of graphic plot의 약자
로 앞에서 설명한 그래프의 문법과의 연관성을 나타낸다.

qplot은 기본 플롯 함수와 비슷하게 사용할 수 있도록 만들어져서 사용하기 매우 간단하
다. 하지만 앞에서 본 그래프의 문법 원리를 제대로 담아내기 어렵다는 단점이 있다.

처음에는 ggplot과 관련된 여러 가지 측면들이 배우기 까다롭다고 느껴질 수 있다. 그런
데 일단 익숙해지기만 한다면 그것이 그래픽을 만드는 매우 강력한 도구라는 사실을 알
게 된다.

ggplot2를 사용해 처음으로 그래프 만들기

ggplot( )는 다음 세 가지 기본 요소로 그래프를 구성하는 것이 주요 목표다.

- 데이터data
- 지옴geoms
- 좌표coordinate system

위 요소에는 상당히 많은 옵션이 있다.

처음으로 만들어 볼 플롯에서는 R에 내장된 iris 데이터셋을 사용한다. 이 데이터는 R 또는 RStudio를 실행했을 때 자동으로 로딩된다. 다음과 같은 코드로 일부 내용을 확인할 수 있다.

```
head(iris)
```

이제 ggplot( ) 함수를 사용해 데이터를 추가하고 심미적 요소를 하나 추가한다.

```
ggplot(iris, aes(Sepal.Length, Sepal.Width))
```

위 코드를 실행하면 다음과 같은 오류 메시지가 나타난다.

```
Error: No layers in plot
```

이 메시지는 사실 함수 호출에 geom 객체를 추가해 차트의 타입을 정의해야 한다는 사실을 알려준다.

```
ggplot(iris, aes(Sepal.Length, Sepal.Width)) + geom_point()
```

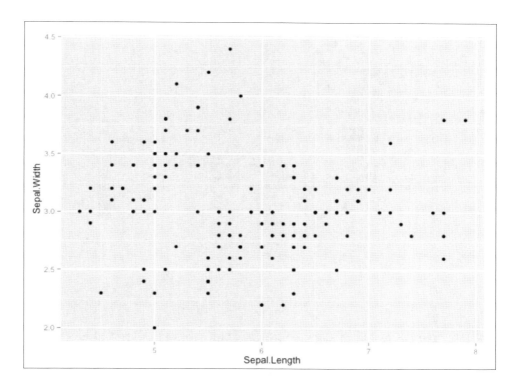

옵션을 몇 개만 추가하면 더 멋진 그래프를 만들 수 있다. 이런 기능들을 잘 이해하면 ggplot2의 강력함을 경험하게 될 것이다. ggplot2를 사용하면 복잡한 그래프도 몇 개의 코드만으로도 금세 만들어낼 수 있다.

```
ggplot(iris, aes(x=Sepal.Length, y=Sepal.Width, shape=Species,
    color = Petal.Width)) + geom_point(size=5)
```

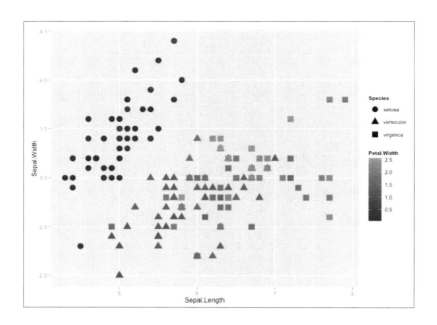

지금부터 그래프를 만드는 데 사용되는 요소를 자세히 알아본다. 그 전에 기본 플롯팅 시스템과 확연히 다른 ggplot2에서 특수하게 사용되는 플러스(+) 연산자를 이해해야 한다.

플러스 연산자를 사용한 ggplot 객체 수정

플러스(+) 연산자는 ggplot 객체에 새로운 객체를 추가하거나 기존 객체를 덮어쓰는 데 사용된다. 플러스 연산자를 이용해 그래프의 문법을 구성하는 모든 요소를 하나씩 추가해 나갈 수 있다.

에스테틱 파라미터 설정

ggplot2에서 에스테틱 함수는 어떤 데이터 값을 geom에 추가할 것인지를 정의하는 것으로, 데이터의 어떤 변수(특성)를 그래프의 시각적 요소에 매핑하는 데 쓰인다. x와 y라는 위치로 지정할 수 있고, 색과 크기 등을 지정할 수도 있다. 실제로 데이터를 시각화하려면 geom 함수가 필요하다. geom 함수는 함수에 맞는 에스테틱 인자를 지원한다.

geom을 이용한 레이어 추가

가장 먼저 데이터의 어떤 특성을 시각화할지를 결정한 다음 geom을 선택한다. 각각의 geom 함수는 하나의 레이어를 반환하고, 이것을 플러스 연산자를 사용해 ggplot 객체에 추가한다. 앞 예제에서 geom_point( ) 옵션을 사용해 점으로 구성된 레이어를 추가할 수 있었다. 이것은 두 개의 변수를 하나의 산점도로 출력한다.

```
ggplot(iris) + geom_point(aes(x = Sepal.Length, y = Sepal.Width))
```

이것을 실행하면 뷰어 창에 다음과 같이 출력된다.

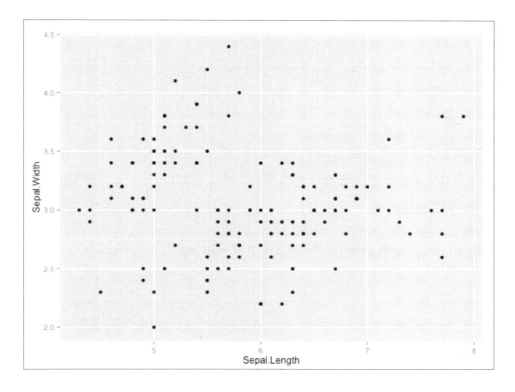

위 사례에서는 iris 데이터셋을 사용해 ggplot 객체를 생성했다. 이것만으로는 아무것도 출력되지 않는다. 왜냐하면 레이어가 추가되지 않았기 때문이다. 레이어는 플러스 연산자를 사용해 추가했고, 레이어는 geom_point( ) 함수를 사용해 생성했다. 이 레이어 객체에서 Sepal.Length 변수를 x 축의 위치값으로, Sepal.Width는 y 축의 위치값이 되도록 에스테틱을 정의했다.

geom_point( ) 함수의 경우에는 다음과 같은 7가지 에스테틱을 지원한다.

- x
- y
- alpha
- color
- fill
- shape
- size

이런 내용을 바탕으로 geom_point( ) 모델에 에스테틱 함수를 사용해 추가로 위의 파라미터를 추가할 수 있다. 다음은 Species에 따라서 색과 모양이 다른 점을 사용하도록 그래프를 정의했다.

```
ggplot(iris) + geom_point(aes(Sepal.Length, Sepal.Width, color=Species, shape = Species))
```

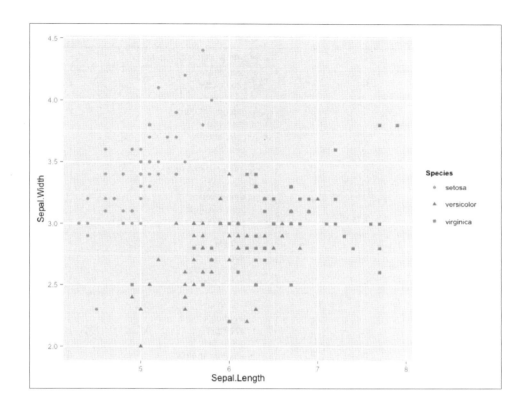

geom의 선택

데이터를 시각화할 때 적절한 geom을 선택하는 것이 가장 중요한 일이다. 시각화하고 싶은 것이 무엇인지, 어떻게 보여질지부터 확실히 해야 한다. 그리고 그래픽에 보여줄 변수들을 알아야 한다.

ggplot2 패키지가 제공하는 수많은 geom 가운데 필요한 것을 선택할 수 있다. 기본적으로 이런 geom들은 몇 개의 변수를 시각화할지에 따라서 구분해 볼 수 있다.

1개의 변수	2개의 변수
연속변수 • geom_area • geom_density • geom_dotplot • geom_freqpoly • geom_histogram	연속 변수 X와 연속 변수 Y • geom_blank • geom_jitter • geom_point • geom_quantile • geom_rug • geom_smooth • geom_text
이산 변수 • geom_bar	이산 변수 X, 연속 변수 Y • geom_bar • geom_boxplot • geom_dotplot • geom_violin
3개의 변수 • geom_contour • geom_raster • geom_title	연속 이변량 분포 • geom_bin2d • geom_density2d • geom_hex
원시 그래픽 요소 • geom_polygon • geom_path • geom_ribbon • geom_segment	연속 함수 • geom_area • geom_line • goem_step • Visualizing error • geom_crossbar • geom_errorbar • geom_linerange • geom_pointrange

더 자세한 정보는 ggplot2 패키지에서 geom을 검색한 다음 개별 geom을 찾아본다. RStudio 에서는 패키지(PACKAGE) 창에서 ggplot2를 클릭하면 된다. 그러면 도움말(Help) 창이 열리 고 geom에 대해 검색할 수 있다.

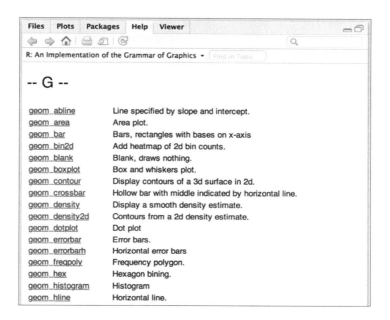

파라미터 바꾸기

ggplot2는 그래픽을 변경할 수 있는 수많은 방법을 제공한다. 우리는 이 중에서 다음 세 가지 옵션을 자세히 알아볼 것이다.

- 색Color
- 형태Shape
- 크기Size

플롯의 색상 바꾸기

종종 데이터셋 그룹에 따라 다른 색을 사용하고 싶을 때가 있다. iris 데이터셋을 다시 한 번 사용해 볼 것인데 이번에는 geom_bar를 사용해 막대 그래프를 만들어 볼 것이다.

```
ggplot(iris, aes(Species, Sepal.Length)) + geom_bar(stat = "identity")
```

위 코드는 다음과 같은 차트를 만든다.

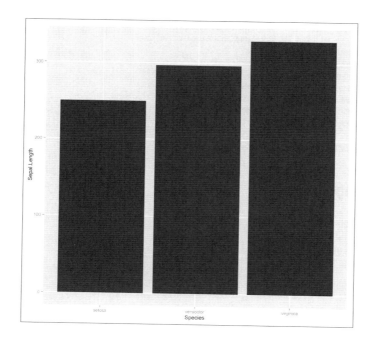

위 그래프는 3가지 카테고리를 구분하기가 어렵다. 그래서 에스테틱 함수에서 fill 옵션을 사용해 Species에 따라 데이터를 나누는 것뿐만 아니라 막대의 색도 바꾸어 보았다.

```
ggplot(iris, aes(Species, Sepal.Length, fill = Species)) + geom_
bar(stat="identity")
```

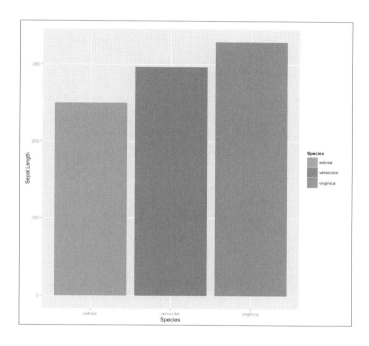

형태 바꾸기

그래프에 세 번째 변수를 추가하는 방법은 shape 파라미터를 사용하는 것이다. 이전 예와 같이 이것을 데이터셋의 특정 변수로 매핑할 수 있다. 다음과 같이 하면 Species가 색이 아닌 모양으로 데이터 점이 구분된다.

```
ggplot(iris, aes(Sepal.Length, Sepal.Width, shape = Species)) + geom_point()
```

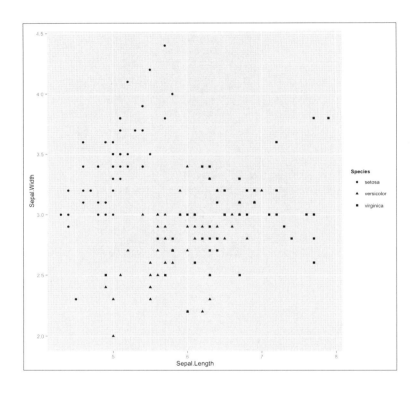

크기 바꾸기

size 파라미터를 사용해 점의 크기를 조절할 수도 있고, 특정 변수에 따라 데이터 점의 크기를 다르게 만들 수 있다.

```
ggplot(iris, aes(Sepal.Length, Sepal.Width, color = Species, size = Petal.Width))
+ geom_point()
```

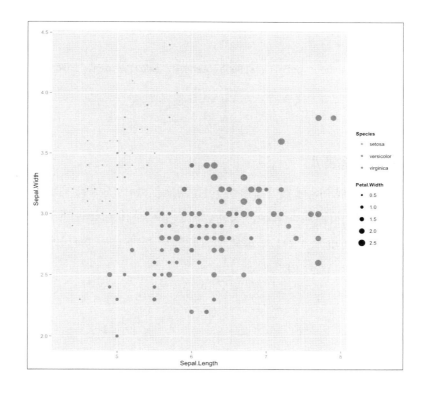

ggplot 객체를 변수에 저장하기

ggplot 객체를 변수에 저장할 수 있다. 이렇게 저장하면 나중에 새로운 요소를 추가하거나 수정하는 것이 쉬워진다. 이런 원리를 사용하면 하나의 플롯의 여러 버전들을 저장할 수 있게 된다. 다음 코드는 이 방법을 사용하는 예다.

```
d <- ggplot(iris)

bar_chart <- d + geom_bar(stat="identity", aes(Species, Sepal.Length, fill =
Species))

point_chart <- d + geom_point(aes(Sepal.Length, Sepal.Width, color = Species,
shape = Species))
```

stats 레이어 사용하기

geom을 사용하는 방법 이외에 레이어를 추가하는 방법은 stats 요소를 사용하는 것이다. stats 레이어는 데이터를 디스플레이하지는 않고 변형만 시킨다. stat 객체를 가지고 있는 geom 요소도 있다. geom_area()나 geom_bar()가 그러하다. geom_bar()에는 stat 인자에 bin(디폴트)와 identity를 가지고 있다.

그래서 다음과 같이 ggplot 객체에 stat 레이어를 사용해 이들을 추가할 수 있다.

```
d <- ggplot(iris, aes(Sepal.Length))
d + stat_bin()
```

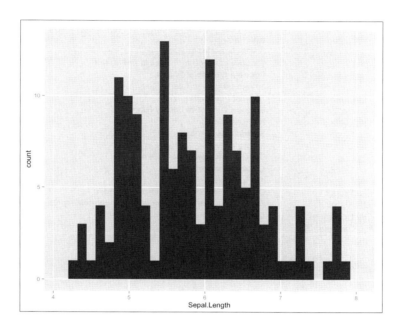

stats 옵션에 관한 정보는 geom의 도움말과 마찬가지로 ggplot2 패키지 정보에서 stats을 검색해보면 된다.

```
Files    Plots    Packages    Help    Viewer                                    — ⬚
⬅  ➡  🏠  🖨  ⬚  ↻                                        🔍
R: An Implementation of the Grammar of Graphics  ▾

stat_bin              Bin data.
stat_bin2d            Count number of observation in rectangular bins.
stat_bindot           Bin data for dot plot.
stat_binhex           Bin 2d plane into hexagons.
stat_boxplot          Calculate components of box and whisker plot.
stat_contour          Calculate contours of 3d data.
stat_density          1d kernel density estimate.
stat_density2d        2d density estimation.
stat_ecdf             Empirical Cumulative Density Function
stat_ellipse          Plot data ellipses.
stat_function         Superimpose a function.
stat_identity         Identity statistic.
stat_qq               Calculation for quantile-quantile plot.
stat_quantile         Continuous quantiles.
stat_smooth           Add a smoother.
stat_spoke            Convert angle and radius to xend and yend.
stat_sum              Sum unique values. Useful for overplotting on scatterplots.
stat_summary          Summarise y values at every unique x.
stat_summary2d        Apply funciton for 2D rectangular bins.
stat_summary_hex      Apply funciton for 2D hexagonal bins.
stat_unique           Remove duplicates.
stat_ydensity         1d kernel density estimate along y axis, for violin plot.
```

ggplot 그래프 저장

베이스 플롯팅 시스템을 가지고 작업할 때는 R로부터 그래픽을 출력하는 것이 좀 까다롭다. 그렇지만 ggplot2는 ggsave() 함수를 제공하여 이를 이용하면 쉽게 해결된다. 이 함수는 확장자가 들어가 있는 파일 이름을 필요로 한다.

```
ggsave("Iris_graph.jpg")
```

ggsave 함수는 다음과 같은 확장자를 인식한다.

- eps/ps
- tex(PicTeX에서 사용-)
- pdf
- jpeg
- tiff
- png
- bmp
- svg
- wmf(윈도우에서)

이런 파일 포맷과 더불어 폭, 높이 등을 지정할 수 있고, 라스터 그래픽을 사용하는 경우에는 dpi도 설정할 수 있다.

ggsave( )를 호출하면 마지막 디스플레이된 플롯을 출력하는 것이 디폴트인데, 플롯 인자를 사용해 특정 플롯을 별도로 저장할 수 있다.

▌ 차트 커스터마이징

앞에서 언급한 바대로 ggplot2를 사용하는 가장 큰 장점은 필요한 부분에 대해 거의 모든 요소를 수정할 수 있다는 점이다. 이어지는 절들에서 그래프를 커스터마이징하는 방법들을 설명한다.

데이터 서브셋팅

ggplot2의 아주 편리한 것 중 하나로 데이터를 일부만 취할 수 있다는 점이다. subset( ) 함수를 추가하면 특정 값들만 시각화할 수 있다. 데이터를 일부만 사용하는 것은 모든 geom에서 사용할 수 있다.

```
ggplot(iris) %+% subset(iris, Species == "setosa") + geom_point(aes(Sepal.Length,
Sepal.Width))
```

또는 geom에서 설정할 수도 있다.

```
ggplot(iris, aes(x = Sepal.Length, y = Sepal.Width, color = Species)) + geom_
point(data = subset(iris, Species %in% c("setosa", "virginica")))
```

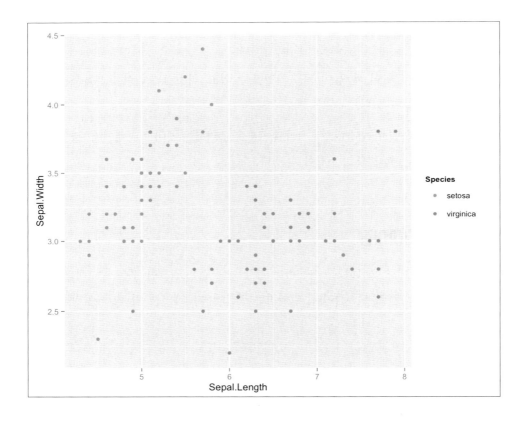

제목 설정하기

ggplot2에서 그래프에 제목을 추가하는 것은 간단하다. 제목을 추가할 때는 ggtitle( ) 함수를 사용한다. 그리고 플러스 연산자를 사용해 제목을 추가한다.

```
d <- ggplot(iris, aes(Species, Sepal.Length, fill = Species)) + geom_bar(stat =
"identity")

d + ggtitle("Iris data: Species vs Sepal Length")
```

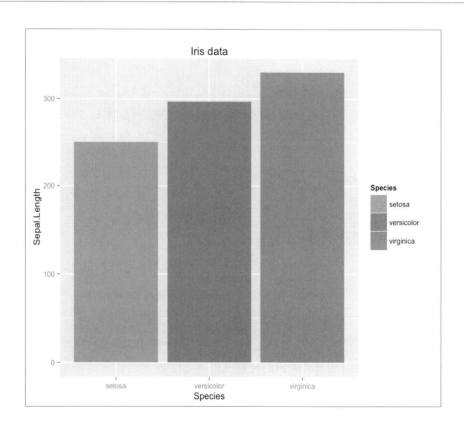

축 레이블 바꾸기

축의 레이블을 바꾸는 것은 제목을 추가하는 만큼이나 쉽다. ggplot2 패키지는 scale_x_continuous와 scale_y_continuous 함수를 제공하기 때문이다. 이들 함수는 축과 관련된 모든 값을 설정할 때 사용된다. 이를테면 다음과 같이 축의 제목을 바꿀 수 있다.

```
d <- ggplot(iris) + geom_point(aes(Sepal.Length, Sepal.Width, color = Species,
shape = Species))
d + scale_x_continuous("Sepal Length") +
scale_y_continuous("Sepal Width")
```

x 축과 y 축 바꾸기

ggplot2는 x 축과 y 축을 바꿀 수 있는 coord_flip() 함수를 제공한다.

```
d + coord_flip()
```

ggplot2 차트의 외관 개선

ggplot2는 테마 옵션을 가지고 플롯을 시각적으로 더 좋게 만들 수 있는 방법을 제공하고, 일반적인 베이스 플롯과 비교해서 도드라지는 플롯을 만들 수 있다. 이와 더불어 제프리 아놀드Jeffrey B. Arnold가 개발한 ggthems라고 하는 재미있는 패키가 있다. 이 패키지는 기존에 존재하는 테마에 다양한 추가 옵션을 추가할 수 있다. 이를테면 경제잡지 이코노미스트나 월스트리트 저절의 디자인에 따라서 테마를 추가할 수 있다.

다음과 같은 코드로 만들어지는 그래프를 더 낫게 개선할 수 있다.

```
d <- ggplot(iris, aes(Sepal.Length, Sepal.Width, color = Species)) + geom_point()
```

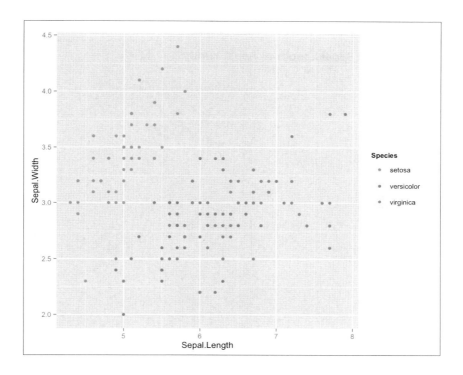

이코노미스트 테마 사용하기

다음과 같이 ggthemes 패키지를 인스톨하고 로딩한다.

```
install.packages("ggthemes")
library(ggthemes)
```

그러고 나면 ggplot 객체인 d에 새로운 테마를 추가할 수 있다. ggthemes 패키지에서
theme_economist와 scale_color_economist() 함수를 사용해 테마를 바꿔보자. 첫 번째
함수는 배경색 등을 바꾸고, 두 번째는 스케일에 영향을 준다.

```
d + theme_economist() + scale_color_economist() + ggtitle("Iris Species: Sepal
Length vs Sepal Width")
```

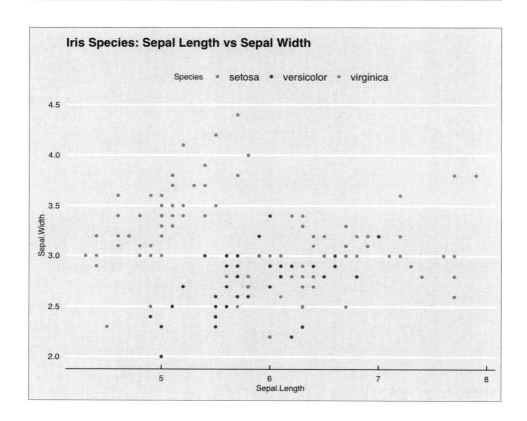

월스트리트 저널 테마 사용하기

이코노미스트 테마와 비슷하게 theme_wsj() 함수와 scale_color_wsj() 함수를 사용할
수 있다.

```
d + theme_wsj() + scale_color_wsj("colors6") + ggtitle("Iris Species: Sepal
Length vs Sepal Width")
```

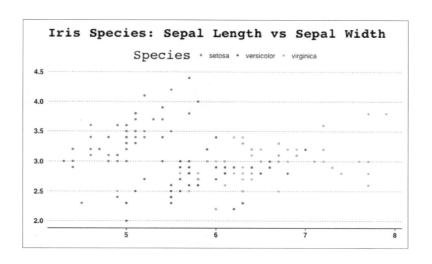

▌ 인터랙티브 플롯팅 시스템

베이스, 래티스, ggplot2 플롯팅 시스템은 대부분의 플롯 타입을 모두 만들 수 있고, 빠르고 간단하며, 미세한 조절도 가능하다. 이들 시스템은 그 자체의 기능과 독특함이 있다. 딱 하나 공통점은 모든 플롯이 정적이라는 것이다.

특히 인터넷과 브라우저가 언제 어디서든 가능해진 상황에서 인터랙티브 콘텐츠를 간편하게 공유하는 것이 가능해졌다. 인턱랜션 기능은 콘텐츠와의 인터랙션을 통해서 사람들이 내용을 더 잘 이해할 수 있게 도와준다. 인터랙티브 차트도 대폭 개선돼 제시된 데이터를 돌려보면서 주어진 플롯을 여러 측면에서 볼 수 있어서 이해가 높아지고, 여러 차이점 등을 찾아낼 수 있는 기회를 준다.

ggvis 패키지 소개

ggvis 패키지는 성공적인 데이터 시각화 패키지인 ggplot2의 후속으로 혁신적인 한 걸음을 내디뎠다. ggplot2 패키지의 저자인 해들리 위컴과 윈스톤 창[Winston Chanag]이 ggvis를 개발했다. 패키지 설명은 다음과 같다.

> 패키지의 목적은 R의 장점(상상할 수 있는 모든 모델링 함수가 있다)과 웹의 장점(모든 사람이 웹 브라우저를 가지고 있다)을 결합하는 것이다. 데이터 핸들링과 변형은 R를 통해서 이뤄지고 그래픽은 Vega를 사용해 웹 브라우저에서 렌더링된다. RStudio 사용자들은 ggvis 그래픽이 뷰어 창에서 볼 수 있도록 했다. RStudio는 그 자체로 하나의 브라우저다.
>
> – 해들리 위컴, 윈스톤 창(http://ggvis/RStudio.com)

그래서 ggvis 패키지는 그래프의 문법 이론을 사용하고, 인기있는 자바스크립트 패키지인 vega를 사용해 그래픽을 렌더링한다. 게다가 여러 R 패키지의 기능을 활용한다. 샤이니의 반응성 프로그래밍 모델, magrittr 패키지의 파이프 연산자(%>%), dplyr 패키지의 데이터 변환 문법이 ggvis 패키지에 통합됐다. ggvis 패키지 다양한 기술을 이용해 최신 인터랙티브 플로팅 시스템을 구현할 수 있게 한다.

처음 만들어 보는 ggvis 그래픽

가장 먼전 ggvis 패키지를 인스톨해야 한다. 앞에서 언급한 shiny, dplytr 패키지 등은 ggvis가 인스톨되면서 자동으로 따라서 불려진다. 우리는 R의 datasets 패키지에 내장되어 있는 swiss라는 데이터셋을 사용할 것이다.

```
swiss  %>% ggvis(~ Fertility, ~ Education, fill := "blue") %>% layer_points( )
```

위 코드는 다음과 같은 차트를 만든다.

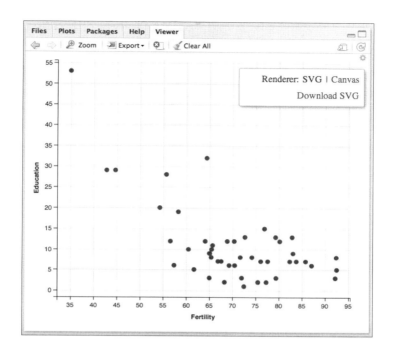

보는 바와 같이 **ggplot2** 그래프와 비슷한 산점도를 얻는다. 앞의 코드 스니펫을 하나씩 분리해보면 **ggvis** 그래프를 만들 때 다음과 같은 구조를 사용한다는 것을 알 수 있다.

```
Graph = Data + Coordinate Sysem + Mark + Properties + ...
```

추가로 3가지 타입의 문법이 있다.

- `%>%`: 이것은 `magrittr` 패키지가 제공하는 파이프 연산자다.
- `~`: 틸데 연산자로 하나의 열 또는 전체 데이터 프레임을 취할 수 있다.
- `:=`: 설정 연산자로서 색, 크기 등의 특성properties을 설정할 때 사용한다.

RStudio의 뷰어 창의 오른쪽 코너에 보면 기어 모양의 작은 아이콘이 있다. 기어 모양의 아이콘을 클릭하면 SVG나 Canvas 등으로 그래픽을 랜더링할 수 있는 메뉴가 나타나고, 플롯도 다운로드할 수 있다. 앞서 이야기한 vega 라이브러리를 사용해서 렌더링된다.

ggvis 그래프의 인터랙션 기능

처음 만들어본 ggvis 그래픽은 인터랙션 기능이 없다. 다음은 인터랙션 기능이 추가된 ggvis 플롯이다.

```
## ggvis interactivity 비니에트의 예를 일부 인용
swiss  %>% ggvis(x = ~Fertility)  %>%
        layer_densities(
            adjust = input_slider(0.1, 2, value=1, step = 0.1,
                label = "Bandwidth adjustment"),
            kernel = input_select(
                c("Gaussian" = "gaussian",
                  "Epanechnikov" = "epanechnikov",
                  "Rectangular" = "rectangular",
                  "Triangular" = "triangular",
                  "Biweight" = "biweight",
                  "Cosine" = "cosine",
                  "Opticosine" = "optcosine",
                  label = "Kernel" )
                )
            )
```

위 코드는 밴드폭과 밀도 그래프의 커널을 선택할 수 있는 인터랙션 기능을 제공한다. 이런 입력 상자들은 샤이니 패키지를 통해서 통합된다.

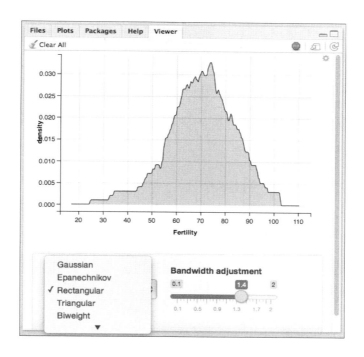

비록 **ggvis** 패키지가 아직까지 활발히 개발되는 단계에 머물러 있지만, R의 최신 플롯팅 시스템을 대표하게 될 것이라고 말할 수 있다.

rCharts 패키지 둘러보기

rCharts는 익숙한 래티스 스타일 플롯팅 인터페이스를 사용해 R로 인터랙티브 자바스크립트 데이터 시각화를 생성하고, 커스터마이징하고 출판하기 위한 패키지다.

– 램나스 바이디야나탄(http://rcharts.io)

인용문에서 보듯이 rCharts 패키지는 래티스 플롯팅 시스템을 인터랙티브 버전으로 계승한 것으로 볼 수 있다. rCharts는 CRAN에 등재되어 있지 않기 때문에 **devtools** 패키지를 사용해 깃허브 저장소에서 바로 설치해야 한다.

```
library(devtools)
install_github("ramnathv/rCharts")
library(rCharts)
```

다음 코드는 인터랙티브 막대 그래프를 만든다.

```
# d3js(NVD3)를 사용한 인터랙티브 막대 그래프
# http://rmanthv.github.io/rCharts/에서 가져온 것이다.

hair_eye_male <- subset(as.data.frame(HairEyeColor), Sex == "Male")
n1 <- nPlot(Freq ~ Hair, group = "Eye", data = hair_eye_male, type =
"multiBarChart")
n1$print("charts3")
n1
```

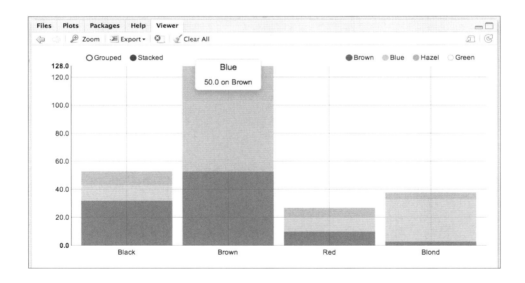

위 막대 그래프에는 완전한 인터랙션 기능이 있다. 먼저 표시되는 막대를 쌓아진 형태나
그룹으로 표현할 수 있다. 이 예에서는 쌓은 형태를 보여 준다. 두 번째 눈 색깔 변수를 보

여줄지 말지 선택할 수 있다. 녹색을 선택하지 않은 상태로 지정했기 때문에 차트에서 보이지 않는 것이다. 바에 마우스를 올려 놓으면 플롯팅된 데이터 값이 표시된다.

googleVis 사용하기

구글비즈(googleVis) 패키지는 R과 구글 차트 API 사이의 인터페이스를 제공한다. 이것을 사용하면 R 데이터 프레임의 기초가 되는 인터랙티브 차트를 포함하는 웹 페이지를 만들 수 있다. 차트는 R HTTP 도움말 서버를 사용해서 로컬에서 디스플레이할 수 있다. 플래시 플레이어를 사용하려면 인터넷이 연결된 웹 브라우저가 필요하다. 데이터는 로컬 컴퓨터에 존재하고 구글에 업로딩되지는 않는다.

– 마르쿠스 게스만, 디에고 드 카스틸로(http://github.com/mages/googleVis)

googleVis 패키지는 CRAN에서 직접 다운로드할 수 있다. 구글 차트 API를 사용해 익숙한 느낌의 다양한 타입의 차트를 만들 수 있다. 여타 패키지와는 달리 차트 출력을 디스플레이하려면 반드시 인터넷에 연결해야 한다는 단점이 있다.

다음 코드는 인터랙티브 막대와 선이 혼합된 차트를 만든다.

```
# googleVis를 사용한 인터랙티브 선, 막대 그래프
# 이 코드는 googleVis 패키지 비니에트에서 가져 왔다.
CityPopularity$Mean = mean(CityPopularity$Poplularity)
CC <- gvisComboChart(CityPopularity, xvar = 'City',
        yvar=c('Mean', 'Popularity'),
        options=list(seriesType='bars',
                    width=450, height=300,
                    title='City Popularity',
                    serises='{0: {type: \"line\"}}'))
plot(CC)
```

plot( ) 함수가 실행되면 새로운 브라우저 창이 바로 열리고 차트가 디스플레이된다.

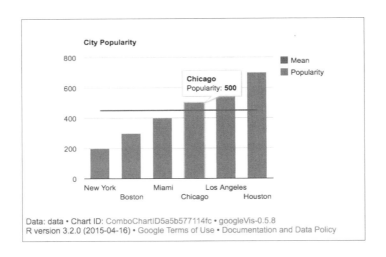

여기서는 막대나 선 위에 마우스를 올려 놓으면 데이터를 볼 수 있다.

HTML 위젯

htmlwidgets 패키지는 비교적 최근 소개된 도구로, R 사용자들인 인터랙티브 방법으로 데이터를 표현하고 데이터와 연관된 스토리를 다양한 방법으로 전달할 수 있게 해 준다. 그 핵심은 자바스크립트 라이브러리의 R 바인딩을 제공하는 것이다. 이 패키지의 주된 장점은 인터랙티브 차트를 R 마크다운 문서에 아무런 장애없이 포함시킬 수 있다는 점이다. 대부분의 관련 패키지들은 CRAN에서 바로 설치할 수 있다. 아직 등재되지 않은 것들은 깃허브를 통해서 설치한다.

dygraphs

dygraphs 패키지는 dygraphs 자바스크립트 차트 라이브러리의 R 인터페이스다. 그것은 R의 시계열 차트에 대한 다양한 기능들을 제공한다.

— RStudio 사(http://rstudio.github.io/dygraphs)

dygraphs로 작성한 플롯들은 RStudio 뷰어 창에서 열리고, 샤이니 앱이나 R 마크다운 파일에 쉽게 통합된다. 더불어 magrittr 패키의 파이프 연산자를 빌려 쓴다. 다음 코드는 예측되는 시계열 데이터를 인터랙티브 dygraphs로 만든 것이다.

```
## https://rstudio.github.io/dygraphs에서 인용
hw <- HoltWinters(ldeaths)
p <- predict(hw, n.ahead = 36, prediction.interval = TRUE)
all <- cbind(ldeaths, p)
dygraph(all, "Death from Lung Disease (UK)")  %>%
  dySeries("ldeaths", label="Actual")  %>%
  dySeries(c("p.lwr", "p.fit", "p.upr"), label = "Predicted")
```

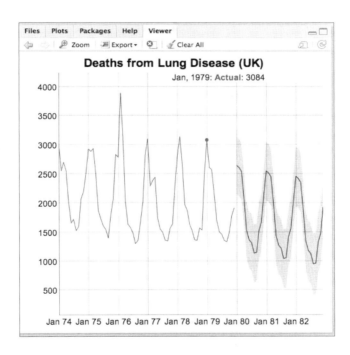

leaflet

leaflet은 인터랙티브 지도를 만들 때 자주 사용되는 자바스크립트 라이브러리다. 이 웹 사이트는 이런 leaflet 지도를 직접 R로 만들 수 있는 R 패키지를 설명한다.

— RStudio 사(http://rstudio.github.io/leaflet)

leaflet 패키지는 다음과 같이 깃허브 사이트에 내려받고 로딩할 수 있다(CRAN에서도 내려받을 수 있다).

```
library(devtools)
install_github("rstudio/leaflet")
library(leaflet)
```

leaflet 패키지를 사용하면 지도를 쉽게 만들 수 있고, UI, 라스터, 벡터 등 여러 종류의 레이어를 추가해 커스터마이징할 수 있다.

다음 코드는 지도와 내비게이션 시스템에서 흔히 볼 수 있는 인터랙티브 지도를 생성한다. 심지어 뷰 창에서도 확대 축소가 가능하고 여기저기 옮겨 볼 수 있다.

```
leaflet()  %>% addTiles()  %>%
     addMarkers(174.7690922, -36.8523071, icon = icons(
         iconUrl = 'http://cran.rstudio.com/Rlogo.jpg',
         iconWidth = 40, iconHeight =40
     )) %>%
         addPopups(174.7690922, -36.8523071, 'R was born here!')
```

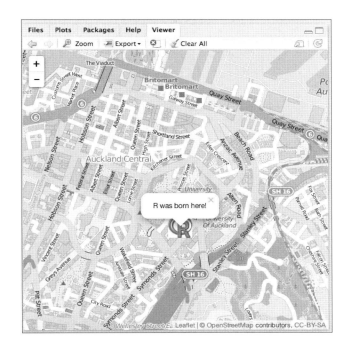

rbokeh

rbokeh는 비교적 최근에 개발된 패키지로, 보케^{Bokeh}의 인터페이스다.

> 보케는 웹에 기반 차트를 만드는 유연하고 강력하고 선언적인 시각화 라이브러리다. 보케는
> HTML 캔버스를 사용해 플롯을 렌더링하고 인터랙션을 위한 여러 기능을 제공한다. 파이썬,
> 스칼라, R의 인터페이스를 가지고 있다.
>
> – 리안 하펜(http://hafen.github.io/rbokeh)

깃허브(CRN에서 다운로드할 수 있다)에서 다음과 같이 패키지를 설치한다.

```
library(devtools)
install_github("bokeh/rbokeh")
library(rbokeh)
```

rbokeh는 ggplot2의 geoms과 ggvis에서 사용했던 개념을 채택하고 있으면서 베이스 플롯팅 시스템의 특성도 일부 가지고 있다. 다음 코드는 rbokeh로 애노테이션 웹 사이트 선이 있는 산점도를 만든다.

```
p <- figure()  %>%
    ly_points(cars$speed, cars$dist)  %>%
    ly_abline(-17.6, 3.9)
p
```

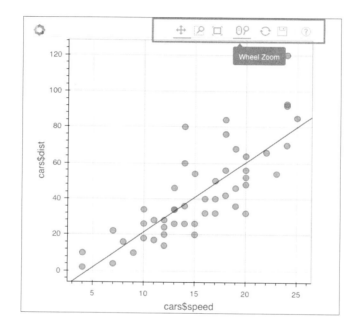

보는 바와 같이 모든 rbokeh 차트에는 설정 바가 있어서 표시된 차트와 인터랙션할 수 있는 다양한 도구를 제공한다. 설정값들은 보는 사람에게 강력한 기능을 제공한다. 아직은 rbokeh가 걸음마 단계이므로 앞으로 더 많은 기능들을 기대해도 좋을 것이다.

❚ 정리

3장에서는 R의 여러 플롯팅 패키지를 개괄적으로 살펴봤다. 그래픽 디바이스를 소개하고 R의 기본 그래픽 시스템의 기초를 제공하는 `graphics` 패키지를 간략히 설명했다. 기본 그래픽 파라미터와 기본 플롯팅 함수에서 주석을 다는 방법 등도 함께 다뤘다. `graphic` 패키지를 사용해 플롯을 만드는 기본 과정은 먼저 새 플롯을 만들고 여기에 여러 가지 요소를 추가해 나간다.

그다음 유명한 래티스lattice 패키지를 다뤘다. 이 패키지를 사용하면 단 한 번의 함수 호출만으로도 다양한 애노테이션이 있는 플롯을 만들 수 있다.

그런 다음 `ggplot2` 시스템에 대해 소개했다. 해들리 위컴은 리랜드 윌킨슨의 『The Grammer of Graphics』에 기본을 두고 이 패키지를 개발했다. 이 패키지를 사용하면 그래프 종류와 상관없이 원하는 그래프를 만들 수 있다. `ggplot2` 패키지로 만들어 내는 패키지는 데이터, 지옴, 좌표계라는 요소를 가지고 있다.

마지막으로 인터랙션 기능을 가진 차트를 만드는 패키지 중에서 `ggvis`, `rCharts`, `googleVis` 등을 소개했다. 이 패키지들과 연관된 `htmlwidgets` 패키지를 통해서 인터랙티브 패키지를 개발할 수 있음을 알았다. 이 계통에 속하는 패키지로 `dygraphs`, `leaflet`, `rbokeh` 등도 살펴봤다. 인터랙션 기능은 보는 사람으로 하여금 여러 각도에서 차트를 살펴보게 하여 그래프의 이해도를 높인다.

4장에서는 R에서의 웹앱 개발 프레임워크 샤이니Shiny 패키지를 소개한다. 샤이니 앱을 만들어 보고, 동적인 인터페이스로 만들어 볼 것이다.

04

샤이니 웹앱 프레임워크

4장에서 다루는 내용은 다음과 같다.

- 샤이니Shiny 앱 프레임워크 소개
- 샤이니 앱 만들기
- 서버 파일과 유저 인터페이스를 연결하는 방법
- 여러 종류의 레이아웃, 위젯, 샤이니 태그
- 다이내믹 유저 인터페이스
- 다른 사람들과 샤이니 앱을 공유하는 방법
- 샤이니 앱을 웹에 배치하는 방법

▌ 샤이니 웹앱 프레임워크 소개

Shiny 패키지는 다른 언어를 사용하지 않고, R과 RStudio만을 가지고 완전한 기능을 하는 인터랙티브 웹 애플리케이션을 만들 수 있는 강력한 프레임워크다. 샤이니 애플리케이션은 기본적으로 두 개의 구성 요소를 가진다.

```
~/shinyapp
|-- ui.R
|-- server.R
```

ui.R 파일에는 사용자 인터페이스를 server.R 파일에는 앱의 기능을 위한 실행하기 위한 코드를 넣는다. 유저 인터페이스는 트위터 부트스트랩 프레임워크Twitter bootstrap framework를 채용하여 완전한 응답형 인터페이스를 구성할 수 있다. 기본적으로 R과 shiny 패키지만 알아도 괜찮은 웹 애플리케이션을 만들 수 있다. 물론 HTML, CSS, 자바스크립트에 대한 지식이 약간 있으면 도움이 된다.

shiny 패키지로 어떤 것들을 할 수 있는지 미리보기를 원하면 패키지에 내장된 사례 앱들을 둘러볼 것을 권한다. shiny 라이브러리를 로딩한 후 다음과 같이 사례 앱의 이름을 통해서 실행해 볼 수 있다.

```
library(shiny)
runExample("01_hello")
```

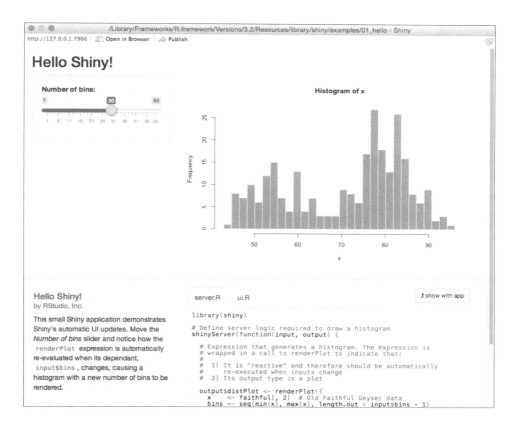

보는 바와 같이 첫 번째 사례 앱을 실행하면 새로운 창에서 샤이니 앱이 열린다. 이 앱은 계급의 개수bins을 바꿔볼 수 있는 기능을 가진 간단한 히스토그램 플롯을 만든다. 그리고 이 예에서 ui.R과 server.R 코드 파일을 살펴본다.

현재 샤이니 패키지에는 11개의 앱이 내장돼 있다.

- 01_hello
- 02_text
- 03_reactivity
- 04_mpg

- 05_slides
- 06_tabsets
- 07_widgets
- 08_html
- 09_upload
- 10_download
- 11_timer

위 예제의 주요 목적은 샤이니로 만들 수 있는 사용자 인터페이스로 구현 가능한 것들을 보여주는 데 있다.

RStudio로 새 샤이니 웹앱 만들기

RStudio는 빠르고 편리하게 새로운 샤이니 앱을 만들 수 있는 기능을 제공한다. New Project를 클릭한 후 창에서 New Directory 옵션을 선택한다.

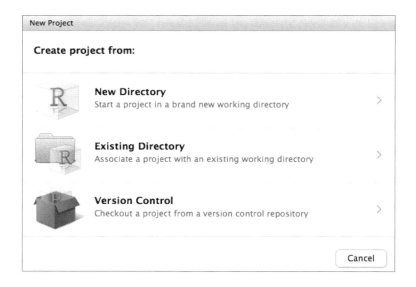

그런 다음 shiny Web Application 필드를 클릭한다.

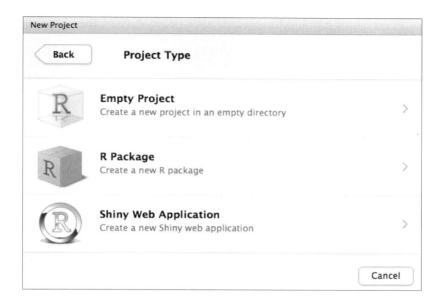

그런 다음은 다음 단계에서 앱의 이름을 주고 Create Project를 클릭한다.

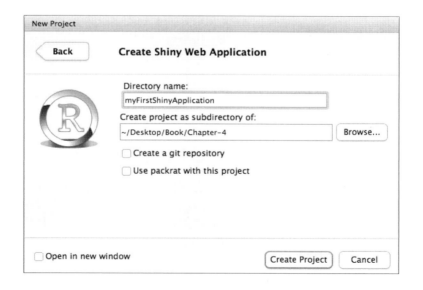

RStudio는 내용이 이미 채워진 ui.r과 server.R 파일을 열면서 바로 사용할 수 있는 샤이니 앱을 오픈한다.

이제 편집 창의 툴바 오른쪽에 있는 **Run App** 버튼을 클릭하면 앱이 실행된다.

샤이니 애플리케이션 만들기

처음 샤이니 애플리케이션을 구상할 때 먼저 앱의 흐름을 그려보아야 한다. 스스로 보여주고자 하는 것이 무엇이고, 어떤 방식으로 보여줄지 등을 질문해 봐야 한다.

mtcars 데이터셋의 변수 몇 개를 탐색해볼 수 있는 앱을 만든다고 생각해보자.

> mtcars 데이터셋은 1974년 〈모터 트렌드USMotor Trend US〉 잡지에서 추출한 32개 모델(1973년에서부터 1974년까지 모델)에 한해서 자동차 설계와 성능에 대한 10가지 변수와 연비에 대한 자료를 담고 있다.

최종 앱 스케치

사용자가 데이터셋에서 변수들 가운데 히스토그램을 만들 때 사용될 3개의 변수를 선택할
수 있게 만들려고 한다. 더불어 메인 플롯에서 데이터셋을 요약해서 보여줄 것이다. 다음
과 같은 모습의 앱을 구상해봤다.

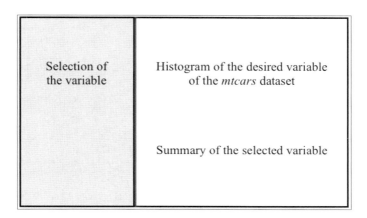

사용자 인터페이스의 구성

RStudio 예제에서 만든 ui.R 파일을 그대로 사용해 필요한 내용을 추가하려고 한다. ui.R
에서 작성하게 될 앱의 레이아웃은 샤이니 함수를 중첩하는 방법으로 코딩한다.

```
library(shiny)

shinyUI(pageWithSidebar(
  headerPanel("My First shiny App"),

  sidebarPanel(
    selectInput(inputId = "variable",
                label = "Variable:",
                choices = c("Horsepower" = "hp",
                            "Miles per Gallon" = "mpg",
                            "Number of Carburetors" = "carb"),
```

```
                    selected = "hp")
    ),

    mainPanel(
      plotOutput("carsPlot"),
      verbatimTextOutput("carsSummary")
    )

))
```

서버 파일 만들기

앱에서 주로 실행될 코드는 server.R 파일에 저장된다.

```
library(shiny)
library(datasets)

shinyServer(function(input, output){

  output$carsPlot <- renderPlot({

    hist(mtcars[, input$variable],
         main = "Histogram of mtcars variables",
         xlab = input$variable)
  })

  output$carsSummary <- renderPrint({

    summary(mtcars[, input$variable])
  })
})
```

최종 앱

필요한 내용을 ui.R과 server.R에 넣은 다음 **Run App** 버튼을 누르면 새로운 창에서 새로 만든 앱이 열릴 것이다.

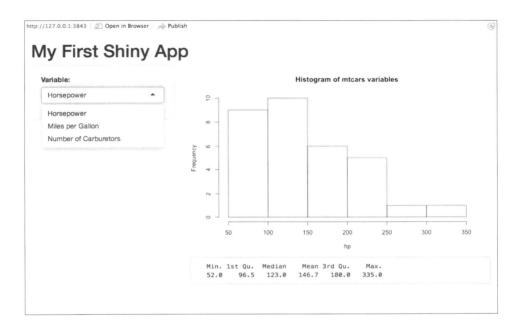

이 앱은 처음에 스케치한 대로 왼쪽에는 필요한 변수를 선택할 수 있는 드롭다운 메뉴가 있고, 오른쪽에는 히스토그램과 선택된 변수를 요약해서 보여준다.

구성 요소별로 앱 나누기

샤이니 애플리케이션의 로직과 앱을 구성하는 두 개의 주요 파일 ui.R과 server.R이 어떻게 서로 소통하는지 더 잘 이해하기 위해 우리가 만든 앱을 개별 부분으로 나눠볼 것이다.

유저 인터페이스를 구성하는 것들

사용자 인터페이스를 세 부분으로 나눠봤다.

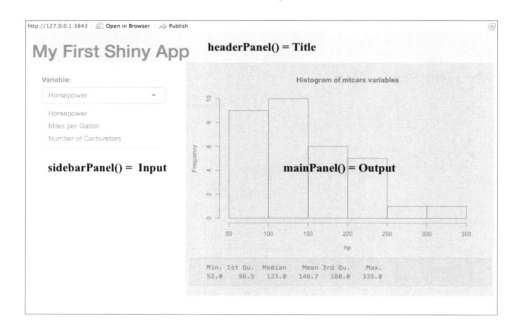

shiny 라이브러리를 로딩한 후, 앱의 전체적인 모습은 shinyUI( ) 함수에 의해서 정의된다. 사이드바가 있는 앱을 스케치했기 때문에 shinyUI 함수는 pageWithSidebar( )를 인자로 가진다.

```
library(shiny)

shinyUI(pageWithSidebar(
...
```

headerPanel( )은 가장 간단한 구성 요소로 앱의 타이틀만 보여준다. ui.R에서 단지 코드에 표시된다.

```
library(shiny)

shinyUI(pageWithSidebar(

  titlePanel("My First Shiny App"),
...
```

sidebarPanel( ) 함수는 사이드바가 있는 앱을 정의하고, mtcars 데이터셋에서 변수 선택을 처리하는 가장 중요한 역할을 한다.

```
library(shiny)

shinyUI(pageWidthSidebar(

        titlePanel("My First shiny App"),

        sidebarPanel(
                selectInput(inputId = "variable",
                            label = "Variable",
                            choices = c("Horsepower" = "hp",
                                        "Miles per Gallon" = "mpg",
                                        "Number of Carburetors" = "carb"
                            selected = "hp",
        )
    ),
...
```

마지막으로 mainPanel( ) 함수는 출력물을 디스플레이한다. 이 경우에는 선택된 변수의 히스토그램과 데이터 요약이다.

```
library(shiny)

shinyUI(pageWithSidebar(

        titlePanel("My First Shiny App"),

  sidebarPanel(
     selectInput(inputId = "variable",
              label = "Variable:",
              choices = c("Horsepower" = "hp",
                          "Miles per Gallon" = "mpg",
                          "Number of Carburetors" = "carb"),
              selected = "hp")
   ),

   mainPanel(
      plotOutput("carsPlot"),
      verbatimTextOutput("carsSummary")
   )
 )
))
```

서버 파일 자세히 들여다보기

ui.R 파일은 앱의 모습을 정의하는 반면 server.R은 앱에서 실행될 R 코드를 가진다. 여기서도 앞에서 만든 앱의 server.R 파일의 내용을 중요한 부분들로 나눠서 설명한다. 필요한 라이브러리, 데이터셋, 스크립트 등을 로딩한 이후에 ShinyServer(function(input, output) {})에 서버 로직을 정의한다.

```
library(shiny)
library(datasets)

shinyServer(function(input, output) {
...
```

이 함수 안에서 ui.R에서 받은 입력값들을 연관된 출력으로 보내게 된다. 이 경우에는 서버쪽의 output$ 객체에 carsPlot이 할당되는데 이것은 다시 ui.R 파일의 mainPanel()의 plotOutput()에서 호출된다. 추가로 render* 함수는(여기에서는 renderPlot()이다) 출력물의 타입을 내포하고 있다. 물론 여기서는 히스토그램 플롯이 된다. renderPlot() 함수 안에서 사용자 인퍼페이스에서 정의됐던 변수들이 input$ 객체로 할당된 것을 확인할 수 있다.

```
library(shiny)
library(datasets)

shinyServer(function(input, output){

        output$carsPlot <- renderPlot({

                hist(mtcars[, input$variable],
                    main = "Histogram of mtcars variables",
                    xlab = input$variable)
        })
...
```

다음 행에서 renderPrint()라는 또다른 종류의 render* 함수를 보게 된다. 이 함수의 대괄호 안에서 실제 R 함수인 summary()가 사용된다.

```
library(shiny)
library(datasets)

shinyServer(function(input, output){

  output$carsPlot <- renderPlot({

    hist(mtcars[, input$variable],
        main = "Histogram of mtcars variables",
        xlab = input$variable)
```

```
  })

  output$carsSummary <- renderPrint({

    summary(mtcars[, input$variable])

  })
})
```

여러 개의 render 함수가 있는데, 가장 많이 사용되는 함수는 다음과 같다.

- renderPlot: 일반적인 플롯을 만든다.
- renderPrint: print( ) 함수의 결과에 같이 텍스트로 출력되는 것을 담당한다.
- renderUI: HTML이나 샤이니 태그 객체를 만든다.
- renderTable: 테이블, 데이터 프레임, 행렬을 출력한다.
- renderText: 문자열을 출력한다.

 shinyServer( ) 함수 밖에 있는 모든 코드는 앱이 로칭될 때 단 한번 실행되고, 이 함수 안에 있는 코드 중 출력 함수 전에 있는 코드들은 사용자가 방문하거나 리프레시 키를 누를 때마다 실행된다. 출력 함수 안에 있는 코드는 사용자가 해당되는 출력과 연결된 위젯의 값을 바꿀 때마다 실행된다.

server.R과 ui.R 연결

앞에서 샤이니 앱을 하나씩 분리하면서 살펴본 바와 같이 ui.R의 입력 함수는 server.R 파일의 출력 함수와 연결되어 있다. 다음과 같이 내용을 요약할 수 있다.

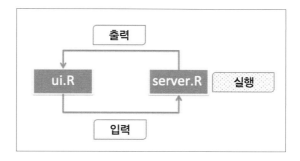

반응성의 개념

샤이니는 반응성 프로그래밍 모델reactive programming model을 사용하는데, 반응성 프로그래밍 모델을 통해서 빠르고 강력한 개발 프레임워크를 제공한다. 간단하게 말해서 사용자 인터페이스의 값을 바꾸면 샤이니가 관련 출력을 자동으로 재구성한다. 샤이니는 3개의 반응성 객체를 정의해서 사용한다.

- 반응성 소스Reactive source
- 반응성 연결자Reactive conductor
- 반응성 종결자Reactive endpoint

RStudio 문서에 제시되어 있는 공식적인 기호를 사용해 간단히 나타내면 다음과 같다.

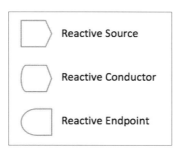

반응성 소스를 구현한 것을 반응성 값^{reactive value}, 반응성 연결자를 구현한 것을 반응성 표현식^{reactive expression}, 반응성 종결자를 구현한 것을 관찰자^{observer}라고 부르기도 한다.

반응성 소스와 종결자의 구조

앞 절에서 배운 바대로 ui.R에서 정의된 입력값은 server.R의 출력 객체와 연결되어 있다. 간단하게 보기 위해서 앞에서 만든 샤이니 앱의 코드를 앞에서 본 기호들을 사용해 표현해보자.

```
...
   output$carsPlot <- renderPlot({

       hist(mtcars[, input$variable],
            main = "Histogram of mtcars variables",
            xlab = input$variable)
   })
...
```

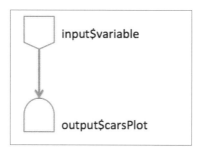

앱에서 입력 변수(반응성 소스)는 Horsepower(마력), Miles per Gallon(연비), Number of Carburetors(기화기의 개수) 등이다. carsPlot이라고 하는 히스토그램이 반응성 종결자가 된다. 이와 같이 일 대 일로 연결되는 경우도 있지만 사실 반응성 소스는 여러 개의 반응성 종결자들하고 연결될 수 있고, 그 반대로 성립된다. 우리의 샤이니 앱에서도 입력 변수를 두 개의 반응성 종결자(carsPlot과 carsSummary)와 연결된다.

```
...
    output$carsPlot <- renderPlot({

      hist(mtcars[, input$variable],
           main = "Histogram of mtcars variables",
           xlab = input$variable)
    })

    output$carsSummary <- renderPrint({

      summary(mtcars[, input$variable])

    })
...
```

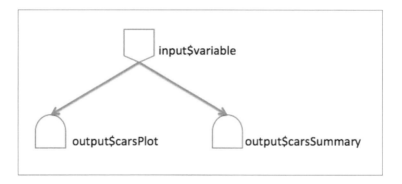

정리해보면 이런 구조를 통해서 사용자가 입력값을 바꿀 때마다 출력물은 그에 따라서 자동으로 내용을 변경한다.

반응성 연결자의 목적

반응성 연결자reactive conductor는 지금까지 보아온 반응성 소스나 반응성 종결자와 상당히 다르다. 다른 객체가 반응성 연결자에 의존하기도 하고, 반응성 연결자가 다른 객체에 의존하기도 한다. 그래서 반응성 소스와 반응성 종결자 사이에 올 수 있다. 반응성 연결자의 가장 중요한 기능은 복잡하고 시간이 오래 걸리는 계산을 캡슐화하는 것이다. 그리고 이런 반응성 표현식은 그 계산 결과를 캐시로 저장해 이전 계산된 결과를 다시 사용할 수 있다. 다음 그래프는 세 가지 반응성 객체들의 타입이 연결되는 예를 보여준다.

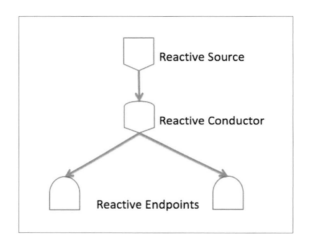

일반적으로 반응성은 논리가 입력에서 결과로 일방적인 방향으로 흐르는 시스템이라는 인상을 준다. 그래서 어떤 입력이 정보를 출력으로 밀어내는 듯한 인상을 갖게 한다. 하지만 실제로는 정반대의 일이 일어난다. 출력이 입력으로부터 정보를 끌어오면서 작동한다. 이것은 정교한 서버 로직에 따라서 이뤄진다. 입력은 서버로 콜백 정보를 보내고, 이것은 출력으로 하여금 입력으로부터 필요한 값을 끌어오게 해서 사용자에게 결과를 보여준다. 물론 사용자에게는 모든 것이 입력값이 바뀌자마자 자동으로 결과가 업데이트되는 것처럼 보일 것이다. 여기에서는 반응성의 주요 측면만을 다뤘다. 하지만 샤이니 내부에서 일이 어떻게 일어나는지 알 수 있게 됐다.

▌ 샤이니 유저 인터페이스 기능

간단한 샤이니 애플리케이션을 만드는 방법과 반응성이 어떻게 작동하는지 알았으므로, 한 단계 더 나아가 사용자가 원하는 유저 인터페이스를 구성하는 다양한 방법을 살펴보자. 샤이니 앱의 레이아웃을 구성하도록 다양한 함수가 준비되어 있다. 언급한 바와 같이 전체 HTML, CSS, 자바스크립트 로직과 레이아웃을 구성하는 함수는 기본적으로 유연한 부트스트랩 프레임워크에 기반하고 있다. 물론 모든 것이 디폴트로 응답형 responsive 으로 작동하고, 완성된 애플리케이션 레이아웃은 어떤 디바이스 스크린에서도 거기에 적합하게 작동한다.

샤이니 인터페이스 레이아웃 탐구

현재 ShinyUI( ) 페이지 레이아웃을 위한 네 개의 함수가 가장 많이 사용된다.

- pageWidthSidebar( )
- fluidPage( )
- navbarPage( )
- fixedPage( )

페이지 레이아웃 함수 안에 다양한 함수를 배치하여 안의 내용물들의 배치를 조절할 수 있다. 이어지는 절에서 가장 유용한 내부 레이아웃 함수를 소개할 것이다. 앞에서 사용했던 앱을 다시 한번 사용한다.

사이드바 레이아웃

처음으로 만든 샤이니 앱에서와 같이 사이드바 레이아웃에서는 sidebarPanel( )이 사이드바에서 입력하는 장소를 생성하고, mainPanel( ) 함수가 오른쪽에 출력하는 구조로 되어 있다. 사이드바 레이아웃은 pageWithSidebar( ) 함수를 사용한다.

```
library(shiny)

sui(pageWithSidebar(

  headerPanel("The Sidebar Layout"),

  sidebarPanel(
      selectInput(inputId = "variable",
              label = "This is the sidebarPanel",
              choices = c("Horsepower" = "hp",
                          "Miles per Gallon" = "mpg",
                          "Number of Carburetors" = "carb"),
              selected = "hp"
        )
      ),

      mainPanel(
              tags$h2("This is the mainPanel"),
              plotOutput("carsPlot"),
              verbatimTextOutput("carsSummary")
      )
))
```

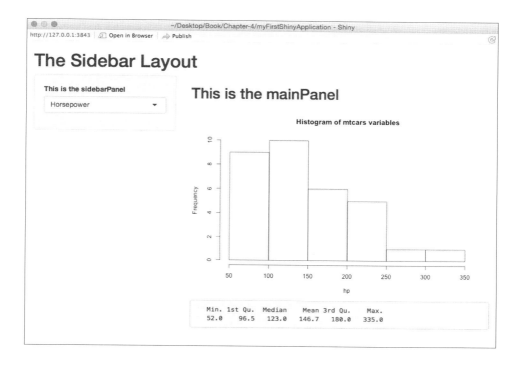

여기서 앞의 3개의 함수를 바꾸기만 해도 정확히 이 앱과 똑같은 모습의 앱을 구성할 수 있다. 다음은 fluidPage( )를 사용한 경우다.

```
library(shiny)

shinyUI(fluidPage(

        titlePanel("The Sidebar Layout"),

        sidebarLayout(

                sidebarPanel(
                        selectInput(inputId = "variable",
                                label = "This is the sidebarPanel",
                                choices = c("Horsepower" = "hp",
                                        "Miles per Gallon" = "mpg",
```

```
                                            "Number of Carburetors" = "carb"),
                            selected = "hp"
            ),

            mainPanel(
                    tags$h2("This is the mainPanel"),
                    plotOutput("carsPlot"),
                    verbatimTextOutput("carsSummary")
            )
        )
    )
))
```

그리드 레이아웃

그리드 레이아웃은 fluidRow( ) 함수를 사용해 여러 행들을 만들어 사용한다. 입력부와 출력부는 행 안에서의 열들을 가지고 배치된다. 부트스트랩 프레임워크를 사용하기 때문에 한 행 안에서 열들은 최대 12개의 열을 만들 수 있다. 다음은 fluidPage( ) 함수를 사용해 4-8 그리드를 만들어 본 것이다.

```
library(shiny)

shinyUI(fluidPage(

        titlePanel("The Grid Layout"),

        fluidRow(

                column(4,
                        selectInput(inputId = "variable",
                                    label = "Four-column input area",
                                    choices = c("Horsepower" = "hp"
                                                "Mildes per Gallon" = "mpg",
                                                "Number of Carburetors" = "carb"),
```

```
                                  selected = "hp")
            ),

            column(8,
                   tags$h3("Eight-column output area"),
                   plotOutput("carsPlot"),
                   verbatimTextOutput("carsSummary")
            )
        )
))
```

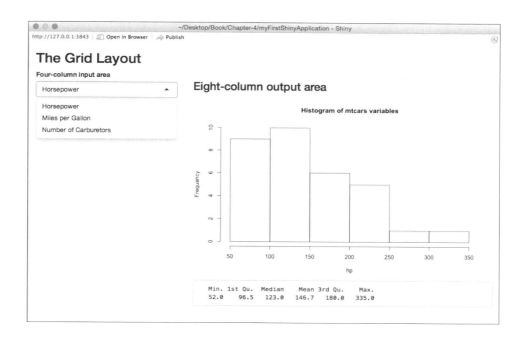

위 ui.R 파일의 내용을 잘 살펴보면 열의 폭은 fluidPage( ) 함수 안의 column( ) 함수에서
정해지고, 이 두 열의 합은 12가 된다. 이렇게 열의 폭을 정하는 것은 완전히 자유롭게 지
정할 수 있기 때문에 다음과 같이 4-4-4 그리드를 fluidPage( ) 안에서 구현할 수 있다.

```
library(shiny)

shinuUI(fluidPage(

        titlePanel("The Grid Layout"),

    fluidRow(

        column(4,
            selectInput(inputId = "variable",
                    label = "Four-column input area",
                    choices = c("Horsepower" = "hp",
                                "Miles per Gallon" = "mpg",

                                "Number of Carburetors" = "carb"),
                    selected = "hp"
        ),
        column(4,
            tags$h5("Four-column output area"),
            plotOutput("carsPlot")
        ),
        column(4,
            tags$h5("Another four-column output area"),
            verbatimTextOutput("carsSummary")
        )
    )
))
```

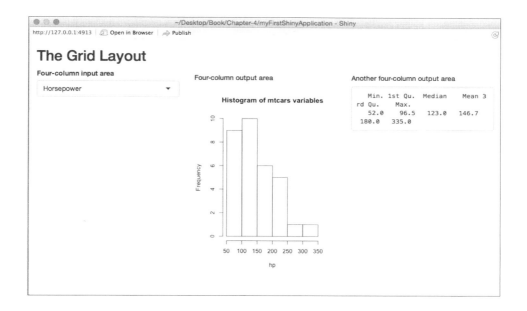

탭셋 패널 레이아웃

tabsetPanel( ) 함수는 앞서 설명했던 사이드바 레이아웃 페이지의 mainPanel( ) 안에서 사용할 수 있다. 이 함수를 적용하면 출력물을 여러 개의 탭으로 구분하여 보여줄 수 있다. 다음은 fluidPage( )를 사용해 세 개의 탭 패널을 가진 탭셋 레이아웃을 만든다.

```
library(shiny)

shinyUI(fluidPage(

  titlePanel("The Tabset Layout"),

  sidebarLayout(

    selectInput(inputId = "variable",
                label = "Select" a variable",
                choices = c("Horsepower" = "hp",
```

```
                    "Miles per Gallon" = "mpg",
                    "Number of Carburetors" = "carb"),
                    selected = "hp"
    ),
    mainPanel(
    tabsetPanel(
     tabPanel("Plot", plotOutput("carsPlot")),
     tabPanel("Summary", verbatimTextOutput"carsSummary),
     tabPanel("Raw Data", dataTableOutput("tableData"))
             )
         )
     )
))
```

tabsetPanel( ) 함수 안에서 tabPanel( ) 함수를 사용해서 세 개의 탭으로 각각의 출력물을 디스플레이하도록 했다. 이런 레이아웃을 사용해 여러 개의 출력물을 하나의 탭으로 출력할 수도 있고, 각각의 출력마다 하나의 탭에서 출력하도록 할 수 있다. 탭의 위치를 바꿀 수 있는데 위, 아래, 왼쪽, 오른쪽에 배치할 수 있다. 예를 들어 다음과 같은 코드는 탭의 위치를 아래에 위치하게 한다.

```
...
mainPanel(
        tabsetPanel(position = "below",
            tabPanel("Plot", plotOutput("carsPlot")),
            tabPanel("Summary", verbatimTextOutput("carsSummary")),
            tabPanel("Raw Data", tableOutput("tableData"))
                    )
        )
...
```

navlist 패널 레이아웃

navlistPanel( ) 함수는 tabsetPanel( )과 유사해서 여러 개의 탭을 통합시키고자 하는 경우 대안이 될 수 있다. navlistPanel( ) 함수 역시 tabPanel( ) 함수를 사용해 내용을 출력하게 된다.

```
library(shiny)

shinyUI(fluidPage(

titlePanel("The Navlist Layout"),

  navlistPanel(
    "Discovering The Dataset",
    tabPanel("Plot", plotOutput("carsPlot")),
    tabPanel("Summary", verbatimTextOutput("carsSummary")),
    tabPanel("Another Plot", plotOutput("barPlot")),
    tabPanel("Even A Third Plot", plotOutput("thirdPlot")),
    "More Information",
    tabPanel("Raw Data", tableOutput("tableData")),
    tabPanel("More Datatables", tableOutput("moredata"))
  )
))
```

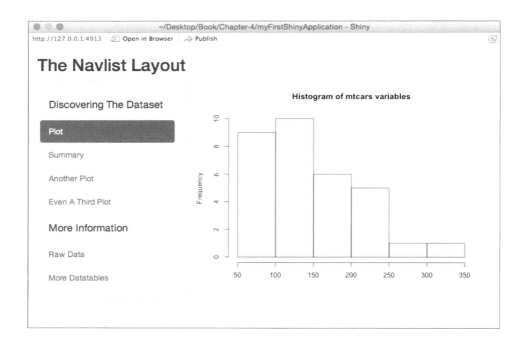

navbar 페이지를 페이지 레이아웃으로 사용하기

앞 예제에서 fluidPage( )와 pageWithSidebar( ) 함수를 사용해 페이지 레이아웃을 잡았었다. 그런데 많은 수의 탭, 사이드바, 많은 수의 입출력 영역을 가진 애플리케이션을 만들 경우에는 navbarPage( ) 레이아웃을 사용할 것을 권고한다. 이 함수는 부트스트랩 프레임워크의 상단에 표준 내비게이션을 사용한다.

```
library(shiny)

shinyUI(navbarPage("The Navbar Page Layout"),

        tabPanel("Data Analysis",

                sidebarPanel(
                    selectInput(inputId = "variable",
                    label = "Select a variable",
                    choices = c("Horsepower" = "hp",
                               "Miles per Gallon" = "mpg",
                               "Number of Carburetors" = "carb"),
                    selected = "hp")
                    ),

                mainPanel(
                    plotOutput("carsPlot"),
                    verbatimTextOutput("carsSummary")
                )
            ),
            tabPanel("Calculations",
    ...
        ),
            tabPanel("Some Notes")
            ...
            )
))
```

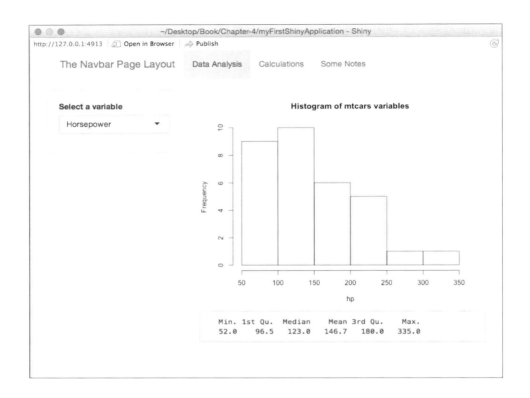

애플리케이션에 위젯 추가하기

지금까지 중요한 페이지 레이아웃을 구성하는 방법을 배웠다. 이제는 샤이니 앱의 개별 구성 요소인 여러 종류의 입력과 출력 요소를 살펴보자. 애플리케이션에 위젯, 패널, 다른 인터페이스를 추가해 각 페이지 레이아웃을 추가로 커스터마이징할 수 있다.

샤이니 입력 요소들

처음 만든 샤이니 애플리케이션에서 우리는 전형적인 샤이니 입력 요소 중 하나인 선택 상자 위젯을 보았다. 그런데 다른 용도로 쓰이는 위젯이 많이 있다. 모든 위젯은 여러 개의 인자를 취할 수 있다. 최소한 inputId와 label이란 인자가 사용되는데 inputId는 서버 파일과 커뮤니케이션하는 데 사용되고 label은 사용자가 위젯과 커뮤니케이션하는 데 사용된다.

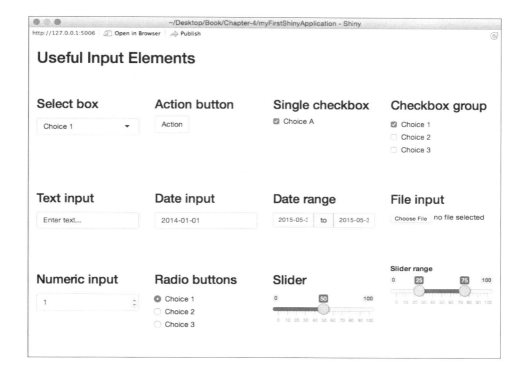

각각의 위젯은 그 자체의 별도의 인자들을 가지고 있다.

한 예로 슬라이더 위젯을 살펴보자. 위 화면에는 두 종류의 슬라이더가 있다. 슬라이더 레인지라고 되어 있는 것을 검토해봤다.

```
sliderInput(inputId = "slideExample",
            label = "Slider range",
            min = 0,
            max = 100,
            value = c(25, 75))
```

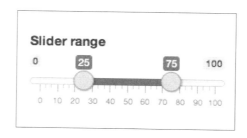

꼭 사용해야 되는 인자 inputId와 label 이외에 3개의 값들이 슬라이더 위젯에 추가됐다. min, max는 선택될 수 있는 값의 최소값과 최대값을 정한다. 이 예제에서는 이것을 0과 100으로 정했다. 그리고 숫자형 벡터가 value라는 인자에 할당됐는데, 이것은 양쪽에 경계가 있는 슬라이더를 만든다. 이 벡터는 논리적으로 봤을 때 최소값과 최대값 사이에 있어야 한다.

현재 20여 개의 입력 위젯이 있다. 각 위젯 고유의 인자를 사용해 필요한 사항들을 맞출수 있다.

출력 요소의 개요

우리가 보아온 대로 ui.R에 있는 출력 요소는 서버 파일에 있는 렌더 함수와 연결돼 있다. 주로 사용되는 출력 요소는 다음과 같다.

- htmlOutput
- imageOutput
- plotOutput
- tableOutput
- textOutput
- verbatimTextOutput
- downloadButton

이름을 통해서 해당 요소가 무엇을 하는지 알 수 있다.

샤이니 태그를 사용해 앱을 좀 더 커스터마이징하기

HTML을 몰라도 샤이니 앱을 만들 수는 있지만 HTML 자체나 소위 샤이니 태그tags라 불리는 것을 이용하면 앱을 상당한 수준으로 커스터마이징할 수 있다.

HTML( ) 함수를 사용해 HTML 자체를 추가할 수 있다.

이제 샤이니 태그를 살펴보자. 현재 샤이니 태그 객체는 100개가 넘으며 텍스트 스타일링, 색, 여러 수준의 제목, 시청각 자료, 리스트 등 많은 것을 추가할 수 있다. 이런 태그는 tags$tagname 형태로 사용한다. 다음은 유용하게 쓰이는 태그들이다.

- tags$h1: 가장 높은 수준의 제목이다. 물론 h1에서 h6까지 사용할 수 있다.
- tags$hr: 수평선을 만든다. 일종의 문맥적인 구분을 할 때 쓰인다.
- tags$br: 줄바꿈할 때 쓰인다. 일부러 어떤 공간을 추가할 때 많이 쓰인다.
- tags$strong: 이것은 글씨체를 굵게 한다.
- tags$div: <div> 요소를 만든다.
- tags$a: 웹 페이지에 대한 링크이다.
- tags$iframe: 어떤 것을 내장한 인라인 프레임을 만든다.

다음은 샤이니 태그를 사용한 ui.R 파일의 한 예와 그 화면이다.

```
library(shiny)

shinyUI(fluidPage(

    fluidRow(
        column(6,
            tags$h3("Customize your app with shiny tags!"),
```

```
                          tags$hr(),
                          tags$a(href = "http://www.rstudio.com", "Click me"),
                          tags$hr()

              ),
              column(6,
                          tags$br(),
                          tags$em("Look - the R Project logo"),
                          tags$br(),
                          tags$img(src = "http://www.r-project.org/Rlogo.png")
              )
        ),

      fluidRow(
              column(6,
                          tags$strong("We can even add a video"),
                          tags$video(src = "video.mp4", type = "video/mp4", autoplay
= NA, controls = NA)
              ),
              column(6,
                          tags$br(),
                          tags$ol(
                                      tags$li("One"),
                                      tags$li("Two"),
                                      tags$li("Three")
                          )
              )
        )
))
```

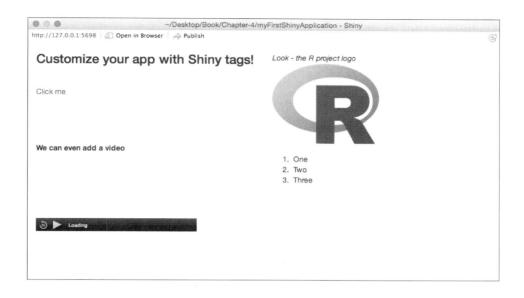

다이내믹 유저 인터페이스 요소 만들기

지금까지 소개한 모든 종류의 인터페이스 요소는 정적이고 고정된 것들이다. 이제 다이내믹 인터페이스 요소를 만드는 방법을 살펴보자. 크게 세 가지 방법이 있다.

- conditionalPanel( ) 함수
- renderUI( ) 함수
- 직접 자바스크립트 코드를 포함시켜 사용하는 방법

이 가운데 처음 두 가지 방법만 살펴보려고 한다. 왜냐하면 이 방법들은 샤이니 패키지에 내장되어 있는 방법이고, 자바스크립트를 직접 사용하는 방법은 아직은 실험적인 상태이기 때문이다.

conditionalPanel 사용하기

conditionalPanel() 함수는 ui.R 파일에서 다이내믹하게 인터페이스 요소를 보이게 하거나 숨길 수 있게 해 준다. 이 함수의 다이내믹한 특성은 자바스크립트 표현식을 사용해 자바스크립트를 알아야 할 것 같은데, 알아야 하는 것은 아주 초보적인 수준이다.

shiny 패키지의 대부분의 방식이 그러하듯이 꼭 알아야 하는 것은 R 프로그래밍이다.

다음은 ui.R 파일에서 이 함수가 작동하는 방식의 한 예를 보여준다.

```
library(shiny)

shinyUI(fluidPage(

    titlePanel("Dynamic Interface With Conditional Panels"),

    column(4, wellPanel(
        sliderInput(inputId = "n",
                    label = "Number of points",
                    min = 10, max = 200, value = 50, step = 10)
        )),
    column(5,
        "The plot below will be not displayed when the slider value",
        "is less than 50.",
        conditionalPanel("input.n >= 50",
                    plotOutput("scatterPlot", height = 300)
                        )
    )
))
```

다음은 이와 연관된 server.R 파일이다.

```
library(shiny)

shinyServer(function(input, output){

        output$scatterPlot <- renderPlot({
                x <- rnorm(input$n)
                y <- rnorm(input$n)
                plot(x, y)
        })
})
```

 위 예제 애플리케이션의 코드는 RStudio의 샤이니 갤러리인 http://shiny.Rstudio.com/gallery/conditionalpanel-demo.html에서 인용했다.

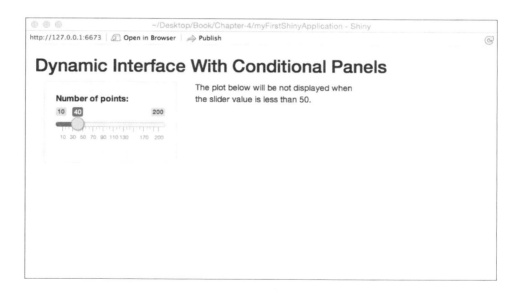

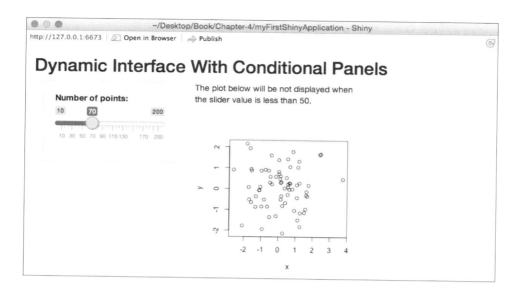

두 개의 코드 파일에서 볼 수 있듯이 input$n이 플롯을 보이게 할지 말지를 결정하는 중요한 키다. conditionalPanel( ) 함수에서 "inputId.n >= 50"으로 이 값이 50 이상인 경우에만 플롯이 보이게 정의했다.

renderUI 함수의 장점 활용하기

renderUI( ) 함수는 서버 파일에서 다이내믹 유저 인터페이스를 만들 수 있게 해 준다. 앞에서 여러 개의 render 출력 함수를 살펴보았다.

예를 들어 ui.R 파일에서는 다음과 같이 한다.

```
# shiny 문서에서 발췌한 사례의 일부
numericInput("lat", "Latitude"),
numericInput("long", "Longitude"),
uiOutput("cintyControls")
```

다음은 server.R에서는 다음과 같은 코드를 볼 수 있다.

```
# 사례의 일부
output$cityControls <- renderUI({
  cities <- getNearestCitites(input$lat, input$long)
  checkboxGroupInput("cities", "Choose Citites", cities)
})
```

기술한 대로 이런 방법을 사용한 다이내믹은 renderUI( )에서 정의되어 출력으로 나간다. 이것을 uiOutput( ) 함수를 통해서 ui.R 파일에서 디스플레이하는 데 사용된다.

▌ 샤이니 애플리케이션 공유

일반적으로 샤이니 애플리케이션은 자신뿐만 아니라 다른 사람들과 함께 사용할 목적으로 개발된다. 앱을 공유하는 방법은 크게 두 가지로 나눠볼 수 있는데 하나는 다른 사람들이 다운로드해서 사용하게 하는 방법과 또 다른 방법은 웹에 배치하는 것이다.

샤이니 앱을 다운로드 가능하게 만들기

최종 샤이니 앱을 만들어서 다운로드할 수 있게 하면 다른 사람들이 앱을 내려받아서 로컬 컴퓨터에서 실행해 볼 수 있을 것이다. 이럴 때 사용할 수 있는 방법이 네 가지 있다. 어떤 것을 선택하든 사용자는 자신의 컴퓨터에 R과 shiny 패키지를 인스톨한 상태가 되어야 한다.

기스트

기스트Gist는 깃허브에서 제공하는 코드 공유 방법이다. 이 방법으로 앱을 공유하려면 ui.R 과 server.R 파일이 같은 기스트에 있어야 하고, 이름도 정확하게 지정해야 한다. 다음 화면을 보자.

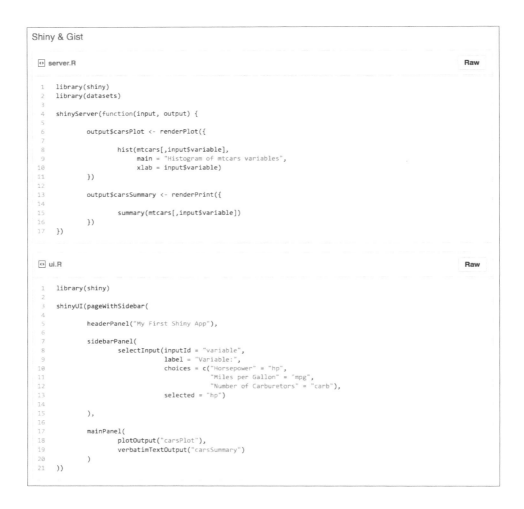

기스트를 통해서 앱을 실행할 때는 두 가지 옵션이 있다. 먼저 RStudio 콘솔에서 runGist("Gist_URL")을 실행하는 것이 있고, 기스트 아이디를 사용해 shiny::runGist ("Gitt_ID") 함수를 사용하는 방법이 있다.

```
> runGist("https://gist.github.com/mhnierhoff/1568a36e757e56da6131")
Downloading https://gist.github.com/mhnierhoff/1568a36e757e56da6131/download

Listening on http://127.0.0.1:6673

> shiny::runGist("1568a36e757e56da6131")
Downloading https://gist.github.com/1568a36e757e56da6131/download

Listening on http://127.0.0.1:6673
```

기스트는 애플리케이션을 간편하게 공유할 수 있는 방법이지만 여러분의 코드가 다른 사람의 서버에 공개된다.

깃허브

다음 방법은 깃허브GitHub 저장소에서 앱을 다운로드할 수 있게 하는 방법이다. 다음과 같이 깃허브 사이트에 코드가 올라가 있다고 가정해보자.

깃허브에 있는 애플리케이션을 실행시키려면 shiny::runGitHub("Repository_Name", "GitHub_Account_Name")을 콘솔에서 실행한다.

```
> shiny::runGitHub("Shiny-GitHub", "mhnierhoff")
Downloading https://github.com/mhnierhoff/Shiny-GitHub/archive/master.tar.gz

Listening on http://127.0.0.1:6673
```

압축 파일

압축 파일을 사용해 샤이니 앱을 공유할 수도 있다. 웹을 통해서 압축 파일을 다운로드하거나 이메일, USB 저장 장치, 메모리 카드나 그와 비슷한 기기에 저장하여 공유할 수 있다. 웹에서 압축^{zip} 파일을 다운로드하려면 콘솔에서 runUrl("Zip_File_URL")을 실행한다.

```
> runUrl("https://github.com/mhnierhoff/Shiny-GitHub/blob/master/Zip_File/Shiny-Github.zip")
Downloading https://github.com/mhnierhoff/Shiny-GitHub/blob/master/Zip_File/Shiny-Github.zip
```

패키지

많은 노력이 필요하지만 가장 널리 효율적으로 사용할 수 있게 하는 방법은 샤이니 애플리케이션을 R 패키지로 개발하는 것이다. 많은 사용자에게 도움이 되는 응용 범위가 넓은 애플리케이션을 만드는 경우에 유용한 방법이다. 패키지로 개발하면 CRAN에 등재할 수 있다는 장점이 있다. 이 책의 뒷부분에서 R 패키지 개발 방법을 설명한다.

웹에 샤이니 앱 배치

앱을 다운로드해 로컬 컴퓨터에서 실행하는 방법을 알았다. 지금부터는 웹에 샤이니 앱을 배치하는 방법을 설명한다.

shinyapps.io

http://www.shinyapps.io/은 RStudio 회사가 운영하는 샤이니 앱호스팅 서비스다. 무료 계정이 있기는 한데 최대 다섯 개 애플리케이션, 25액티브 시간, RStudio 로고를 광고하는 앱에 한정된다. 그럼에도 불구하고 이 서비스는 웹에 빠르고 쉽게 배치할 수 있는 훌륭한 방법이다.

RStudio의 http://www.shinyapps.io/를 사용하기 위해서 추가로 몇 개의 R 패키지, 운영체제에 맞는 소프트웨어가 필요하다.

- **RTools**(윈도우를 사용하는 경우)
- **GCC**(리눅스를 사용하는 경우)
- 엑스코드XCode 커맨드라인 툴(맥OS X을 사용하는 경우)
- **devtools** R 패키지
- **shinyapps** 패키지

shinyapps 패키지는 CRAN에 없기 때문에서 devtools 패키지를 사용해 깃허브에서 설치해야 한다.

```
if(!require("devtools"))
    install.packages("devtools")
devtools::install_github("rstudio/shinyapps")
library(shinyapps)
```

필요한 모든 것을 설치하면 RStudio IDE에서 직접 샤이니 앱을 배치할 수 있다. **Publish** 아이콘을 클릭하고, 처음 사용하는 경우라면 새로운 창에서 〈http://www.shinyapps.io/〉 계정을 통해서 로그인하면 된다. 그 이후에는 샤이니 앱을 바로 배치할 수 있다.

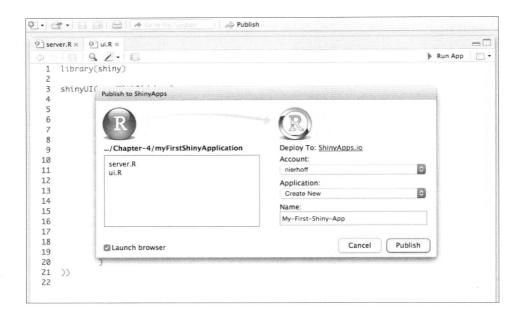

Publish 버튼을 클릭하고 나서 Deply라는 새로운 탭이 콘솔 창에서 열리면서 배치 과정을 보여준다. 뭔가 잘못된 것이 있으면 배치 로그에 에러 메시지가 나타난다.

배치가 성공적으로 이뤄지면 http://www.shinyapps.io/에 있는 웹 주소를 사용해 앱을
공개적으로 사용할 수 있다.

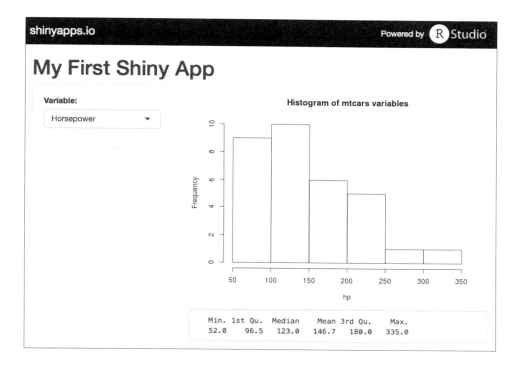

셀프 호스팅 샤이니 서버 설정

샤이니 서버 소프트웨어는 오픈소스 버전과 프로페셔널 버전이 있다. 오픈소스 버전은 무
료로 다운로드하여 서버에서 사용할 수 있다. 프로페셔널 버전은 여러 추가 기능이 있고
RStudio에서 지원을 받을 수 있다. 가격은 조건에 따라 다르다. 9장, '조직에서 R 사용:
RStudio 서버 관리'에서 오픈소스 버전을 사용해서 셀프 호스팅 서버에서 설정하는 방법
을 설명한다.

▌ 샤이니 에코시스템에 깊이 참여

샤이니 프레임워크가 정말 뛰어나고 강력하기 때문에, RStudio와 샤이니 개발자들은 물론이고 많은 사람이 샤이니를 중심으로 한 여러 패키지들을 발표해서 샤이니의 기존 기능들을 한층 더 강화시키고 있다. 샤이니 에코시스템을 깊이 연구해보면 드러나겠지만, 기술적으로나 시각적인 측면에서 무수히 많은 기능이 있어서 그 내용이 4장의 범위를 벗어난다. 그래서 우리는 몇 가지 중요한 방향을 제시하여 그 인상만을 전달할 수 있기를 바란다.

더 많은 파일을 사용해 앱 만들기

이 장에서 독자들은 오로지 server.R과 ui.R이라는 두 개의 파일만을 사용해서 샤이니 앱을 만드는 방법을 배웠다. 다른 방법을 살펴볼 것인데 먼저 하나의 파일로 샤이니 앱을 만들 수 있다. 그렇게 하기 위해서는 app.R이라는 파일을 만들어야 한다. 이 파일 안에 server.R과 ui.R의 내용을 포함시킨다. 더 나아가 글로벌 변수, 데이터 등을 추가할 수 있다. 만약 많은 수의 함수, 데이터넷, 옵션 등을 가진 큰 샤이니 앱을 만들 때는 이 모든 것을 하나의 파일에 작성하면 매우 혼란을 줄 수 있다. 그래서 싱글파일 샤이니 앱은 비교적 단수하고 간단한 설정만으로 작동하게 하는 것이 좋다.

특히 큰 샤이니 앱을 만드는 경우에는 사용자 정의 함수, 데이터셋, 이미지 등을 여러 파일로 나누어 사용할 것을 권한다. 이런 파일은 앱과 같은 디렉터리에 배치한다. 파일 설정 예는 다음과 같다.

```
~/shinyapp
|-- ui.R
|-- server.R
|-- helper.R
|-- data
|-- www
|-- js
|-- etc
```

216

헬퍼 파일에 접근할 때는 server.R 파일의 코드에서 source("helpers.R")을 추가해야 한다. 똑같은 로직이 다른 R 파일에도 적용된다. 데이터 폴더에서 데이터를 읽어올 때는 server.R 파일의 머리 부분에서 다음과 같은 코드로 변수를 저장할 수 있다.

```
myData <- readRDS("data/myDataset.rds")
```

샤이니 패키지 확장

앞에서 이야기한 대로 여러 애드온 패키지를 사용해 샤이니의 기능을 확장할 수 있다. 이들은 샤이니 앱에 마법을 부가하는 여러 개의 내장 함수를 가지고 있는데 현재 CRAN에 10개의 패키지가 있다.

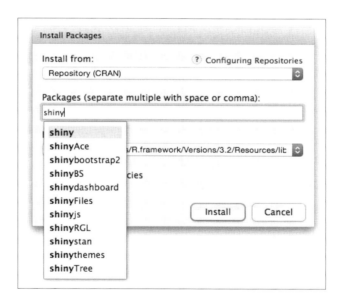

- shinyAce: 이 패키지는 샤이니 안에서 풍부한 텍스트 편집 환경을 제공해주는 에이스$^{(Ace)}$ 편집기 기능을 구현할 수 있게 해준다.

- shinybootstrap2: 최신 샤이니 패키지는 부트스트랩 3.0을 사용한다. 따라서 샤이니 앱은 부트스트랩 2.0의 기능을 가지고 구현했다면 이 패키지를 사용할 수 있을 것이다.

- shinyBS: 이 패키지는 원래의 트위터 Bootstraptheme에 추가 기능을 부여한다. 예를 들면 툴팁, 모달 등과 같은 것이다.

- shinydashboard: 이 패키지는 RStudio에 있는 사람이 만든 것으로 멋지고 여러 기능을 하는 대시보드를 샤이니에서 만들 수 있게 해준다.

- shinyFiles: 이것은 샤이니 앱에서 서버쪽에 있는 파일 시스템을 클라이언트 쪽에서 접근할 수 있게 만들어 준다.

- shinyjs: 자바스크립트를 몰라도 이 패키지를 사용해 샤이니 애플리케이션에서 흔하게 사용되는 자바스크립트 연산을 수행할 수 있다.

- shinyRGL: RGL 패키지에 대한 샤이니 래퍼를 제공한다. 이 패키지는 RGL의 WebGL 시각화물을 샤이니에 적합한 포맷으로 익스포트할 수 있게 만든다.

- shinystan: 사실 진짜 애드온 패키지는 아니다. 몬테카를로 시뮬레이션의 마르코프 체인을 위한 환상적인 완전한 샤이니 애플리케이션을 제공한다.

- shinythemes: 내장된 부트스트랩 테마를 사용해 애플리케이션의 테마를 바꿀 수 있게 해 준다.

- shinyTree: 이것은 jsTree라는 인터랙티브 트리를 지원하는 자바스크립트에 대한 바인딩으로 샤이니에서 풍부한 기능을 가진 편집 가능한 트리를 구현할 수 있게 해 준다.

물론 깃허브 등에서 여러 가지 기능을 제공하는 다양한 패키지를 더 많이 찾아볼 수 있다.

▌ 정리

4장에서는 유명한 샤이니 프레임워크를 사용해 멋진 웹 애플리케이션을 만드는 방법을 배웠다. 앱의 계획 단계부터 만드는 과정과 공유하는 방법까지 모두 살펴봤다. 다음 ui.R과 server.R 파일의 연결 관계도 살펴봤다. 그런 다음 반응성 프로그래밍의 개념을 소개했고, 샤이니 프레임워크를 빠르고, 튼튼하고, 효율적으로 구성하기 위해서는 이 개념을 깊이 이해하고 있어야 한다고 설명했다. 더 나아가 굉장히 유연한 페이지 레이아웃, 위젯, 샤이니 태그 등을 사용해 뛰어난 샤이니 유저 인터페이스를 구성하는 방법도 알아봤다. 더불어 샤이니 앱을 다른 사람들과 공유하는 여러 가지 방법도 배웠다. 5장에서는 R 마크다운으로 인터랙티브 문서를 만드는 방법에 대해 설명한다.

05

R 마크다운을
이용한 인터랙티브 문서

5장에서는 다루는 내용은 다음과 같다.

- 인터랙티브 R 마크다운 문서를 생성하는 두 가지 주요 방법
- R 마크다운, 샤이니 문서와 프레젠테이션 만들기
- ggvis 패키지를 R 마크다운과 함께 사용하기
- 문서에 다양한 종류의 인터랙티브 차트 넣기
- 인터랙티브 R 마크다운 문서를 웹에 배치하기

▌ R 마크다운으로 인터랙티브 문서 만들기

2장, 'R 마크다운으로 결과물 공유하기'에서 RStudio에서 R 마크다운을 사용해 일반 문서와 프레젠테이션을 만드는 방법을 배웠다. 그런데 이전 예제의 포맷은 모두 정적이었다. 5장에서는 R 마크다운과 RStudio를 사용해 인터랙티브 문서를 제작하는 방법에 초점을 맞추려고 한다. 이 부분은 특히 문서를 읽는 사람들에게는 흥미로울 수 있는데, 차트의 타입, 파라미터, 값 등을 바꿔보면서 문서와 인터랙션이 가능하다.

R 마크다운 문서를 인터랙티브하게 만드는 방법은 두 가지다. 하나는 RStudio에서 샤이니 웹 애플리케이션을 사용하는 것이고, 두 번째는 여러 인터랙티브 기능을 제공하는 패키지를 사용하는 것이다.

▌ R 마크다운과 샤이니 사용하기

4장에서 RStudio에서 샤이니 프레임워크를 사용하는 방법을 자세히 알아보았다. 완전한 웹 애플리케이션을 만드는 것 이외에도 전체 샤이니 애플리케이션을 R 마크다운 문서와 프레젠테이션에 통합시켜 사용할 수 있다. 앞에서 R 마크다운과 샤이니의 로직을 사용하는 기초적인 내용을 모두 배웠기 때문에 이제는 간단한 샤이니 앱을 R 마크다운 파일에 통합시키는 방법에 집중할 것이다.

샤이니와 R 마크다운이 같이 작동시키려면 파일의 YAML 헤더에 runtime: shiny 항목을 반드시 포함시켜야 한다. 물론 RStudio 통합개발환경은 새로운 샤이니 문서와 프레젠테이션을 빠르게 만들 수 있는 방법을 제공한다. New File ❯ R Markdown을 클릭한 이후 팝업 창의 왼쪽 메뉴에서 shiny를 선택한다. shiny 메뉴에서 샤이니 Document 또는 shiny Presentation 옵션에서 하나를 선택하여 시작할 수 있다.

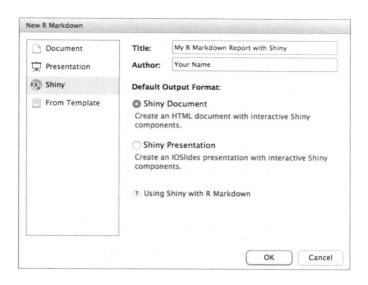

샤이니 도큐먼트

shiny Document 옵션을 선택하면 이미 내용이 들어가 있는 .Rmd 파일이 열린다. 이전 R 마크다운 인터페이스와 다른 점은 상단위 툴바에서 Knit 버튼 대신 Run Document 버튼이 보인다.

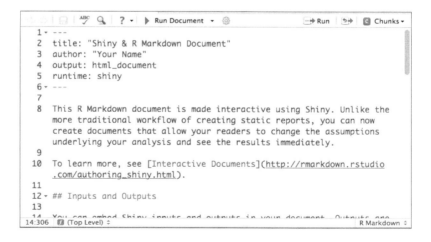

.Rmd 파일에 이미 들어가 있는 내용으로 인터랙티브 샤이니 애플리케이션이 포함된 R 마크다운 문서를 만들 수 있다. 플롯에 사용될 계급의 개수[bin]와 밴드폭을 조정할 수 있다. 변경된 모든 내용은 실시간으로 문서에 반영된다.

샤이니 프레젠테이션

앞에서 shiny Presentation을 클릭한 경우에도 이미 내용이 들어가 있는 .Rmd 파일이 열린다. 프레젠이션이기 때문에 YAML 헤더에 출력 포맷이 ioslides_presentation으로 변경될 것이다. 그리고 실행 버튼은 Run Presentation이 된다.

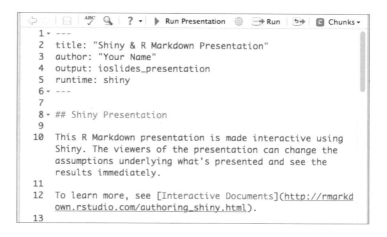

shiny Presentation은 일반 R 마크다운 프레젠이이션과 거의 유사하다. 다른 점은 샤이니앱이 슬라이드에 포함되어 있고, 이것을 통해서 앱에 사용된 데이터와 인터랙션이 가능하다.

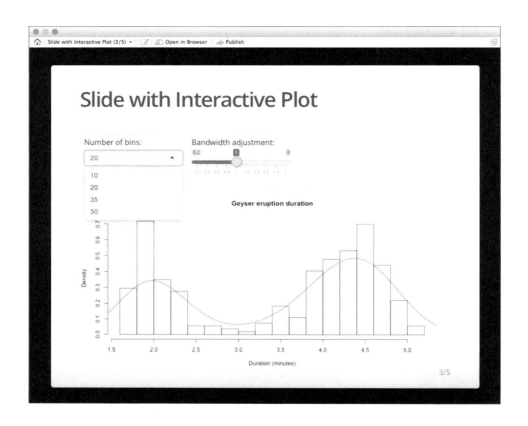

shiny R 마크다운 문서 분리하기

이제 샤이니에서 사용되는 ui.R, server.R 파일을 사용하지 않고 전체 샤이니 애플리케이션을 어떻게 R 마크다운 문서에 삽입할 수 있는지가 궁금할 것이다. 사실 rmarkdown 패키지는 코드 청크에서 R 코드를 추출하여 보이지 않는 server.R 파일을 만든다. 전체 R 마크다운 문서는 일종의 ui.R 파일 역할을 하고 반응성 요소들은 HTML 출력의 index.html 파일에 안에 놓이게 된다.

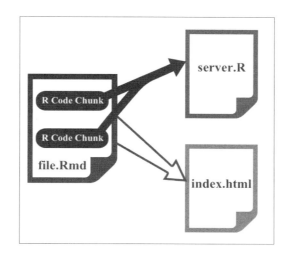

▌ R 마크다운에 인터랙티브 차트 넣기

다음에 소개할 방법은 인터랙티브 차트 기능을 가진 다양한 R 패키지를 사용해 R 마크다운 문서에 여러 차트를 삽입하는 것이다. 3장 'R 그래픽 시스템의 기초'에서 다음과 같은 패키지를 소개했다.

- ggvis
- rCharts
- googleVis
- dygraphs

여기서 다시 소개하지는 않는다. 대신 인터랙티브 차트 기능을 제공하는 몇 가지 패키지를 더 소개하겠다.

- threejs
- networkD3

- metricsgraphics
- plotly

주의할 부분은 당연한 이야기이지만 이런 패키지들은 R 마크다운 문서에서 HTML 출력물에서만 작동한다는 점이다. 정적인 워드나 PDF 문서에서는 작동하지 않는다.

인터랙티브 R 마크다운 문서에서 ggvis 사용하기

우리는 3장에서 ggvis 패키지에 대해 배웠다. ggvis 패키지는 유명한 그래픽 패키지인 ggplot2를 계승한 인터랙티브 버전으로 보면 된다. ggvis의 인터랙션 기능은 샤이니 프레임워크의 반응성 프로그래밍 모델에 기초하고 있고, 이것을 인터랙티브 R 마크다운 문서에서 유용하게 사용할 수 있다.

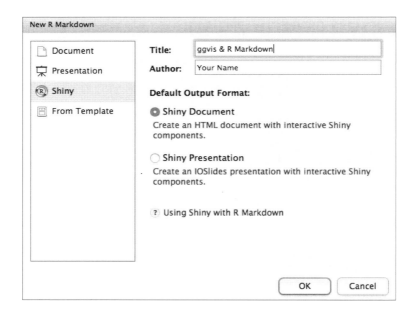

R 마크다운 파일에 ggvis를 사용한 인터랙티브 차트를 넣고 싶으면 YAML 헤더에 runtime: shiny를 반드시 포함시켜야 한다. RStudio에서 File › New File을 선택하고 R Markdown...을 클릭한다. 새로운 창 왼쪽에서 shiny를 선택한 다음에 마지막에 shiny Document를 선택한다. 앞에서 언급한 대로 ggvis 패키지는 샤이니의 반응성 모델을 따르기 때문에 이것을 활용해서 R 마크다운 파일을 만들 수 있다.

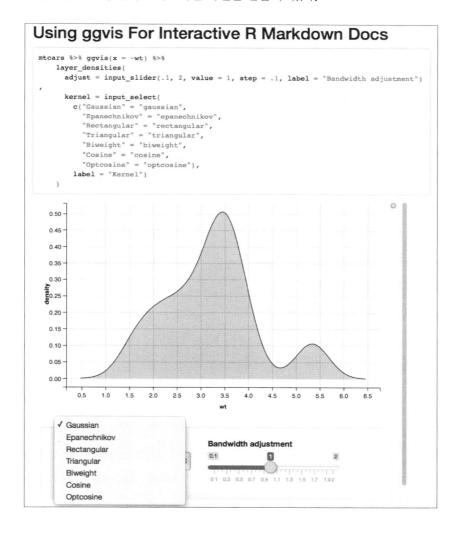

보는 바와 같이 이 R 마크다운 문서를 읽는 사람들은 밴드폭, 커널 모델 등을 선택해서 내용이 어떻게 바뀌는지 볼 수 있다. 인터랙션 조절은 input_ 함수로 한다. 이 예에서는 input_slider( ), input_select( ) 함수를 사용했다. 이것들 이외에 input_checkbox( ), input_numeric( ) 등의 함수가 더 있다. 이런 조절기들은 입력 타입에 맞춰 여러 가지 것들을 조절할 수 있는 다양한 인자를 가지고 있다. 이 예에서 사용된 두 개의 조절 함수에는 label이라는 인자를 사용했다. 이것은 사용자에게 보여질 레이블을 정한다. ID(할당된 컨트롤에 고유 아이디를 부여)라는 인자도있고, map(출력을 다시 매핑하는 함수)이라는 인자도 있다.

rCharts

rCharts 패키지는 자바스크립트 시각화물을 만들기 때문에 이 패키지를 사용한 R 코드를 일반적인 코드 청크에 넣어서 시각화물을 구현할 수 있다.

```
---
title: "My Interactive Report"
author: "Your Name"
output: html_document
---

## rCharts를 사용한 인터랙티브 문서

```{r }
library(rCharts)
```

```{r results = 'asis', message=FALSE}
# MorrisJS를 사용한 인터랙티브 라인 차트
# 이 코드는 http://ramnathv.github.io/rCharts/에서 인용했다.
data(economics, package = 'ggplot2')
econ <- transform(economics, date = as.character(date))
m1 <- mPlot(x = 'date', y = c('psavert', 'uempmed'), type = 'Line',
 data = econ)
```
```

```
m1$set(pointSize = 0, lineWidth = 1)
m1$print('chart2', include_assets = TRUE)
```
```

---

여기에서 인터랙티브 플롯을 렌더링하기 위해서 results='asis'라는 청크 옵션을 사용한 점이 중요하다. 그리고 플롯을 출력하는 함수에 include_assets = TRUE라는 인자를 사용해야 한다.

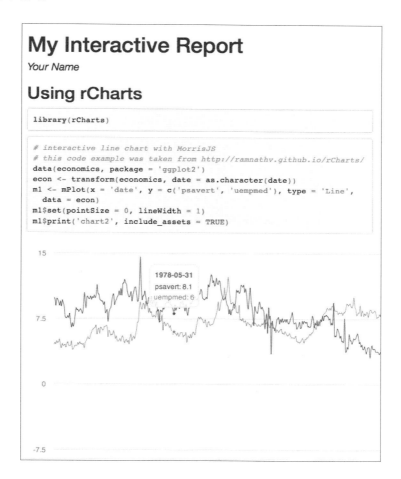
```

googleVis 패키지

googleVis 패키지는 구글 차트 API를 사용하기 때문에, 코드 청크에 바로 넣어서 실행할
수 있다. 다음 코드는 인터랙티브 막대 차트와 라인 차트의 조합이다.

```
---
title: "My Interactive Report"
author: "Your Name"
output: html_document
---

## googleVis 사용

```{r }
library(googleVis)
op <- options(gvis.plot.tag="chart")
```

...

```{r results = 'asis', message=FALSE}

# googleVis를 사용한 라인, 바 차트
# 이 코드는 googleVis 패키지 비니에트를 인용했다.
CityPopularity$Mean=mean(CityPopularity$Popularity)
CC <- gvisComboChart(CityPopularity, xvar='City',
        yvar=c('Mean', 'Popularity'),
        options=list(seriesType='bars',
                width=450, height=300,
                title='City Popularity',
                series='{0: {type:\"line\"}}'))
plot(CC)
```

...
```

여기서도 results='asis'라는 청크 옵션이 중요하다.

htmlwidgets 패키지

앞에서 인터랙티브 웹을 시각화할 수 있게 해 주는 `htmlwidgets` 패키지를 소개했다. 당연한 이야기이지만 이들 위젯을 R 마크다운 문서에 넣어서 인터랙티브 문서를 구성하는 것이 가능하다.

dygraphs

rCharts, googleVis 패키지에서 본 것처럼 dygraphs 패키지 역시 R 마크다운에서 HTML 출력물에서만 작동한다. 이 패키지는 RStudio에서 만들었다.

다음 코드는 범위를 선택할 수 있는 인터랙티브 dygraph를 만든다.

```
---
title: "My Interactive Report"
author: "Your Name"
output: html_document
---

## htmlwidgets과 dygraphs 사용

```{r message=FALSE}
library(htmlwidgets)
library(dygraphs)
```
```{r, fig.width=6, fig.height=2.5}
# 저자의 예제가 작동하지 않아 일부 수정함
lungDeaths <- cbind(mdeaths, fdeaths)
dygraph(lungDeaths, main = "Death from Lung Disease") %>%
    dyRangeSelector(dateWindow = c("1975-01-01", "1978-01-01"))
``` ...
```

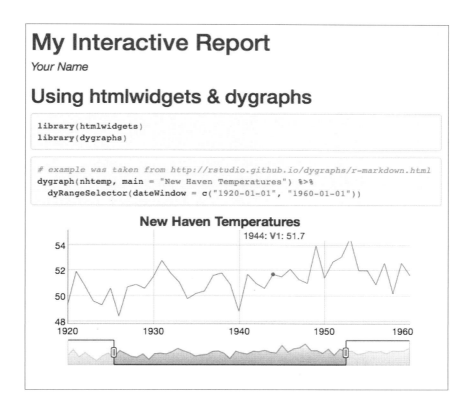

three.js와 R

threejs 패키지는 three.js 라이브러리를 사용해서 3차원이 산전도와 글로브 플롯을 만들 수 있는 htmlwidget 패키지다. 이 사례들은 RStudio에서 일반적인 R 플롯처럼 렌더링된다. 그리고 R 마크다운 문서, 샤이니에 넣을 수 있고 R 커맨드라인에서도 작동한다.

B.W. 루이스(http://bwlewis.github.io/rthreejs/)

threejs 패키지는 CRAN에 등재되어 있지 않기 때문에 다음 코드로 깃허브에서 인스톨한 다음 로딩해서 사용한다.

```
library(devtools)
install_github("bwlewis/rthreejs")
library(threejs)
```

다음 코드는 사용자가 축을 자유롭게 움직일 수 있는 3차원 산점도를 만든다.

```
---
title: "My Interactive Report"
author: "Your Name"
output: html_document
---

## htmlwidgets와 threejs 사용

```{r message=FALSE}
library(htmlwidgets)
library(threejs)
```

```{r }
# http://bwlewis.github.io/rthreejs/에서 인용
# 원본 일부 수정함

N <- 100
i <- sample(3, N, replace=TRUE)
x <- matrix(rnorm(N*3), ncol=3)
lab <- c("small", "bigger", "biggest")
scatterplot3js(x, color = rainbow(N), size = i, labels = lab[i])
```
```

My Interactive Report

Your Name

Using htmlwidgets & threejs

```
library(htmlwidgets)
library(threejs)
```

```
# example was taken from http://bwlewis.github.io/rthreejs/
N <- 100
i <- sample(3, N, replace=TRUE)
x <- matrix(rnorm(N*3),ncol=3)
lab <- c("small", "bigger", "biggest")
scatterplot3js(x, color=rainbow(N), labels=lab[i], size=i, renderer="
canvas")
```

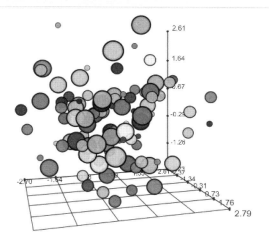

networkD3

networkD3 패키지는 d3Network 패키지에 기초를 둔다. htmlwidgets 패키지를 통해 위젯으로 만든 것으로 D3 자바스크립트 네트워크 그래프를 만들 수 있다. 이 패키지는 CRAN에서 다운로드할 수 있으며 크리스토퍼 갠드루드와 JJ 알레어가 만들었다. networkD3 패키지는 여러 타입의 인터렉티브 네트워크 그래프를 지원한다. 다음 예에서 forceNetwork 그래프 타입을 사용한다. 노드에 마우스를 올려놓으면 입력값이 나타나게 인터랙션 기능을 추가할 수 있으며, 전체 네트워크를 이리 저리 옮길 수 있다.

```
---
title: "My Interactive Report"
author: "Your Name"
output: html_document
---

## htmlwidgets와 networkD3 사용

```{r message=FALSE}
library(htmlwidgets)
library(networkD3)
```

forceNetwork

```{r message=FALSE}
# http://christophergandrud.github.io/networkD3/#force에서 인용
data(MisLinks)
data(MisNodes)
forceNetwork(Links = MisLinks, Nodes = MisNodes, Source = "source",
       Target = "target", Value = "value", NodeID = "name",
       Group = "group", opacity = 0.4)
```
```

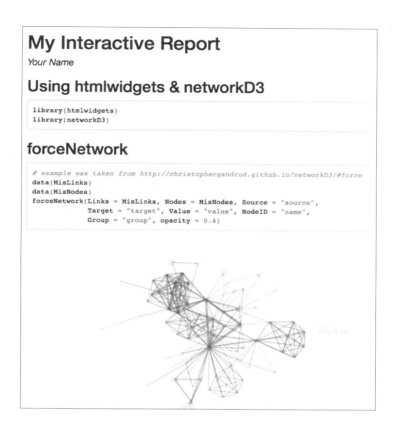

metricsgraphics

metricsgraphics는 MetricsGraphics.js 자바스크립트 D3 차트 라이브러리의 htmlwidget 인터페이스다. [...] metricsgraphics를 차트를 만들 때는 magrittr, ggvis, dplyr 패키지에서 사용되는 파이핑 관례를 따른다. 이렇게 하면 많은 인자와 기능을 가진 거대한 함수를 사용하는 것을 피하고, 논리적인 단계에 따라서 차트를 구성할 수 있다. MetricsGraphics.js 차트가 비록 ggplot2의 유용성에는 미치지 못하지만 기능적이고 인터랙션 기능이 있는 여러 라인을 가진 차트, 산점도, 바 차트, 히스토그램 등을 만들 수 있고, 이들을 결합시킬 수 있다.

밥 루디스(http://hrbrmstr.github.io/metricsgraphics/)

먼저 CRAN에서 `htmltools` 패키지를 설치한다. 그러고 나서 다음과 같은 코드로 깃허브에서 `metricsgraphics`를 인스톨한다 .

```
library(devtools)
install_github("hrbrmstr/metricsgraphics")
library(metricsgraphics)
```

다음 코드는 mtcars 데이터셋의 wt와 mpg 변수에 대한 D3 산전도를 만들고, 거기에 회귀직선을 추가한 플롯을 가진 R 마크다운 문서다. 점 위에 마우스를 올리면 해당 값을 읽을 수 있다.

```
---
title: "My Interactive Report"
author: "Your Name"
output: html_document
---

## htmlwidgets와 metricsgraphics 사용


```{r message=FALSE}
library(htmlwidgets)
library(htmltools)
library(metricsgraphics)
```

```{r message=FALSE}
# http://rpubs.com/hrbrmstr/53741에서 인용
mtcars %>%
    mjs_plot(x=wt, y=mpg, width=400, height=300) %>%
    mjs_point(least_squares=TRUE) %>%
    mjs_labs(x="Weight of Car", y="Miles per Gallon")
```
```

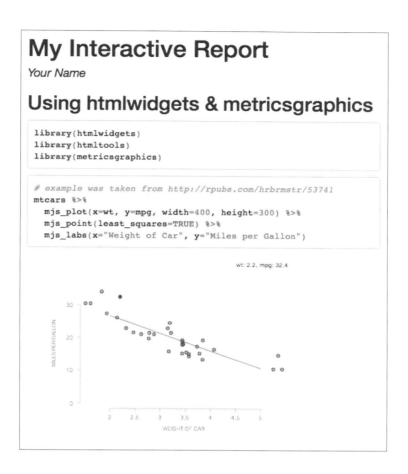

인터랙티브 R 마크다운 문서 발행

인터랙티브 R 마크다운 문서를 발행하는 방법은 여러 가지다. 인터랙션 기능을 구현하는 방법에 따라 약간 차이가 있다. 이 장의 첫 머리에서 인터랙션은 샤이니 프레임워크를 사용하거나 독립적인 인터랙티브 차트 패키지를 사용해 구현할 수 있음을 상기하자.

샤이니 프레임워크에 기반한 모든 R 마크다운 문서들은 shinyappsapps::deploy( ) 함수를 사용해 간단하게 http://www.shinyapps.io/ 서비스로 게시할 수 있다. 이것에 대해서는 4장, '샤이니 웹앱 프레임워크'를 참고한다. 물론 사용자가 직접 구축한 샤이니 서버에 게시할 수도 있다. 이 방법은 샤이니 문서뿐만 아니라 샤이니 프레임워크를 사용하는 ggvis를 사용하는 문서에도 적용될 수 있다.

독립적인 차트 패키지를 가진 인터랙티브 R 마크다운 문서들은 http://rpubs.com/과 http://www.shinyapps.io/이나 사용자가 구축한 샤이니 서버에 쉽게 올릴 수 있다.

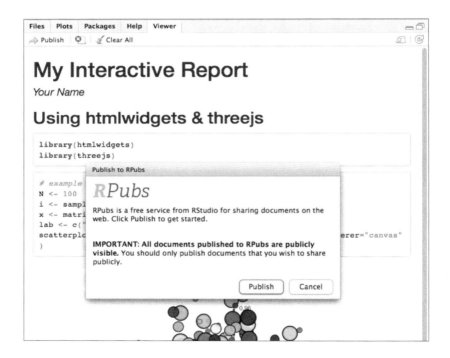

▌ 정리

5장에서는 인터랙티브 R 마크다운 문서를 만드는 두 가지 방법을 배웠다. 한 가지 방법은 샤이니 패키지를 사용하는 것이다. 이를 통해서 ggvis 등을 포함시킬 수 있도 있다. 다른 방법은 이미 개발된 인터랙션 차트를 구현하는 다양한 R 패키지를 사용하는 것이다. 대부분 그것은 기존 자바스크립트 라이브러리의 R 바인딩이다. 6장에서는 강력한 R 함수의 작성 방법을 배운다.

## 06

R과 샤이니로
전문 대시보드 만들기

6장에서는 다루는 내용은 다음과 같다.

- 데이터 제시용 대시보드의 개념
- shinydashboard 패키지
- shinydashboard의 구조와 요소
- RStudio를 사용해 정교한 KPI 대시보드 만들기
- 대시보드를 위한 서로 다운 데이터 소스에 접근하는 방법

▌ 대시보드의 개념

최근의 비즈니스 세계에서 대시보드는 모든 종류의 정보를 한꺼번에 모아서 표시해주는 중요한 역할을 담당한다. 매일매일 점점 더 많은 데이터가 수집되고, 끊임없이 커져가는 데이터를 이해할 수 있는 능력이 점점 중요하게 여겨지고 있다. 사람들은 이런 많은 데이터속에서 인사이트를 얻고 이것을 활용하여 비즈니스 의사결정을 해야 한다. 간단히 말하면 대시보드는 다음과 같은 인용문으로 요약할 수 있다.

> "읽기 쉽고, 때로는 한 페이지의 분량으로, 실시간으로 파악할 수 있는 도구로서 현재의 상태 또는 어떤 기관의 핵심성과지표에 대한 시간적인 경향성을 그래프로 보여준다. 이를 활용하여 단번에 상태를 이해하여 즉각적이고 정보에 기반한 의사결정을 하는 데 활용되는 도구다."(출처: 엑셀대시보드위젯 대표이사 피터 맥파덴)

데이터 대시보드의 개념은 1980년대로 거슬러 올라간다. 그 때부터 회사에서 중요하게 다뤄져 왔으며 지금은 데이터에 기반한 의사결정을 하는 모든 회사에서 중요한 개념으로 자리잡았다.

▌ shinydashboard 패키지 소개

앞에서 샤이니 프레임워크를 설명했고, 이것을 활용하여 인터랙티브 웹 애플리케이션을 만드는 방법을 배웠다. 이 기술은 대시보드를 만드는 데 정확하게 적용된다. 왜냐하면 이런 대시보드는 회사의 전체 많은 사람과 공유돼야 하기 때문이다. 따라서 샤이니 프레임워크 개발자들은 한발짝 더 나아가서 샤이니 라이브러리의 애드온으로써 shinydashboard라는 패키지를 개발했다. 이 패키지를 사용하면 R로 강력한 대시보드를 만들 수 있다.

shinydashboard 인스톨

shinydashboard 패키지를 설치하기 전에 shiny 패키지가 설치돼 있어야 한다. 이 부분은 4장에서 설명했다.

shinydashboard 패키지는 CRAN에 간단하게 설치된다. 또는 다음 코드로 설치할 수 있다.

```
install.packages("shinydashboard")
```

shinydashboard의 구조

shinydashboard로 만들어진 대시보드는 다른 샤이니로 만들어진 웹앱과 같은 구조가 같다. 기본 구조는 server.R과 ui.R 파일로 나뉜다.

shinydashboard로 만든 대시보드는 물론이고 일반적인 대시보드는 3개의 주요 구성 요소를 가진다.

- 대시보드 헤더
- 대시보드 사이드바
- 대시보드 바디

shinydashboard는 각각의 구성 요소에 하나의 함수를 제공한다. 이들 함수 호출 때 적절한 인자를 줘서 대시보드의 특정 부분에 요소를 추가할 수 있다. 대시보드를 위한 구조를 짜기 위해서 ui.R 파일에 다음과 같은 코드를 작성해봤다.

```
library(shiny)
library(shinydashboard)

ui <- dashboardPage(
    dashboardHeader(),
```

```
    dashboardSidebar(),
    dashboardBody()
)

server <- function(input, output) { }

shinyApp(ui, server)
```

이 앱을 실행하면 다음과 같은 대시보드 구조가 나타난다.

여기에 요소와 시각적인 정보를 추가하게 된다.

▌shinydashboard의 요소 보여주기

shinydashboard 패키지는 대시보드에 추가해 사용될 대시보드용 요소를 지원한다.

 이어지는 절에서 대시보드의 작성 방법을 여러 중요한 요소와 함께 비교적 자세히 설명해 그 기능을 이해할 수 있을 것이다. 더 많은 요소와 shinydashboard 패키지의 더 많은 기능에 대한 정보가 필요한 경우에는 http://rstudio.github.io/shinydashboard/를 확인하기 바란다.

헤더 요소

대시보드의 헤더에는 가장 기본적으로 대시보드의 제목이 포함되는데, 이외에도 드롭다운 메뉴를 가질 수도 있다. 이런 메뉴로는 다음과 같은 것이 있다.

- 메시지 메뉴
- 알림 메뉴
- 할 일 메뉴

title 인자의 값으로 대시보드의 제목을 지정한다. 헤더의 제목 상자의 크기도 지정가능하다. 또 헤더의 색도 필요에 따라 지정할 수 있다. shinydashboard에서는 색상 테마도 몇 가지 지원한다. 디폴트는 파란색으로 지정되어 있는데 보라, 초록, 노랑, 빨강, 검정 등으로 바꿀 수 있다. 이 색은 dashboardPage( ) 함수의 skin이라는 인자 값으로 지정한다.

```
dashboardPage(
    skin = "yellow",
    dashboardHeader(
        title = "Mastering rstudio - KPI Dashboard",
        titleWidth = 350
    ),
    dashboardSidebar( ),
    dashboardBody( )
)
```

사이드바 요소

다른 대시보드에서도 마찬가지이지만 사이드바는 화면의 여러 곳 또는 다른 페이지로 신속하게 이동할 때 사용된다. 그래서 사이드바는 사용가능한 스크린의 개괄적인 모습을 보여주는 곳이기도 하다. 사이드바는 샤이니의 **tabPanel** 탭과 비슷하다. 그리고 샤이니의 여러 입력 요소들을 추가할 수 있다.

다음 코드와 같이 여러 요소들과 아이템을 사이드바에 추가할 수 있다. 해당 사이드바의 탭 페이지는 dashboardBody( ) 함수 안의 콘텐츠로 추가되는데, dashboardSidebar( ) 함수 안에서 사용되는 menuItem의 탭 이름과 dashboardBody( ) 함수 안에서 사용되는 tabItem의 탭 이름이 정확하게 매칭되게 코딩해야 한다.

```r
library(shiny)
library(shinydashboard)

ui <- dashboardPage(
    skin = "yellow",
    dashboardHeader(
        title = "Mastering rstudio - KPI Dashboard",
        titleWidth = 350
    ),

    dashboardSidebar(
        sidebarMenu(
            menuItem("Main KPI Overview", tabName = "mainDashboard",
                icon = icon("dashboard")),
            menuItem("Google Analytics Dashboard", tabName = "googleAnalytics",
                icon = icon("google")),
            menuItem("Customer Dashboard", tabName = "customerDashboard",
                icon = icon("users"))
        )
    ),
```

```
dashboardBody(
    tabItems(
        tabItem(tabName = "mainDashboard", h2("Main KPI Dashboard")),
        tabItem(tabName = "googleAnalytics",
        h2("Google Analytics Dashboard")),
        tabItem(tabName = "customerDashboard", h2("Customer Dashboard"))
    )
  )
)

server <- function(input, output) { }

shinyApp(ui, server)
```

shinydashboard 패키지의 편리한 점 중 하나는 아이콘을 다루는 방식이다. sidebarMenu 에서 icon( )이라는 함수를 사용해 아이콘을 넣는다. 이들 아이콘은 폰트 오썸(http:// fontawesome.io/icons/)을 사용하는데, 600개가 넘는 아이콘을 제공한다. 사이트에서 아이콘들을 검색할 수 있다.

바디 요소

shinydashboard가 샤이니에 기반하고 있어서 대시보드 바디에 샤이니 요소를 자유롭게 추가할 수 있다. 그러면서 shinydashboard는 더 나은 대시보드를 구성하기 위한 자체의 요소들을 가지고 있다. 이런 요소들에 박스와 플루이드 행row이 있다.

박스

박스Boxes는 shinydashboard로 작업할 때 가장 중요한 요소 가운데 하나다. 박스는 하나의 페이지에서 서로 다른 소스로부터 전달되는 정보를 보여주는 구조적인 기반을 제공한다.

box( ) 함수를 사용해 다음과 같이 dashboardBody( )에 박스를 추가했다.

```
tabItem(tabName = "mainDashboard",
        h2("Main KPI Dashboard"),

        box(
            "Box 1 content",
            br(),
            "More Box content"
        ),

        box(
            "Box 2 content",
            br(),
            "Even More Box content"
        ),

        box(
            "Box 3 content",
            br(),
            "Even More Box content"
        ),

        box(
            "Box 4 content",
            br(),
            "Even More Box content"
        )

)
```

여기에서는 4개의 박스를 추가했으며, shinydashboard가 그것들을 적절하게 배치한다.

그리고 자동으로 스크린 크기에 따라서 적절하게 반응형으로 레이아웃을 조절한다. 그래서 모바일 디바이스에서 대시보드를 보는 경우에는 다음과 같이 보이게 된다.

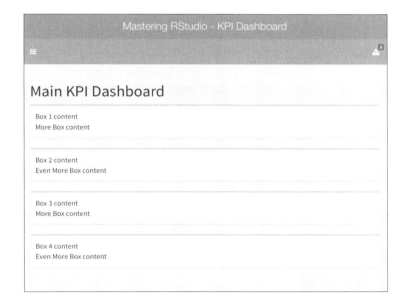

FluidRows

부가적으로 fluidRow를 사용해 대시보드의 레이아웃을 구조화할 수 있다. 이것을 사용해 행 또는 열을 기반으로 하는 레이아웃으로 박스를 배열할 수 있다.

박스를 배치하려면 fluidRow( ) 함수를 사용해야 한다. 다음 사례와 같이 행을 기준으로 한 레이아웃을 사용하는 경우에는 이 함수는 하나의 행으로 놓을 박스들을 묶을 수 있다. 다음 예에서 Box 1은 단독으로 첫 행에 배치되고, 나머지 3개의 박스는 뒤따르는 하나의 행에 모두 배치된다.

```
tabItem(tabName = "mainDashboard",

    h2("Main KPI Dashboard"),

    fluidRow(
        box( "Box 1 content", br(), "More Box content" )

    ),

    fluidRow(
        box( "Box 2 content", br(), "Even More Box content" ),
        box( "Box 3 content", br(), "Even More Box content" ),
        box( "Box 4 contentv", br(), "Even More Box content" )
    )
)
```

이 코드가 출력하는 모습은 다음 화면과 같다.

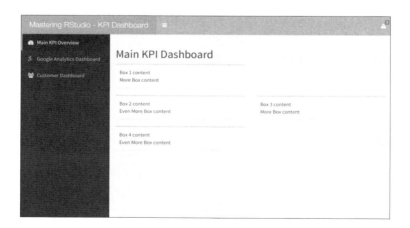

254

InfoBox와 valueBox

대시보드의 주 목적은 데이터를 종합적으로 보여주는 것이기 때문에, 여러 의미를 정리해 보여주는 단 하나의 숫자가 필요하다. 이것을 위해서 shinydashboard는 infoBox, valueBox라는 요소를 지원한다. 이 특별한 박스는 아이콘을 가진 단순한 숫자나 텍스트 값을 디스플레이할 때 사용된다. 이 둘은 디자인에서 차이가 있다.

```
tabItem(tabName = "mainDashboard",

        h2("Main KPI Dashboard"),

        fluidRow(
            infoBox("New Customers", 10 * 2, icon = icon("users")),
            infoBox("New Orders", 10 * 3,
                    icon = icon("truck"), color="black"),
            infoBox("Views", 10 * 23,
                    icon = icon("eye"), color="yellow") ),

        fluidRow(
            valueBox(10 * 12, "New Customers", icon = icon("users")),
            valueBox(10 * 4, "New Orders", icon = icon("truck"), color="maroon"),
            valueBox(10 * 29, "Views",
                    icon = icon("eye"), color="yellow")
        )
)
```

이들 상자의 기본 색은 파랑이다. 그래서 별도로 color 인자 값을 지정하지 않으면 파란색이 된다.

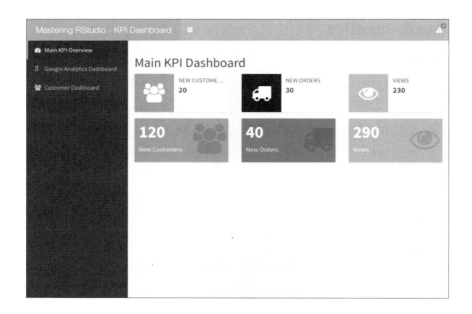

▌ KPI 대시보드 만들기

판타스틱퓨터텍FantasticFutureTec이라는 회사에서 일하고 있다고 상상해보자. 이 회사는 하버보드, 라이트사버, 뉴랄라이저 등은 미래의 재미있는 제품들을 제조하여 판매한다. 이 회사는 순수하게 온라인 사업만 한다. 그래서 사람들은 회사 웹 사이트에서만 물건들을 구매할 수 있다.

우리에게 핵심성과지표를 보여주는 회사 중앙 대시보드를 만들라는 임무가 주어졌다. R, RStudio, 샤이니 프레임워크, shinydashboard 패키지 등을 사용해 이 대시보드를 만들려고 한다.

사용할 데이터 구조 만들기

가장 먼저 요구사항을 수집하여 하나로 모은 다음 어떻게 만들지 구상해야 한다. 판타스틱퓨터텍은 구글 애널리틱스^{Google Analytics}로 웹 사이트를 분석하고, 고객에 대한 모든 세부정보는 웹 사이트의 MySQL 데이터베이스에 저장한다. 제품 재고는 수동으로 구글 시트 파일에 기록한다. 이 회사는 적극적으로 트위터를 사용하고 있어서 트위터 데이터에 접근하는 것도 중요하다.

MySQL 데이터베이스에 저장된 고객 정보는 회사 소유 데이터이기 때문에 샤이니 앱을 통해 직접 접근할 수 있다. 트위터, 구글 애널리틱스, 구글 시트는 회사 소유의 도구가 아니어서 먼저 이 데이터드를 회사의 비즈니스용 드롭박스로 가져온 다음 사용하려고 한다. 이 드롭박스를 데이터 저장소로 사용할 것이고, 회사 데이터베이스에 대한 일종의 백업 역할을 하도록 할 것이다. 트위터 데이터인 경우에는 드롭박스에 있는 도구가 데이터 과거력을 구축하는 데 도움이 된다. 왜냐하면 트위터로부터 과거 데이터를 가져오는 것이 불가능하기 때문이다. 그래서 만들려고 하는 대시보드를 위해서, 5 종류의 데이터 소스에 접근할 필요가 있다.

데이터를 가져오는 작업은 개괄적으로 다음과 같다.

- 주어진 데이터 소스로부터 원하는 데이터를 추출
- 원하는 포맷과 공간으로 데이터셋을 변형
- 적합한 포맷으로 적합한 데이터를 로딩

이 과정을 영어의 Extract, Transform, Load의 약자를 따서 ETL이라고 한다. 이런 ETL은 데이터 이동, 데이터 관리, 데이터 보관 등에서 매우 중요한 프로세스다. 여기서는 만들려고 하는 대시보드를 위해서 아주 간단한 데이터 보관소를 만들어 사용할 것이다.

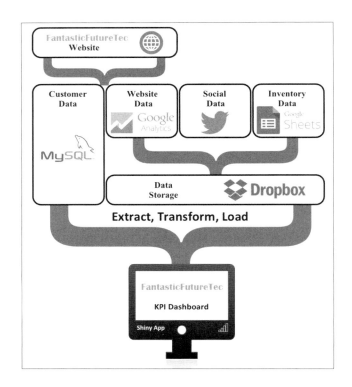

이런 데이터 소스와 저장 관리 계획을 처음 봤다면 좀 복잡해 보일 수 있지만 R, 샤이니, RStudio 등에 대한 기존 지식을 가지고 있으므로 충분히 소화할 수 있을 것이다. 물론 이런 설정은 수많은 가능성에서 하나일 뿐이다. 어떤 R 패키지나 API가 있다면 이 데이터베이스, 서비스, 툴들에 연결하여 대시보드에 사용될 데이터를 가져오는 데 사용할 수 있다.

대시보드 외관 스케치

앞에서 shinydashboard 패키지를 사용해 R로 대시보드를 구축하는 방법을 배웠다. 이제 우리가 만들 회사의 대시보드를 스케치할 시간이다. 대시보드를 그려보면서 장애물과 핵심 과정을 조망해 볼 수 있다. 한편 이해관계자들과 이 제안서를 가지고 의견을 나누고 유용한 피드백을 받을 수도 있다.

다음 그림은 주요 KPI 대시보드에 대한 초안이다.

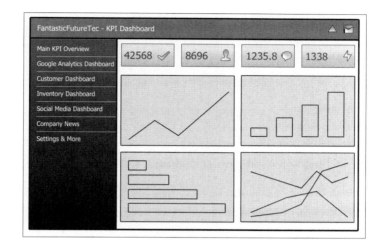

이 초안에서 원하는 대시보드의 구조를 확인할 수 있다. 각각의 대시보드와 여러 박스를 가진 Main KPI Overview 등의 모습도 보인다. 이런 박스들은 가장 중요한 지표를 보여주어야 한다.

계획을 R 코드로 옮기기

대시보드에 대해 많은 생각을 했고, 합리적인 데이터 구조를 설계했고, 원하는 형태를 결정했다. 이제 이런 내용을 R 코드로 변환할 시간이다. RStudio로 돌아가서 샤이니 장에서 배운 내용을 가지고 샤이니 웹 애플리케이션을 만들 것이다.

파일과 폴더 구조에 대한 고려

회사의 대시보드와 같이 광범위한 코드를 가진 프로젝트 작업을 할 때는 수천 행의 코드가 만들어진다. 프로젝트를 헷갈리지 않고 정확히 추적, 관리하려면 합리적인 파일, 폴더 구조를 먼저 준비하고 시작해야 한다. 그래서 좋은 파일, 폴더 구조를 위해서 브레인스토밍을 해보자.

기본적으로 ui.R, server.R 파일을 사용하게 될 것이다. 앞에서 계획한 데이터 흐름의 구조를 생각해보면, 주어진 소스에서 데이터를 추출하는 과정은 별도의 파일로 만들어 코딩하는 것이 합당하다고 판단된다. 이 파일을 import.R이라고 할 것이다. 그런데 또하나의 병목이 있다. 데이터 소스로부터 데이터를 추출하고 변형하고 로딩하기 위해서는 관련된 서비스에 대해 데이터 접근에 대한 허락을 취득하는 인증 과정이 필요하다.

토큰과 비밀번호 등으로 서비스 API와 소통하려면 간단한 애플리케이션이 필요한데, auth.R이라는 파일에 작성하겠다. 이 파일에는 인증에 필요한 패스워드, 토큰 등과 같은 예민한 정보를 저장한다. 앞에서 설명한 대로 트위터, 구글 애널리틱스, 구글 시트 데이터는 회사 드롭박스에 저장할 것이다. 그런데 드롭박스에서 샤이니 앱으로 직접 데이터를 다운로딩하는 시간은 파일 크기에 따라서 오래 걸릴 수 있다.

전체적으로 여러 가지 목적에 의해 다양한 R 패키지를 로딩해야 할 것이다. 따라서 libs.R이라는 파일을 만들어 다른 파일에서 이 파일을 소싱하게 할 것이다. 개발할 때에는 목적에 부합하는 여러 가지 라이브러리들을 테스트할 수 있고, 가장 적합한 것이 무엇인지, 여전히 작동하는 패키지인지 등을 따지는 과정을 거친다.

하나의 파일을 사용하면 R 패키지를 한 군데서 관리가 가능하다. 이런 것도 선택 사항일 뿐이다.

첫 번째 단계인 데이터 추출 단계는 여러 가지 R 파일로 작성된다. 다음 대시보드 앱의 외관으로 넘어갈 차례다. 우리에게 기본적으로 ui.R과 server.R 파일이 있다. 기본적으로 두 파일에서 데이터 변형과 로딩을 비롯해 일반적인 작업 과정을 모두 다뤄야 한다. 그래서 특정 대시보드별로 필요한 데이터 변형과 로딩 과정을 각각의 R 파일로 아웃소싱할 것이다. 모든 대시보드 파일은 dashboards라는 폴더에 논리적으로 놓이게 된다.

정리하면 파일과 폴더 구조는 다음과 같은 모습이 될 것이다.

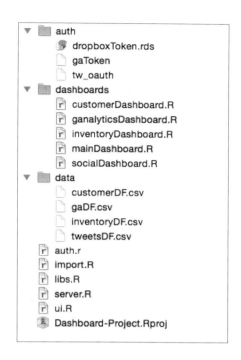

데이터 소스에 접근

준비를 모두 마쳤으면 이제 본격적으로 작업에 착수해보자. 다음 절에서 R로 여러 데이터 소스에 접근하는 방법을 설명한다.

MySQL: 고객 정보

먼저 고객 데이터가 저장된 MySQL 데이터 베이스에 접근해보자. 이것은 아마존 웹 서비스(AWS)의 인스턴스로 작동한다.

우리가 사용하려고 하는 RMySQL 패키지는 CRAN에서 다운로딩할 수 있다. 이 패키지는 R에서 MySQL 드라이버와 데이터베이스 인터페이스 역할을 한다. MySQL 드라이버로 연결하는 방법은 몇 가지 옵션이 있다. 그 중 하나를 소개하면 다음과 같다.

```
library(RMySQL)
mySQLcon <- dbConnect(RMySQL::MySQL(),
                      dbname = "customerdata",
                      host = "customerdata.aaa.eu-central-1.rds.amazonaws.com",
                      user = "xxxxxx", password = "xxxxxx")

mySQLtable <- "customerData"
mySQLquery <- sprintf("SELECT * FROM %s", mySQLtable)
mySQLdata <- dbGetQuery(mySQLcon, mySQLquery)
write.csv(mySQLdata, file = "data/customerDF.csv")
dbDisconnect(mySQLcon)
```

데이터베이스 연결 정보를 활용해 데이터베이스에 직접 연결할 수 있다. dbListTable( ) 함수와 연결 정보를 담은 mySQLcon을 가지고 데이터베이스에 있는 테이블을 쉽게 읽을 수 있다. 이 경우에는 하나의 테이블만 존재하고 이것을 customerData라고 해보자.

```
> dbListTables(mySQLcon)
[1] "customerData"
```

테이블 이름은 mySQLtable이라는 변수에 저장한 후에 테이블에서 모든 데이터를 가져와서 mySQLquery라는 변수에 저장한다.

여기에서 sprintf 함수와 SQL 쿼리인 SELECT * FROM $s를 사용해 모든 필드를 가지고 오도록 한다.

다음 MySQL 커넥션 변수와 쿼리 변수를 조합한 다음 모든 데이터를 R로 불렀다. 그런 다음 data 폴더에 .csv 파일로 저장했다. 마지막에 MySQL 커넥션을 닫는 것을 잊지 말아야 한다. head(mySQLdata) 명령을 실행해보면 어떤 데이터셋이 있는지 확인할 수 있다.

```
> head(mySQLdata)
  id first_name last_name                email    company street_name street_number        city
1  1     Gloria  Marshall  gmarshall0@furl.net    Wikibox      Shopko            80  Jiangchuan
2  2       Jose      Cruz    jcruz1@usgs.gov     Flipbug       Barby           585 Nueva Vida Sur
3  3      Maria    Martin mmartin2@unicef.org Realbridge     Del Sol             1      Sufang
4  4      Helen    Little hlittle3@eventbrite.com Photobug  Ludington             4      Hongqi
5  5    Charles     Henry   chenry4@youku.com    Zoomdog    Mayfield         89501       Jetak
6  6      Carol     Ellis  cellis5@wikia.com     Centizu    Arrowood            41      Yamaga
```

드롭박스: 우리의 데이터 저장 시스템

트위터, 구글 애널리틱스, 구글 시트의 데이터는 회사 드롭박스로 저장하기로 했기 때문에 R에서 이 저장소에 연결해야 한다. rdrop2 패키지를 활용해 저장소에 연결해보자. rdrop2 패키지는 R에서 프로그래밍 방식으로 드롭박스에 접근할 수 있게 해 준다. rdrop2 패키지는 CRAN에 등록돼 있는 패키지이므로 일반적인 방법으로 설치할 수 있다.

가장 먼저 드롭박스의 인증이 필요하다. 사실 이것은 아주 간단해서 다음과 같은 코드만으로 해결된다.

```
dropboxToken <- drop_auth() # 브라우저 창이 열린다.
saveRDS(dropboxToken, "auth/dropboxToken.rds")
```

주의할 것은 이 토큰을 가지고 있으면 전체 드롭박스 계정에 아무나 접근이 가능하다는 것이다.

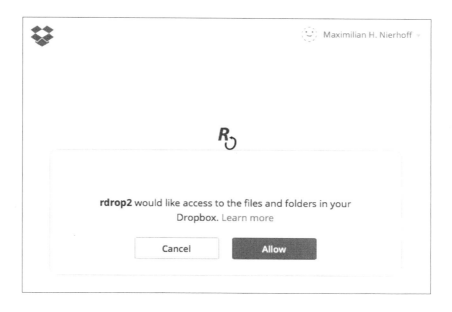

이렇게 하고 나면 drop_get( ), drop_upload( ) 함수 등을 사용해 드롭박스로 데이터를 쉽게 다운로드할 수 있다. drop_read_csv( )라는 함수도 있어서 쉽게 바로 R로 데이터를 가져 올 수 있다. 그리고 샤이니 웹앱에서 rdrop2 패키지 함수를 사용할 때는 드롭박스 토큰을 함께 사용할 것을 권한다. 다음과 같은 형태로 사용하는 것이 좋다.

```
dropboxToken <- readRDS("auth/dropboxToken.rds")
drop_acc(dtoken = dropboxToken)
```

구글 애널리틱스: 웹 사이트 데이터

판타스틱퓨쳐텍 웹 사이트는 구글 애널리틱스를 사용한다. 구글 애널리틱스는 전 세계에서 가장 많이 사용되는 웹 사이트 분석 툴이다. 그래서 이 툴을 연결하여 사용할 수 있는 여러 개의 R 패키지가 개발되어 있다. 여기서는 ganalytics 패키지를 사용한다. 왜냐하면 쉽고 빠른 인증 기능을 제공하기 때문이다. 그리고 구글 애널리틱스가 제공하는 다양한 데이터에 접근할 수 있다.

ganalytics 패키지는 CRAN에 등록돼 있지 않으므로 devtools 패키지를 사용해 깃허브에서 내려받는다.

```
install.packages("devtools")
devtools::install_github("jdeboer/ganalytics")
```

R로 구글 애널리틱스에 연결하여 데이터를 가져오려면 먼저 '구글 API 애플리케이션'을 만들어야 한다. 그리고 만든 API 앱에 접근하려면 클라이언트 아이디와 클라이언트 비밀 토큰이 필요하다.[1] 먼저 https://console.developers.google.com으로 이동해 '프로젝트'를 새로 만든다. 생성된 프로젝트를 클릭하고, 왼쪽 상단의 버튼을 클릭해 API 관리자를 클릭하고, 대시보드를 선택한다.

---

1 원본에 있는 구글 페이지의 UI와 현재는 많이 다르다. 앞으로도 달라질 수 있기 때문 현재 사용되는 것을 기준으로 새로 정리하였다. – 옮긴이

API 사용 설정을 클릭한다. 다음 페이지에서 Analytics API를 선택하고 안내에 따라 진행한다. 이런 과정을 마치면 사용자 인증 정보를 선택하고 OAuth 클라이언트 ID를 선택한다.

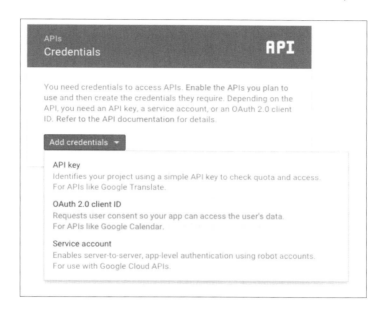

다음은 애플리케이션 유형에서 기타를 선택한다. 클라이언트 이름을 지정하고 진행한다. 이 과정을 마치고 나면 '클라이언트 ID'와 '클라이언트 보안 비밀'이 생긴다. 이 정보를 가지고 R에서 구글 애널리틱스에 접근할 수 있다. 이 정보를 가지고 다음 코드로 토큰을 만든다.

```
gaToken <- GoogleApiCreds(
            userName = "your@email.com",
            list(
              client_id = "your client ID",
              client_secret = "your client secret")
            )

save(gaToken, file = "auth/gaToken")
```

완전한 인증 절차를 마치려면 구글 애널리틱스의 View ID를 알아야 한다. 이것을 R 코드에 넣는다.

```
myQuery <- GaQuery(your_view_id, gaToken)
GetGaData(myQuery)
```

브라우저 창이 열리고 접근할 수 있다.

인증 절차는 마무리됐다. 구글 애널리틱스에 R로 다음과 같은 코드를 사용해 데이터를 가져올 수 있다.

```
load("auth/gaToken") # 구글 애널리틱스 토큰 로딩하기

query <- GaQuery(view = "XXXXXX", gaToken)

# 하루 동안의 세션의 수를 가져오기
DateRange(query) <- c("2015-03-01", "2015-05-31")
Metrics(query) <- c("sessions","pageviews","sessionDuration") Dimensions(query)
```

```
<- c("date", "dayOfWeek", "hour", "isMobile") query_result <- GetGaData(query)

write.csv(query_result, file = "data/gaDF.csv") # 로컬 복사본

drop_upload("data/gaDF.csv", dest = "Dashboard_Data") # 드롭박스 업로드
```

트위터: 소셜 데이터

판타스틱퓨처텍은 트위터를 많이 사용한다. 마케팅용으로 사용하기도 하고 고객과 접촉할 때도 많이 사용한다. 그래서 이런 트위터 데이터를 대시보드에 보여주는 것이 매우 중요하다. 트위터는 과거 데이터를 추출하는 것을 허용하지 않기 때문에 드롭박스를 사용해 데이터를 저장하려고 한다.

트위터에 접근하려면 twitteR 패키지를 사용한다. 이것은 CRAN에서 다운로드 가능하다. R로 트위터에 연결하여 데이터에 접근하려면 간단한 애플리케이션을 만들어야 한다. https://apps.twitter.com에 가서 트위터 계정으로 로그인한 다음에 Create New App 버튼을 클릭한다.

애플리케이션 설정을 마치고 나면 Consumer Key(API Key), Consumer Secret(API Secret), Access Token, Access Toke Secret을 확보할 수 있다.

이런 정보를 auth.R이라는 스크립트에 작성할 때 사용한다.

```
tw_oauth <- setup_twitter_oauth(
        # API Key
        "zvMjVAv8kGlcfh1eDGtN2TUlh",
        # API Secret
        "a6eFOQVgcMx1FD4jX5QPmDpjaAKPiYoIc3KN5pGvKhJlTig77b",
        # Access token
        "140772912-N6rcE4cYeq0AFiGNhjBykkOU3KuDIkdhemZaGOCL",
        # Access secret
        "QlGKa8Z4lyMHEjdTbwtvisOYKZSbHaHhp8kgXsYLJl14g")

tw_oauth <- get("oauth_token", twitteR:::oauth_cache)

save(tw_oauth, file = "auth/tw_oauth")
```

이 방법은 브라우저 대신 RStudio의 콘솔에서 바로 인증된다. 인증 유형을 선택하고 나면 바로 트위터 데이터에 접근할 수 있다.

앞에서 언급했는데 우리는 과거 데이터를 구축하려고 한다. 그래서 이 과정을 import.R 이라는 파일을 만들어, 최신 트윗을 다운로드하고 이전에 있었던 트윗에 추가할 수 있게 했다.

```
load("auth/tw_oauth")

# 1000개의 최신 트윗 반환
tweets_new <- userTimeline("Twitter_Username", n = 1000)

tweetsDF_new <- twListToDF(tweets_new)
# text, favorited, favoriteCount,
# replyToSN (user name), created (Date/Time), truncated, replyToSID (ID),
# id (of the tweet), replyToUID, statusSource, screenName, retweetCount,
# isRetweet, retweeted, long, lat 등을 가진 최신 트윗을 가져옴

# 드롭박스에 저장된 과거 트윗 가져오기
tweets_old <- drop_get("Dashboard_Data/tweetsDF.csv")
```

```
# just a temporary fix till drop_get works!
tweets_old <- drop_read_csv("Dashboard_Data/tweetsDF.csv")
# X 열 삭제
tweets_old <- tweets_old[,!(names(tweets_old) %in% "X")]

# 새로운 트윗을 과거 트윗에 합치기
new_tweets <- rbind(tweets_old, tweetsDF_new)

# 중복되는 트윗을 필터링
tweetsDF <- new_tweets[!duplicated(new_tweets[,c('id')]),]

# 최신 버전을 로컬 데이터 폴더에 저장
write.csv(tweetsDF_new, file = "data/tweetsDF.csv")

# 최신 버전을 드롭박스에 업로드
drop_upload("data/tweetsDF.csv", dest = "Dashboard_Data")
```

결과적으로 상당히 많은 트윗 정보를 가진 점점 더 커져가는 데이터 프레임을 가지게 됐다.

구글 시트: 재고 데이터

마지막으로 R로 구글 시트에 연결하고자 한다. 왜냐하면 구글 시트에 매뉴얼로 재고 정보가 저장되어 있기 때문이다. 여기서는 **googlesheets**라는 패키지를 사용한다. CRAN에서 다운로드할 수 있다.

인증 과정은 매우 쉽다. OAuth2를 사용해 간단히 접근할 수 있다.

```
# 구글 드라이브에 접근할 수 있도록 구글 시트에 허락한다.
gs_auth()
```

이렇게 명령하면 다음과 같이 브라우저가 열리고 허락할 수 있다.

이제 자신의 계정에 속한 모든 시트에 접근할 수 있다. 새로운 파일을 만들고 삭제하는 등의 다양한 기능을 이용할 수 있다. 사실 **googlesheets**를 사용하면 R에서 대부분의 시트와 관련된 일이 가능하다.

여기서 필요한 것은 현재의 재고 데이터를 대시보드로 가져오는 것이다. 다음과 같은 코드를 import.R 파일에 넣는다. 구글 시트에서 데이터를 가져오고 로컬 컴퓨터에 저장하고 드롭박스에 업로드한다.

```r
inventoryData <- gs_title("InventoryData") %>%
    gs_download(ws = "current_stock", # 워크시트에 접근
    overwrite = TRUE, # 기존에 있던 파일에 덮어 쓴다.
    to = "data/inventoryDF.csv")

# 드롭박스에 최신 버전을 업로드한다.
drop_upload("data/inventoryDF.csv", dest = "Dashboard_Data")
```

이젠 언제든지 원할 때 재고 데이터를 가져올 수 있다.

모든 것을 하나로 종합하기

이제 원래 의도했던 대로 데이터 구조를 완전히 구현했다. 데이터 소스마다 특이한 인증 방법을 해결했고, 앞에서 언급한 대로 추출, 변형, 로딩을 거쳐 R로 데이터를 가져올 수 있다. 다음 단계는 대시보드에 데이터를 디스플레이하는 것이다.

앞에서 대시보드를 설정하는 방법을 배웠다. 전체 구도를 확정하고 개별 요소들을 여러 유형의 박스로 만들어 데이터를 보여줄 수 있다.

앞의 '파일과 폴더 구조에 대한 고려' 절에서 설명한 바와 같이 개별 대시보드를 하나의 R 파일로 만들려고 한다. 그렇게 하면 전체적인 조망과 코드의 구조를 쉽게 알아 볼 수 있다. 그래서 mainDashboard.R, ui.R, server.R 스크립트로 나눠서 대시보드를 만들 것이다. 물론 mainDashboard.R 파일을 만들지 않고 모든 것을 ui.R, server.R에 놓고 만들 수도 있지만 그렇게 하면 코드가 길어져서 전체적으로 조망하기 어렵다.

만드는 대시보드와 데이터 박스의 모든 코드를 보여줄 수는 없다. 다음 절에서 주 KPI 오버뷰에 대한 대시보드를 위한 코드만 보여줄 것이다. 특히 리트윗을 보여주는 박스, 하루 당 회사 트윗 계정을 선호하는 숫자 등을 인터랙티브한 방법으로 보여줄 것이다.

트위터 활동 박스

최종 트위터 박스는 다음 화면과 같다. 이것은 3개의 파일 mainDashboard.R, ui.R, server.R의 코드의 조화로 만들어진다.

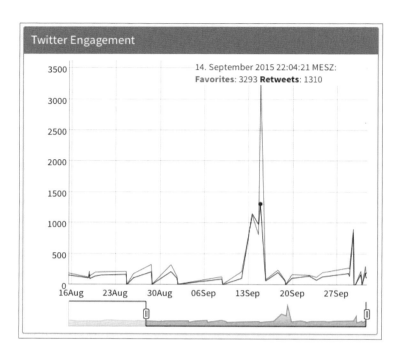

mainDashboard.R에는 다음과 같은 내용이 들어간다.

```r
########################### 라이브러리 로딩
source("libs.R")

########################### 데이터셋 로딩
loadTwitterData <- function() {
  twitterDF <- read.csv(file = "data/tweetsDF.csv", header = TRUE, sep = ",")

  return(twitterDF)
}

########################### 트위터 활동 박스
twitterEngagement <- function(){

  twitterDF <- loadTwitterData()
```

272

```
# 트윗 모으기
tweetData <- ddply(
        twitterDF,
        ~created,
        summarise,
        favorites = sum(favoriteCount),
        retweets = sum(retweetCount)
)

tweetData$created <- as.POSIXct( tweetData$created)

# dygraph는 시계열 데이트를 받고, zoo 함수를 사용하면 편리하다.
ts_data <- zoo(tweetData[,c("favorites","retweets")],
                        order.by = tweetData[,'created'])

start <- Sys.Date() - 450
end <- Sys.Date() - 1

dygraph(ts_data, main=str_to_title(paste(""))) %>%
  dyRangeSelector(dateWindow = c(start, end)) %>%
  dySeries("favorites", label = str_to_ title("favorites")) %>%
  dySeries("retweets", label = str_to_title("retweets"))
}
```

mainDashboard.R은 핵심 라이브러리 파일인 libs.R 파일을 소싱한 다음 로컬 컴퓨터에 저장된 트위터 데이를터를 읽는 loadTwitterData 함수를 만든다. 그다음 앞에서 생성된 데이터 로딩 함수를 사용해 리트윗과 선호 데이터를 만든다. 다음 dygraphs 패키지를 사용해 인터랙티브 라인 차트를 생성했다. 전체를 twitterEngagement라는 함수로 묶었다. 이 함수는 ui.R과 server.R에서 호출할 수 있다.

```
ui.R 코드에서는 다음과 같이 사용될 수 있다.
########################### 도움 함수 소싱
source("libs.R")
source("dashboards/mainDashboard.R")
```

```
# […]

        box(
            title = "Twitter Engagement",
            status = "primary", solidHeader = TRUE, collapsible = FALSE,
            dygraphOutput("twitterEngagement")
        )
```

보는 바와 같이 libs.R, mainDashboard.R 파일을 소싱한 이후에 twitterEngagement 함수를 중심으로 박스를 만들었고, 여기에 리트윗과 선호도 데이터가 표시된다.

server.R 파일에서는 다음과 같이 사용된다.

```
server.R
########################### 도움 함수 소싱

source("libs.R")
source("dashboards/mainDashboard.R")

shinyServer(function(input, output) {

# […]
########################### 메인 대시보드

    output$twitterEngagement <- renderDygraph({

        twitterEngagement()

})
```

server.R에서는 도움말 파일을 소싱한 이후에, 트위터 활동 숫자를 표시하는 dygraph 객체의 서버 출력함수를 호출했다.

이제 완성됐다. 완성된 Main KPI Overview는 다음과 같다.

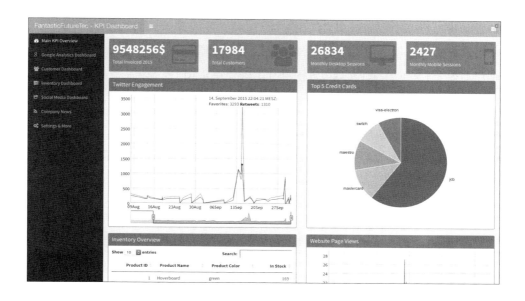

▌정리

6에서는 유용한 `shinydashboard` 패키지 사용 방법을 배웠다. 이 패키지는 샤이니의 개념을 확장해서 전문적인 대시보드를 만드는 데 사용된다. 첫 부분에서는 샤이니 대시보드에 내용물을 배치하는 방법을 주로 다뤘다. 헤더, 사이드바, 바디를 배치하는 방법을 배웠다. 추가로 데이터 박스를 만드는 방법과 전체 샤이니 대시보드의 외관을 커스터마이징하는 옵션에 대해 배웠다.

두 번째 부분에서는 판타스틱퓨처텍이라는 가상의 회사를 설정해 R, RStudio, 샤이니 지식을 종합하여 회사의 KPI 대시보드를 만들어 보았다. 먼저 정확한 데이터 구조를 만들기 위해서 여러 데이터 소스로부터 데이터를 추출, 변환, 로딩(ETL)하는 과정을 정의했다. 그다음 간략하게 대시보드를 그려보았고, 느낌이 어떤지 가늠해봤다. 다음 여러 특별한 R 패키지들을 사용해서 MySQL 데이터베이스, 트위터, 구글 애널리틱스, 구글 시트 등에 있는 데이터를 다운로딩하는 방법을 설명했다. 드롭박스에 데이터를 로딩하는 방법도 알아보았다. 트위터 활동 데이터를 사용해 데이터 박스를 만들어 보았다. 마지막으로 모든 데이터 소스와 R을 연결하여 데이터를 가지고 와서 주요 KPI를 보여주는 대시보드를 만들어 보았다.

다음 장에서는 RStudio를 활용하여 R 패키지를 만드는 방법을 소개한다. 최소한의 기능만 가진 패키지를 가지고 단계별로 차근차근 설명한 다음, 완전한 기능을 갖추 R 패키지를 만드는 방법까지 살펴볼 것이고, 이것을CRAN에 제출하는 데 필요한 파일들에 대해서 자세히 설명한다.

07

RStudio에서 패키지 개발

7장에서 다루는 내용은 다음과 같다.

- R 패키지의 구조
- RStudio를 가지고 패키지 프로젝트 만들기
- R 문서 파일과 roxygen2을 사용해 함수 설명 문서 만들기
- 패키지 빌딩과 테스팅

R 패키지 이해하기

패키지는 재현가능한 코드와 분석을 위한 수단으로 R 언어의 가장 중요한 특성이다. 패키지는 상당히 표준화된 방식으로 정리된 R 함수, 데이터, 컴파일된 코드의 집합이다. 패키지를 사용하면 코드를 다른 R 사용자들과 간단하게 공유할 수 있으며, 이미 설치되어 있는 패키지에 다른 사람들이 만든 것을 추가하여 더 높은 수준으로 R 분석을 끌어올릴 수 있다. 패키지를 적절히 사용하면 자신이 코드를 한 줄도 작성하지 않아도 많은 문제를 해결할 수 있다. 이를테면 기계학습 알고리즘을 사용하는 패키지를 사용하면 스스로 한줄씩 구현하지 않아도 바로 이런 알고리즘을 사용할 수 있다. 대부분의 패키지가 R 언어로 개발되지만 자바나 C++과 같은 언어로 작성된 요소를 포함할 수 있다.

R을 설치하면 base처럼 기본으로 따라오는 패키지가 있다. base 패키지에는 R을 진정한 컴퓨터 언어로 사용할 수 있도록 해 주는 기본 함수들이 있다. 인터넷에는 수많은 패키지 리소스들이 있다. 가장 중요한 라이브러리는 CRAN^{Comprehensive R Archieve Network}이다. 여기에는 현재 10,000여 개의 패키지가 저장되어 있다. 패키지들은 Econometrics 혹은 Graphics처럼 주제별로^{Task Views}로 정리되어 있다. 필요에 따라서 패키지들을 걸러서 볼 수 있다.

RStudio에서는 패키지 개발을 편리하게 해 주는 기능들이 있다. 스스로 패키지를 개발할 때는 주의를 기울여야 하는 사항이 몇 가지 있다.

R 패키지 구조

패키지는 비교적 잘 정의돼 있다. 처음에는 약간 헷갈릴 수 있지만 패키지 개발에 관한 기초 지식을 이해하고 나면 패키지의 구조가 R 언어를 사용한 프로그래밍 작업을 매우 효율적으로 만들어준다는 것을 알게 될 것이다.

기본적으로 하나의 R 패키지느 7개의 요소로 구성되고, 패키지 자체는 디스크에서 소스 파일, 번들, 바이너리 형태로 저장할 수 있다.

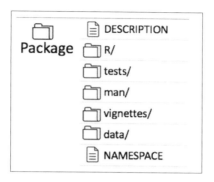

다음은 R 패키지의 7가지 구성 요소다.

- DESCRIPTION: 패키지의 기본 정보가 들어있다.
- R: 당신이 작성하는 모든 R 코드를 보관하는 폴더다. 여기에 모든 스크립트와 함수를 넣어서 패키지에서 사용할 수 있도록 한다.
- test: 테스트용 스크립트들이 놓인다. 패키지에서 구현한 함수의 기능을 검증하는 데 도움이 된다.
- man: 문서 파일을 보관하는 폴더다.
- vignettes: 좀 더 자세히, 큰 줄거리에 바탕을 둔 문서들을 놓는다.
- data: 패키지 실행에 필요한 데이터셋을 포관하는 폴더다.
- NAMESPACE: 패키지를 로딩했을 때 사용자들이 이 패키지를 통해서 사용할 수 있는 함수들을 정의한다.

▌devtools 인스톨

devtools는 해들리 위컴과 윈스톤 창이 개발한 패키지로 이들은 RStudio를 개발한 팀의 일원이다. 이 패키지는 패키지 개발 툴을 모아놓은 것으로 R 패키지 개발의 편의를 목적으로 한다.

CRAN에서 다음과 같이 해서 설치할 수 있다.

```
install.packages("devtools")
```

devtools에 포함되어 있는 툴들을 사용하면 패키지 개발 전 과정에 걸쳐 도움이 되고, 개발후에 패키지를 쉽게 공유할 수 있다. 이 패키지를 사용하면 깃허브 등과 같이 CRAN에 등재되어 있지 않은 패키지들을 설치할 때도 도움이 된다.

devtools는 기존에 존재하는 관례들을 사용해서 좀 더 표준화된 패키지 개발 방법을 제공하는 데 초점이 맞추어져 있다. 이 패키지는 패키지의 배포도 용이하게 해준다. devtools 패키지의 함수들은 이 장에서 자주 사용된다.

▌RStudio를 이용한 패키지 개발

RStudio는 devtools의 강력한 기능과 GUI를 결합해서, 몇 번의 클릭으로도 패키지 기본 틀을 만들어 주는 기능을 가지고 있다.

RStudio에서 새로운 패키지 생성하기

RStudio에서 새로운 패키지를 만들려면 File ❯ New Project...를 클릭하고 New Directory 를 선택한다.

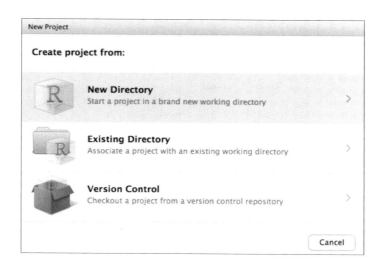

그런 다음 메뉴에서 R Package를 선택한다.

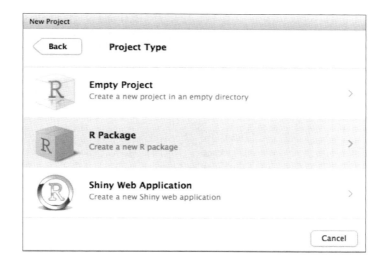

이제 R 패키지에서 필요한 파라미터들을 설정할 필요가 있다. 패키지의 타입, 패키지 이름, 소스 파일을 바탕으로 패키지를 개발할지, 어떤 디렉터리 밑에 두고 패키지를 개발할지 등에 대한 내용을 정한다.

더불어 깃 저장소를 만들지 Packrat을 사용할지 등도 설정한다.

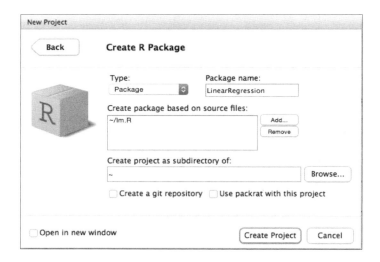

R 코드로만 패키지를 만들고 싶은 경우에는 타입에서 Package를 선택해야 한다. 그런데 C++ 코드를 사용하는 패키지를 만들고자 한다면 Package w/ Rcpp를 선택한다. 이것을 선택하면 Rcpp 패키지를 사용해서 C++ 수준으로 R 객체를 확장할 수 있도록 해주는 모든 필요사항이 자동으로 설정된다.

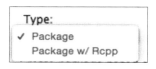

생성된 파일들 살펴보기

프로젝트를 저장하면 RStudio는 자동으로 필요한 파일과 파일 구조를 생성한다. 여러 폴더와 DESCRIPTION, NAMESPACE 파일 등이 여기에 속한다.

자동으로 만들어진 hello.R이라는 새로운 파일이 소스 창에 열린다. 이 파일에는 R 언어로 된 헬로 월드 예제가 있고 패키지를 개발할 때 RStudio에서 사용할 수 있는 단축키에 대한 정보가 들어있다.

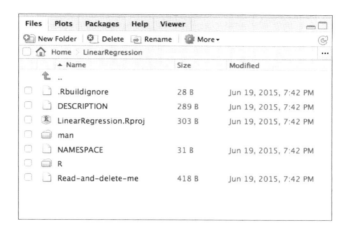

패키지 개발에 흔히 사용되는 단축키는 다음과 같다.

- 패키지 빌드로 재로딩: Cmd + Shift + B
- 패키지 체크: Cmd + Shift + E
- 패키지 테스트: Cmd + Shift +T

▌프로젝트에서 packrat 사용

앞에서 새 패키지를 생성하는 과정에서 프로젝트에서 packrat을 사용하는 옵션이 있는 것을 보았다. 팩랫^{packrat}은 어떤 패키지를 가급적이면 완전하게 처음 만든 그대로 재현되도록 할 때 사용된다. 필요한 모든 패키지가 프로젝트 전용 패키지 라이브러리에 저장된 다음, 어떤 패키지를 로딩하면 해당 패키지를 이 프로젝트 전용 라이브러리에서 로딩하도록 한다.

처음 프로젝트 작업을 시작할 때 이 프로젝트가가 packrat을 사용하게 할 수 있다. 이전에 보았던 대화창에서 Use packrat with this project 체크박스를 선택하면 된다. 그러면 RStudio는 전용 라이브러리를 설정하고 여기에 필요한 패키지들을 저장한다.

RStudio에서 패키지(Packages) 창을 보면 **Packrat**이라는 메뉴가 있는데, 이것을 클릭하면 라이브러리에 있는 패키지 콘텐츠가 보인다. 내용을 보면 패키지의 소스, 원래 라이브러리에 저장된 패키지 버전과 현재 전용 라이브러리에 저장된 패키지의 버전을 보여주는 열이 추가되어 있다.

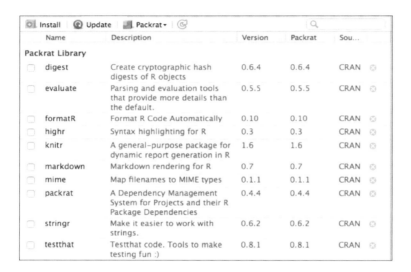

이미 만들어진 프로젝트에도 팩랫을 사용하게 만들 수 있다. 프로젝트 옵션 관리창 에서 Use packrat with this project라는 상차를 체크한다.

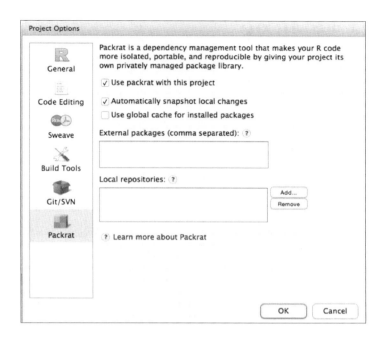

현재의 프로젝트에서 새로운 패키지를 설치하면 packrat은 자동으로 전용 라이브러리에 이들을 추가한다. 한편 패키지를 언인스톨하면 packrat이 안정상의 이유 때문에 바로 이것을 삭제하지는 않는다. 라이브러리에서 패키지를 제거할지 묻는다.

RStudio 패키지(Packages) 창에 있는 **Packrat** 메뉴를 통해서 편리한 기능들을 사용할 수 있다. 이를테면 여기서 Clean Unused Packages... 메뉴가 있는데, 이것을 사용하면 더이상 사용되지 않는 패키지를 전용 라이브러리에서 제거한다.

▌ 패키지를 위한 문서 작성

언급한 대로 man 폴더에는 패키지 문서화에 필요한 모든 파일이 있다. 여기에 들어가는 파일은 확장자가 Rd인 R 문서 파일들^{R documentation files}이다.

R 코드에 대한 문서화는 매우 중요하다. 다른 사람들이 우리가 만든 함수를 잘 이해해서, 사용할 수 있도록 정확한 정보를 알려주는 것은 중요하다.

프로젝트를 만들고 나면 이 폴더는 일반적인 프로젝트에 대한 기본적인 문서 파일을 하나 가지게 된다. R 문서 파일들은 소위 Rd 포맷을 사용해 작성되는데, 레이텍과 밀접하게 연관되어 있고, HTML이나 플레인 텍스트 파일과 같은 다양한 출력 포맷으로 프로세싱할 수 있다.

Rd 문서 파일 만들기

Rd 파일은 두 가지 방법으로 만들 수 있다.

- R 콘솔에서 `prompt( )` 함수를 사용한다. 함수를 호출할 때 문서화할 대상 함수를 인자로 준다. 그래서 `prompt("lm")`이라고 호출하면 lm.Rd라고 하는 파일이 현재의 작업 디렉터리에 만들어지는데, 패키지를 개발할 때는 이 파일을 man 디렉터리에 옮겨놓으면 된다.
- File ❯ New ❯ R Documentation 메뉴를 사용한다.

이렇게 하면 안에 의미 없는 콘텐츠를 가진 하나의 Rd 파일을 생성한다.

그다음 파일에 대한 이름을 선택하고 파일 레이아웃에 사용할 템플릿을 선택한다. 함수와 데이터셋 중 하나를 선택한다. 데이터셋을 선택하면 첨부된 데이터셋에 대한 문서 파일도 만들 수 있다.

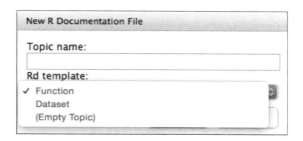

예제 Rd 파일

다음은 base R 패키지에 있는 load 함수의 Rd 파일을 약간 수정한 것이다.

```
\ File src/library/base/man/load.Rd
% Part of the R package, https://www.R-project.org
% Copyright 1995-2014 R Core Team
% Distributed under GPL 2 or later
```

```
\name{load}
\alias{load}
\title{Reload Saved Datasets}
\description{
  Reload datasets written with the function \code{save}.
}
\usage{
load(file, envir = parent.frame(), verbose = FALSE)
}
\arguments{
    \item{file}{a (readable binary-mode) \link{connection} or a character
string
      giving the name of the file to load (when \link{tilde expansion}
      is done).}
    \item{envir}{the environment where the data should be loaded.}
    \item{verbose}{should item names be printed during loading?}
}
\details{
  \code{load} can load \R objects saved in the current or any earlier
  format.  It can read a compressed file (see \code{\link{save}})
  directly from a file or from a suitable connection (including a call
  to \code{\link{url}}).

}
\value{
  A character vector of the names of objects created, invisibly.
}
\section{Warning}{
  Saved \R objects are binary files, even those saved with
  \code{ascii = TRUE}, so ensure that they are transferred without
  conversion of end of line markers.  \code{load} tries to detect such a
  conversion and gives an informative error message.
}
\examples{
## save all data
xx <- pi # to ensure there is some data
save(list = ls(all = TRUE), file= "all.RData")
rm(xx)
```

```
## restore the saved values to the current environment
local({
    load("all.RData")
    ls()
})

\dontrun{
con <- url("http://some.where.net/R/data/example.rda")
## print the value to see what objects were created.
print(load(con))
close(con) # url() always opens the connection
}}
\keyword{file}
```

이것을 보면 R 문서 파일이 대체로 어떤 내용으로 구성됐는지 감을 잡을 수 있을 것이다. 파일은 파일 이름과 기본적인 저작권 정보를 포함하는 헤더로 시작한다. 함수에 대한 간단한 설명이 있고, 이후 문서화하는 함수에 대한 사용 정보가 있다. 해당 함수가 어떤 인지를 받는지 등을 기술한다. 그다음에는 details 섹션이 있어서 함수 호출에 대한 더 자세한 맥락을 제공한다.

문서는 이 함수를 실제 사용하는 방법을 보여주기 위한 코드 스니펫을 보여주는 examples 섹션으로 끝난다.

RStudio 편집창 툴바의 **Preview** 버튼을 클릭하면 해당 파일이 HTML로 변환된다.

출력물은 우리가 보통 R을 사용하면서 익히 보아왔던 표준 문서와 같이 보일 것이다.

Rd 파일의 지침서

R 문서 파일을 작성할 때는 추천되는 지침서를 따라야 한다. 그래야 생성되는 문서의 가독력을 높이고, 패키지를 더 쉽게 사용할 수 있다. 이런 지침서는 http://developer.r–project.org/Rds.html에 잘 정리되어 있다.

예제 추가하기

함수를 이해하는 가장 좋은 방법은 예제 코드를 잘 읽어보는 것이다. 그래서 전부는 아니지만 대부분의 패키지에는 가짜 데이터를 사용해 함수를 호출해 사용하는 방법을 보여주는 예제 코드가 들어 있다.

R 문서 파일에 예제 섹션을 추가할 때 실행가능한 R 코드를 포함시켜야 한다. 이 코드는 패키지를 테스팅하는 과정에 실행될 수 있는 테스트 코드 함수를 가질 수도 있다. 패키지가 로딩되고 나서 example( ) 함수를 사용하면 이 코드가 실행된다.

R 문서 파일에 examples 섹션에서 대괄호 안에 R 코드를 넣어 예제 코드를 추가한다.

```
\examples{
    data(cats, package = "MASS")
    linearModel <- lm(Hwt ~ Hwt*Sex, data = cats)
    summary(linearModel)
}
```

examples 섹션에는 dontrun과 dontshow라고 하는 두 개의 특별한 마크업 명령을 넣을 수 있다.

dontrun

이 명령 다음 대괄호 안에 포함된 코드는 테스트나 example( ) 함수로 실행할 수 없다. 이를테면 인터넷 연결이 필요한 함수나 실행하면서 사용자 인터랙션이 필요한 함수들이다.

dontshow

dontshow 포함되는 코드는 테스트에 의해서 실행된다. 하지만 함수 사용자가 도움말 문서를 열었을 때 이 부분은 보이지 않는다. 그래서 패키지 문서화와는 그다지 관계가 없는 부가 테스트를 여기에 추가할 수 있다.

DESCRIPTION 파일 편집

DESCRIPTION 파일의 목적은 패키지 메타데이터와 패키지가 인스톨되고 사용되는 데 필요한 정보를 저장한다. 이것은 패키지에서 가장 핵심적인 파일 중 하나다. 이를테면 RStudio나 devtools 패키지는 이 파일을 가지고 어떤 디렉터리를 패키지 디렉터리라고 인식한다. CRAN과 R은 이 파일의 정보를 통해서 패키지 메타데이터와 버전을 관리한다.

RStudio를 가지고 프로젝트를 생성할 때 DESCRIPTION 파일은 자동으로 생성되고 안에 일반적인 구조와 이 파일에 필요한 사항들을 알려주는 내용으로 채워진다.

```
Package: LinearRegression
Type: Package
Title: What the package does (short line)
Version: 1.0
Date: 2015-06-19
Author: Who wrote it
Maintainer: Who to complain to <yourfault@somewhere.net>
Description: More about what it does (maybe more than one line)
License: What license is it under?
```

DESCRIPTION 파일은 Debian Control Format이라는 간단한 구조를 사용하는데, 각 행은 하나의 필드 이름과 해당되는 값으로 구성된다. 한 줄이 넘어가는 문장을 사용하는 경우에는(주로 패키지 description에서) 하나의 스페이스 또는 새로운 행에서 탭을 사용해야 한다.

일반 정보

파일에 포함되는 일반 필드들은 그 이름만 보아도 자명하다.

DESCRIPTION 파일은 Autho, Maintainer라고 하는 필드도 가지고 있다. 이 필드들은 플레인 텍스트로 적는다.

Authors@R이라는 필드는 패키지 개발에 관련된 사람들에 대한 정보를 기록할 때 사용한다. 이 필드 값에서 person( )이라는 함수를 사용해 사람에 대한 정보를 입력한다. 여러 명에 대한 정보는 c( ) 함수로 묶어서 표현한다. person( ) 함수의 role 인자에서 다음과 같은 문자열을 사용해 그 역할을 표시한다.

- aut: 저자
- cre: 패키지 유지관리
- ctb: 기여자
- cph: 저작권 소유자

한 예를 보자면 다음과 같다. 자세한 내용은 person( ) 함수의 도움말 페이지를 참고한다.

```
Authors@R: c(
    person("Julian", "Hillebrand", email = "julian@mastering-rstudio.com", role =
"cre"),
    person("Maximilian", "Niefhoff", email = "max@mastering-rstudio.com", role =
"aut")
    )
```

Dependencies

개발하는 패키지가 다른 패키지를 필요로 하는 경우에 DESCRIPTION 파일에 해당 패키지 정보를 입력해 주어야 한다. 그러면 개발된 패키지를 다른 사용자가 로딩하는 경우 이들 패키지들이 자동으로 R 세션에 로딩된다. 패키지 이름에 최소 버전 번호를 추가할 수 있다. 패키지를 등록할 때는 Imports와 Suggests라는 필드를 사용한다. Imports에는 없으면 작동이 안 되는 패키지를 등록하고, Suggests에는 없어도 되지만 로딩되어 있는 경우에는 활용될 수 있는 패키지를 등록한다.

```
Imports:
  plyr(>= 1.7),
  MASS

Suggests:
  gtable(>= 0.1)
  reshape2
```

라이선스 정보

라이선스 정보를 입력하는 것은 간단하다. 그런데 어려운 부분은 적합한 라이선스를 선택하는 것이다. R은 기본적으로 자유, 오픈소스 소프트웨어라는 개념에 기반하기 때문에 라이선스 정보를 포함하지 않으면, 다른 사람들이 이 패키지를 공유하거나 심지어 사용하지도 못한다.

DESCRIPTION 파일에 표준 오픈소스 라이선스에 대한 약자를 추가하거나 LICENSE 파일을 지목할 수도 있다.

사용할 수 있는 라이선스의 개략적인 내용은 https://cran.r-project.org/web/licenses/를 참고한다.

▌ 패키지 네임스페이스 이해하기

패키지 개발에서 또 중요한 파일이 NAMESPACE 파일이다. 이 파일의 내용과 R 패키지의 네임스페이스라는 맥락은 약간 고급 주제에 속한다. 우리가 개발해서 우리만 사용할 경우에는 이것이 그다지 중요하지 않다. 하지만 많은 사람에게 배포해 사용할 때는 네임스페이스에 상당히 주의를 기울일 필요가 있다.

R에는 많은 패키지가 있고, 이들 패키지에는 많은 수의 함수가 있다. 그래서 어떤 패키지가 다른 패키지에서 정의된 함수 이름를 중복하여 정의될 수 있는 소지가 있다. 그래서 이들 패키지들을 모두 로딩하여 사용하는 경우 R은 우리가 어느 패키지의 함수를 사용하려고 하는지 이해할 수 없어서, 마지막에 로딩된 패키지의 함수를 호출하게 된다.

RStudio에서 패키지 개발 설정을 하면 NAMESPACES라는 파일에는 다음과 같은 내용이 있다.

```
exportPattern("^[[:alpha:]]+")
```

이것은 패키지가 로딩됐을 때 도트(.)로 시작하지 않는 함수들은 모두 글로벌 환경에서 존재하도록 만든다. 우리끼리만 사용할 작은 패키지라면 이래도 아무런 상관이 없다. 하지만 다른 사람들과 공유할 패키지인 경우에는 패키지에서 가장 중요한 함수들만 익스포트되게 하고, 나머지는 패키지 내부에서만 사용될 수 있도록 확실히 해주어야 한다.

네임스페이스 자세히 알아보기

네임스페이스에 대한 좀 더 자세한 내용은 https://cran.r-project.org/doc/manuals/r-release/R-exts.html#Package-namespaces를 참고한다.

▌ 패키지 빌딩과 체킹

앞에서 살펴본 바와 같이 RStudio는 R 패키지를 빌드 과정을 쉽게 처리할 수 있게 해 준다. 또 패키지 개발 마무리 작업에도 상당한 도움을 준다. 이 과정에는 빌딩, 테스팅 과정이 있고, RStudio의 **Build** 메뉴에서 필요한 옵션을 선택할 수 있다.

패키지 개발을 하다보면 개발 중인 패키지를 빌드하고 로딩해서 패키지가 의도한 대로 작동하는지 검토할 필요가 자주 생긴다. 패키지를 테스트하려면 다음 단계를 따른다.

1. 코드를 수정한다.
2. 패키지를 빌드한다.
3. 패키지를 인스톨한다.
4. 패키지를 언로드한다.
5. 패키지를 리로드한다.

RStudio는 **Build** > **Build and Reload** 메뉴를 사용하면 이런 과정을 한꺼번에 처리할 수 있다.

RStudio의 Build 창에 다음과 같이 출력된다.

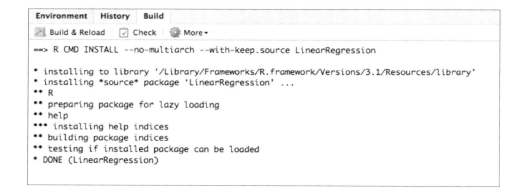

패키지 체킹

RStudio의 Build 메뉴에 있는 Check Package 서브 메뉴는 패키지에 필요한 모든 의존 패키지들을 체크한다. 이것은 테스팅 과정에서 에러의 위치를 알려주기 때문에 매우 유용하다.

```
* using session charset: UTF-8
* using option '--no-build-vignettes'
* checking for file 'LinearRegression/DESCRIPTION' ... OK
* checking extension type ... Package
* this is package 'LinearRegression' version '1.0'
* checking package namespace information ... OK
* checking package dependencies ... OK
* checking if this is a source package ... OK
* checking if there is a namespace ... OK
* checking for executable files ... OK
* checking for hidden files and directories ... OK
* checking for portable file names ... OK
* checking for sufficient/correct file permissions ... OK
* checking whether package 'LinearRegression' can be installed ... OK
* checking installed package size ... OK
* checking package directory ... OK
* checking DESCRIPTION meta-information ... OK
* checking top-level files ... OK
* checking for left-over files ... OK
* checking index information ... OK
* checking package subdirectories ... OK
* checking R files for non-ASCII characters ... OK
* checking R files for syntax errors ... OK
* checking whether the package can be loaded ... OK
* checking whether the package can be loaded with stated dependencies ... OK
```

패키지 빌드 옵션 커스터마이징

고급 사용자라면 RStudio에서 빌드와 체크 기능을 커스터마이징할 수 있다. 이 기능은 Tools > Project Options 메뉴에서 Build Tools를 선택한 다음 지정한다. 여러 가지 옵션에 대한 개괄적인 내용, 예를 들어 체크 기능은 터미널에서 R CMD check -help 명령을 실행하면 알 수 있다.

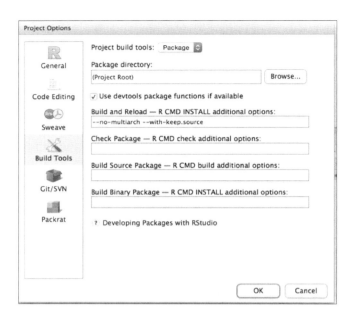

▌ roxygen2를 이용한 패키지 문서화

앞에서 살펴본 바와 같이 패키지 문서화는 아주 중요한다. 하지만 패키지의 크기가 커지고 여러 함수가 있는 경우에는 매우 복잡해진다.

이런 경우 roxygen2 패키지를 사용하면 패키지에 필요한 모든 파일을 만들고 편집할 수 있어 편리하다. roxygen2 패키지는 해들리 위캄, 피터 대넨버그, 매뉴엘 오그스터가 개발했다.

roxygen2는 기본적으로 코드 파일에서 함수를 정의하는 바로 그 지점에서 코멘트를 사용한 함수 설명을 넣어서 작업을 시작한다. 그런 다음 man 폴더에 roxygeno2 패키지가 코드와 코멘트를 프로세싱하여 해당되는 Rd 파일들을 만든다.

roxygen2 패키지 인스톨

roxygen2 패키지는 CRAN에 등재되어 있고, 다음 명령으로 인스톨할 수 있다.

```
install.packages("roxygen2")
```

패키지 최신 버전을 사용하고자 할 때는 깃허브에서 다음과 같이 devtools 패키지를 사용하여 다운로드한다.

```
devtools::install_github("klutometis/roxygen")
```

Rd 파일 생성하기

roxygen2로 패키지 문서를 만드는 과정은 다음과 같다.

1. 코드 파일에 함수 문서화에 필요한 내용을 코멘트에 넣는다.
2. roxygen2 패키지의 roxygenise() 함수를 사용하여 코멘트의 내용을 Rd 파일로 변환한다.
3. Rd 파일들을 읽을 수 있는 파일로 변환한다.

roxygen2 패키지를 사용할 때는 코딩할 때 코멘트를 추가하는 방법과 유사한 방법으로 정보를 기술한다. roxygen2는 #'으로 코멘트를 시작해 일반적인 코멘트와 구분한다. #'으로 시작하는 행을 추가한 후 엔터키를 치고나면 RStudio는 자동으로 다음 행에도 같은 코멘트를 추가한다. 이런 기능을 활용하면 긴 코멘트도 쉽게 작성할 수 있다.

예를 들어 어떤 값을 입력받아서 퍼센트로 변환하는 간단한 함수를 이용해 문서를 만드는 방법을 살펴보자.

```
#' Transform values to percentage values
#'
#'@param x A number
#'@param y A number
#'@return The percentage value of \code{x} with \code{y} digits.
#'@examples
#'percent(0.56733, 2)
#'percent(0.04757213, 4)

percent <- function(x,y) {

    percent <- round(x * 100 , digits = y)
    result <- paste(percent, "%", sep = "")
    return(result)
}
```

일반적으로 첫 줄에는 함수의 기능을 간략하게 쓴다. 그다음 @param 옵션으로 함수에 사용될 파라미터를 기술한다.

함수에 대한 설명을 적은 다음 devtools 패키지의 document( ) 함수를 사용 문서를 프로세싱한다.

```
devtools::document()
```

또는 RStudio에서 Ctrl/Cmd + Shift + D 단축키를 사용한다.

다음과 같은 내용이 콘솔에 출력된다.

```
Updating LinearRegression documentation
Loading LinearRegression
First time using roxygen2 4.0. Upgrading automatically...
Writing percent.Rd
```

실행하면 percent.Rd라는 파일이 man 디렉터리에 생성된다. 이 파일은 전형적인 .Rd 포맷으로 된 문서로서 앞에서 작성된 내용을 기반으로 생성된다. 파일을 열면 다음과 같은 내용을 볼 수 있다.

```
% Generated by roxygen2 (4.1.0): do not edit by hand
% Please edit documentation in R/lm.R
\name{percent}
\alias{percent}
\title{Transform values to percentage values}
\usage{
percent(x, y)
}
\arguments{
\item{x}{A number}

\item{y}{A number}
}
\value{
The percentage value of \code{x} with \code{y} digits.
}
\description{
Transform values to percentage values
}
\examples{
percent(0.56733, 2)
percent(0.04757213, 4)
}
```

보는 바와 같이 전형적인 .Rd 포맷이다. 그리고 도움말을 페이지를 보면 앞에서 적어 넣은 내용을 기반으로 도움말 문서가 생성된다는 것을 알 수 있다.

```
percent {LinearRegression}                                    R Documentation
```

Transform values to percentage values

Description

Transform values to percentage values

Usage

```
percent(x, y)
```

Arguments

x A number
y A number

Value

The percentage value of x with y digits.

Examples

```
percent(0.56733, 2)
percent(0.04757213, 4)
```

[Package *LinearRegression* version 1.0]

▌ 패키지 테스트

패키지를 빌드할 때, 패키지 테스트가 정말 중요하다. 패키지가 복잡해지면 그만큼 버그가 발생할 확률도 높아진다. 패키지를 테스트하는 가장 기본적인 방법은 패키지를 빌드한 다음 로드해서 모든 함수를 사용하면서 확인해보는 것이다. 이런 과정은 수차례 필요할 수 있다. 이런 방법으로 패키지가 어느 크기 한도안에서는 충분히 테스트할 수 있다. 하지만 패키지가 그 범위를 벗어나면 패키지를 일부 수정하고 모든 함수를 테스트하는 것이 불가능해진다.

이런 경우 devtools 패키지의 개발자 해들리 위캄이 개발한 testthat 패키지를 사용하는 것이 가장 좋은 방법이다. 이 패키지는 CRAN에 등재되어 있어서 install.packages() 함수로 쉽게 인스톨할 수 있다.

testthat 패키지 사용하기

프로젝트에서 testthat 패키지를 사용하려면 devtools 패키지에 있는 use_testthat( ) 함수를 호출해야 한다. 이 함수는 테스팅에 필요한 모든 폴더와 패키지가 의존하는 리소스 등을 자동으로 설정하고 tests 폴더를 생성한다.

```
> devtools::test()
No testing infrastructure found. Create it?

1: Yes
2: No
```

tests 폴더에는 testthat.R 파일과 testthat이라는 서브폴더가 있는데, 여기에 테스트 스크립트가 있다.

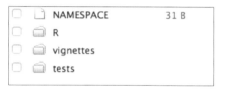

다음은 샘플 testthat 파일이다.

```
library(stringr)
context("String length")

test_that("str_length is number of characters", {
  expect_equal(str_length("a"), 1)
```

```
  expect_equal(str_length("ab"), 2)
  expect_equal(str_length("abc"), 3)
})

test_that("str_length of missing string is missing", {
  expect_equal(str_length(NA), NA_integer_)
  expect_equal(str_length(c(NA, 1)), c(NA, 1))
  expect_equal(str_length("NA"), 2)
})

test_that("str_length of factor is length of level", {
  expect_equal(str_length(factor("a")), 1)
  expect_equal(str_length(factor("ab")), 2)
  expect_equal(str_length(factor("abc")), 3)
})
```

stringr 패키지에 있는 샘플 테스트에서 보는 바와 같이 테스트 파일은 테스팅할 패키지를 로딩하고 맥락context을 추가하는 것으로 시작된다. 이것은 뒷따르는 테스트가 무엇에 관한 것인지 기술한다.

이후 테스트가 나온다. test_that( ) 함수가 호출되는데, 그 첫 번째 인자는 테스팅할 내용을 기술하는 문자열이다. 그다음 실제 테스트를 넣는다. test_that( ) 함수는 여러 종류의 테스트를 다룰 수 있다.

- expect_that(x, is_true( ))
- expect_that(x, is_false( ))
- expect_that(x, is_a(y))
- expect_that(x, equals(y))
- expect_that(x, is_equivalent_to(y))
- expect_that(x, is_identical_to(y))
- expect_that(x, matches(y))
- expect_that(x, prints_text(y))

- expect_that(x, shows_message(y))
- expect_that(x, gives_warning(y))
- expect_thatx, throws_error(y))

testthat 패키지에 대해 더 자세히 알고 싶으면 http://r-pkgs.had.co.nz/tests.html에서
해들리 위캄이 R 패키지 개발에 대한 쓴 글을 찾아보기 바란다.

패키지에 데이터셋 넣기

패키지는 연구와 연구 결과를 다른 사람과 공유하기 위해 사용될 뿐만 아니라 그것을 재
현할 수도 있게 한다. 따라서 R 패키지에 데이터셋을 포함시켜야 할 때도 있다. 또 대다수
의 패키지는 패키지의 기능을 설명할 때 사용자들이 데이터셋을 올리는 수고를 덜게 하기
위해서 데이터셋을 포함시킨다.

데이터를 포함시킬 때는 여러 가지 옵션이 있다. 어떤 것을 선택할지는 데이터의 종류와
그 용도에 따라 달라진다.

데이터셋을 포함시키는 가장 일반적인 방법은 data 서브디렉터리에 넣는 것이다. 이것은
주로 예제 코드에 사용될 데이터셋을 넣을 때 주로 사용되는 방법이다. 또 sysdata.rda 파
일에 데이터를 넣는 방법도 있다. 이 방법은 패키지 사용자들이 데이셋에 완전히 접근하
기를 원하지 않을 때 사용된다.[1]

패키지에 포함시킬 파일의 포맷은 다음과 같다.

- R 코드
- 테이블(.txt, .csv 파일)
- **save( )** 함수를 사용한 이미지(.RData 또는 .rda 파일)

---

1 패키지 내부에서만 사용될 데이터를 넣을 때 주로 사용된다. – 옮긴이

.rda 파일 만들기

R에서 save( ) 함수를 사용해 데이터를 저장하면 확장자가 .rda 파일로 저장된다.

다음 코드는 그런 예를 보여준다.

```
df <- data.frame(matrix(rnorm(10), nrow = 5))
save(df, file = "dataFile.Rda")
```

이 코드를 실행하면 dataFile.Rda 파일이 프로젝트 홈디렉터리에 생성된다.

이런 .Rda 파일들은 RStudio에서 클릭하면 바로 작업 공간으로 로딩된다. 클릭하면 이 파일을 실제로 로딩할지 묻는 팝업 창이 열린다.

파일의 데이터가 로딩되면 Environment 창에서 내용을 볼 수 있고, 그 데이터를 사용할 수 있다.

이렇게 save( ) 함수는 압축된 형태로 데이터를 저장하기 때문에 매우 큰 데이터셋을 포함시킬 때 가장 좋은 방법이다.

패키지에서 LazyData 기능 사용

일반적으로 R에 어떤 데이터셋을 사용할 때는 이것을 메모리를 로딩돼야 한다. 그래서 아주 큰 데이터셋을 패키지에 포함시킬 때는 LazyData 기능을 사용하는 것이 중요한데, 이것은 DESCRIPTION 파일에서 다음과 같이 해서 그 사용여부를 정한다.

```
LazyData: true
```

이렇게 지정하면, 패키지를 로딩한다고 해도 실제로 그 데이터셋을 사용하기 전까지 해당 데이터셋을 메모리에 로딩하지 않는다. 그래서 메모리를 절약할 수 있기 때문에 데이터 파일을 포함하는 패키지를 개발할 때는 이 기능을 반드시 사용한다.

▍ R 마크다운으로 패키지 비니에트 작성하기

R 패키지를 개발할 때 앞에서 설명한 .Rd 포맷말고 다른 형태의 포맷을 가진 문서를 포함시킬 수 있다. 주로 이런 문서는 inst/doc 폴더에 넣는다.

이런 문서들을 비니에트^{vignettes}라고 하는데 주로 긴 형식의 문서^{long-form documentation}라고 한다. 비니에트 문서들은 특정 함수를 기준으로 패키지를 설명하지 않고, 패키지를 사용하는 일반적인 사용법에 대해 주로 설명한다. 그래서 .Rd 파일이 저수준의 문서라고 한다면 이런 비니에트 문서는 패키지에 대한 고수준의 문서라고 말할 수 있다. R 사용들에게는 패키지에 대한 부록 문서로 여겨진다.

즉 이런 문서들은 R 함수와 데이터셋에 대한 필수 문서들에 보충하는 문서인 셈이다. 이런 비니에트는 지식을 공유하고, 패키지를 사용하는 방법과 목적을 사용자들이 잘 이해할 수 있도록 한다는 취지에서 만들어진다.

비니에트는 많은 패키지들에 포함되어 있다. 현재 컴퓨터에 인스톨되어 있는 패키지들에 포함된 비니에트를 보려면 R 콘솔에서 다음과 같은 함수를 실행한다.

```
browseVignettes()
```

이렇게 하면 웹 브라우저에서 비니에트 리스트를 보여준다.

예를 들어 data.table 패키지는 Introductioin to the data.table이라는 제목의 비니에트가 있고, 여기에서 데이터 구조를 설명한다. 이것은 기본적으로 패키지 사용하는 방법을 단계별로 설명해주는 일종의 튜토리얼 문서다.

Introduction to the **data.table** package in R

Revised: October 2, 2014
(A later revision may be available on the homepage)

Introduction

This vignette is aimed at those who are already familiar with creating and subsetting `data.frame` in R. We aim for this quick introduction to be readable in **10 minutes**, briefly covering a few features: 1. Keys; 2. Fast Grouping; and 3. Fast *ordered* join.

Creation

Recall that we create a `data.frame` using the function `data.frame()`:

```
> DF = data.frame(x=c("b","b","b","a","a"),v=rnorm(5))
> DF

  x          v
1 b   0.1913554
2 b   1.2556559
3 b  -0.3871878
4 a   0.7918896
5 a  -0.8527794
```

A `data.table` is created in exactly the same way:

```
> DT = data.table(x=c("b","b","b","a","a"),v=rnorm(5))
> DT
```

모든 비니에트는 3개의 요소가 있다.

- 원래의 소스 파일
- 비니에트의 HTML 버전
- 문서 안에 사용된 R 코드

3.0.0 버전 이전의 R에서는 Sweave라고 하는 방법을 사용해 비니에트를 작성했다. Sweave는 레이텍과 매우 유사하고 이해하기가 까다롭다. 이제는 비니에트 엔진이라 불리는 패키지들을 사용해 다른 언어로 작성할 수 있다.

예를 들어 knitr 패키지는 그와 같은 같은 엔진을 제공하는데, R 마크다운을 사용해 비니
에트를 만들고 HTML 파일로 변형시킬 수 있다.

비니에트 파일 작성하기

비니에트 문서를 만들 때 가장 좋은 방법은 devtools 패키지를 사용하는 것이다. 패키지
를 로딩하고 use_vignette( ) 함수를 호출한다.

```
require(devtools)
use_vignette("LinearRegressionHowTo")
```

그러면 R 콘솔에 다음과 같은 출력이 나타난다.

```
> devtools::use_vignette("LinearRegressionHowTo")
Draft vignette created in /Users/julian/LinearRegression/vignettes/LinearRegressionHowTo.Rmd
```

이 함수는 패키지 홈디렉터리에 vignettes라고 하는 폴더를 만든다. 이 폴더 안에
LinearRegressionHowTo.Rmd 파일을 찾을 수 있다.

이 함수는 비니에트 문서를 빌딩하기 위한 knitr 엔진을 가지고 기존의 Sweave 엔진을 대치할 수 있도록 필요한 내용을 모두 설정하는 역할도 한다.

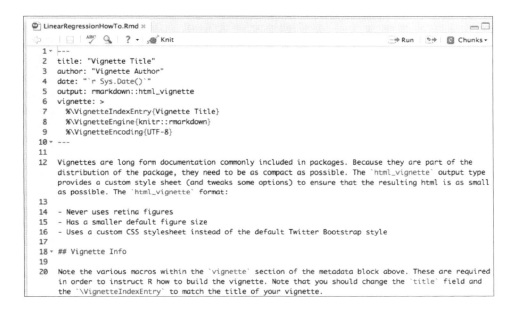

R 마크다운으로 작성된 이 비니에트 문서는 3개의 요소로 구성된다. 가장 앞에 있는 것은 문서의 메타데이터가 들어가고, 마크다운 포맷으로 작성된 텍스트, 니더의 포맷에 맞는 R 코드가 그것이다.

▌ 추가 정보 얻기

비록 RStudio와 devtools 패키지 등의 도움을 받아 이전보다 상당히 쉬워지기는 했지만 패키지 개발은 복잡한 주제다. 패키지 개발에 대한 더 자세히 알고 싶다면 다음과 같은 링크를 참고할 것을 권한다.

- **devtools 구글 그룹**: https://groups.google.com/forum/#!forum/rdevtools
- **devtools 깃허브 저장소**: https://github.com/hadley/devtools

패키지 개발에 대한 가장 중요한 안내는 r-project.org 사이트에 있는 매뉴얼이다. https://cran.r-project.org/doc/manuals/r-release/R-exts.html에서 볼 수 있다.

패키지 개발에 대해 매우 자세히 설명되어 있다.

R 패키지 개발법을 익히고 훌륭한 패키지를 만들었다면 CRAN에 제출해 전체 R 커뮤니티에서 공유할 것을 고려해야 한다. 패키지 등재 신청은 https://cran.r-project.org/submit.html에서 한다.

```
                    Submit package to CRAN

          Step 1                Step 2              Step 3
         (Upload)            (Submission)        (Confirmation)

Your name*:     [                    ]
Your email*:    [                    ]
Package*:       Choose File   No file chosen
                (*.tar.gz files only, max 100 MB size)
Optional comment: [                                   ]
                  [                                   ]
                  [                                   ]
                  [                                   ]

*: Required Fields

Before uploading please ensure the following:
• The package contains a DESCRIPTION file
• DESCRIPTION file contains valid maintainer field "NAME <EMAIL>"
• You are familiar with the CRAN policies
                  Upload package


In case of problems, contact the CRAN sysadmin team
```

패키지를 업로드하기 전에 CRAN 저장소의 정책을 주의 깊게 읽고 제출할 패키지를 검토해야 한다. CRAN 정책 사이트는 https://cran.r-project.org/submit.html에서 확인할 수 있다.

▌ 정리

7장에서 RStudio를 사용해 패키지를 개발하는 방법을 배웠으며, 패키지 개발 과정을 개괄적으로 살펴봤다. RStudio는 여러 가지 훌륭한 패키지를 결합하여 패키지 개발을 매우 용이하게 한다는 것을 알았다. roxygen2 같은 패키지들은 패키지 문서를 손쉽게 작성할 수 있게 해 주며, 결과적으로 사용자들이 패키지를 더 잘 이해할 수 있게 한다.

8장에서는 깃을 활용한 협업에 대해 설명한다. 기초적인 면, 설치 방법 등을 배우고 RStudio에서 어떤 식으로 통합되어 있는지 살펴보게 될 것이다.

08

깃과 깃허브로 협력하기

8장에서는 다루는 내용은 다음과 같다.

- 깃과 깃허브의 기초
- 깃 설치와 RStudio에서 깃 사용을 위한 설정
- RStudio와 깃허브로 작업하기

▌ 버전 관리에 대한 개요

R을 사용하는 데이터 분석 프로젝트가 상당히 복잡할 수도 있다. 특히 상당 기간 동안 분석을 해야 하는 경우는 더 그렇다. 바뀌는 내용과 프로젝트 진도를 추적하기 위해서는 이들을 추적할 수 있는 버전 관리 시스템을 사용해야 한다. 이런 버전 관리 툴에서 가장 유명한 것이 깃^{Git}이다. 깃은 코드의 모든 변경에 사용자 주석을 붙일 수 있다. 그리고 다른 사람들과 함께 작업을 할 때 유용한다. 코드를 읽고 이해할 수 있게 하고, 프로젝트가 어떤 개발 과정을 거쳤는지 이해할 수 있게 해 준다. 깃은 무료 오픈소스로 배포되고 분산형 버전 관리 기능을 제공하며, 아주 작은 단위에서 상당히 큰 프로젝트까지 빠르고 효율적으로 모든 것을 다룰 수 있는 도구다. 깃에 대한 자세한 정보는 https://git-scm.com/를 참고한다.

깃은 서버, 로컬 머신에서 모두 사용가능한다. 분산형 특성을 통해서 다른 머신과 커밋을 공유할 수 있다. 자신이 직접 구현하는 깃 시스템을 구축하지 않고 버전 관리 시스템을 호스팅하는 서비스를 이용할 수 있다. 그렇게 하려면 깃허브^{GitHub}, 비트버킷^{Bitbucket}, 깃랩^{GitLab} 등에서 계정을 만들어야 한다. 대부분 무료 계정을 제공한다. 여기서는 깃허브에 대해 설명할 것이다. 깃허브인 경우 공개 프로젝트인 경우에는 협력자의 수 등에 상관없이 무료로 저장소를 만들 수 있다. 공개 프로젝트는 누구나 우리의 코드를 웹 사이트에서 볼 수 있고 사용할 수 있는 것을 말한다. 프라이빗 저장소를 원하는 경우에는 요금을 지불해야 한다.

깃 설치

가장 먼저 깃허브 https://github.com/join에서 계정을 만든다. 그런 다음 깃 공식 사이트 http://git-scm.com/에서 깃 클라이언트를 인스톨한다.

윈도우에서 깃 설치

윈도우에서는 .exe 파일을 사용한다. http://git-scm/com/download/win에서 윈도우용 인스톨러를 다운로드해서 실행한다.

리눅스에 깃 설치

리눅스에 깃을 설치하는 것은 매우 쉽다. 여기서도 바이너리 인스톨러가 있다. apt-get을 사용해 인스톨한다.

```
sudo apt-get install git
```

 다른 리눅스 배포판에서 깃 설치
데비안 계열 리눅스가 아닌 경우에는 http://git-scm/download/linux에서 배포판에 맞는 설치 방법을 찾을 수 있다.

깃 설정

깃허브 계정을 마련하고, 깃을 설치한 후에 깃 클라이언트의 환경을 설정한다.

셸shell에서 git라고 입력하면 가능한 모든 옵션들을 보여준다. 윈도우를 사용하는 경우에는 깃 배쉬 에뮬레이션을 사용할 수 있는데, 리눅스의 git 명령과 거의 유사하다.

이제 사용자 이름username과 이메일 주소를 다음과 같이 설정한다.

```
git config --global user.name 'Your Username'
git config --global user.email 'Your Email Address'
```

기초 용어

깃 시스템은 독자적인 용어들을 사용한다. 모든 것을 알 필요는 없지만 이 버전 관리 시스템에 대한 기초적인 요소들을 알아야 한다.

저장소

저장소Repository는 깃 시스템에서 가장 기본이 되는 구성 요소다. 프로젝트가 저장되는 하나의 폴더로 생각할 수 있다. 이 폴더는 뭔가를 변했을 때 그 이력을 저장한다. 그리고 누가 무엇을 바꿨는지 추적한다.

커밋

커밋commit은 실제로 변경된 내용을 저장소에 추가하는 과정을 말한다. 이런 변경 내용에는 고유한 아이디와 메시지가 부여된다. 이것은 뭔가를 왜 바꾸었는지 설명한다.

디프

디프Diff는 두 커밋간의 변경된 내용에 대한 차이를 의미한다. 이것은 저장소에 무엇이 추가되고 삭제되었는지 영향을 받은 모든 파일에 대한 내용을 보여준다.

브랜치

브랜치branch는 저장소에 대한 수평 버전의 하나다. 저장소에 위치하지만 마스터 브랜치에는 영향을 주지 않는다. 새로운 기능을 실험할 때 자주 사용된다.

머지

머지merge는 하나의 브랜치에서 바뀐 내용을 보통은 같은 저장소에 있는 다른 브랜치로 적용하는 과정을 의미한다.

페치

페치fetch는 원격 저장소로부터 가장 최근의 변경된 내용을 가져오고 로컬 저장소와는 머징하지 않는 것을 말한다.

풀

풀pull은 변경된 내용에 대한 페치와 머지가 결합된 과정이다. 이것은 풀 리퀘스트pull request와 연결되어 있는데, 어떤 수정 사항을 저장소를 머지할 것을 요청하는 것이다. 여러 사용자가 하나의 저장소에서 작업할 때 종종 사용된다.

푸시

푸시Push는 로컬 저장소의 내용을 원격 저장소로 보내는 과정을 말한다.

셸에서 깃 사용

깃은 전통적으로 셸을 통해서 사용한다. 보통은 다음과 같이 새로운 로컬 저장소를 만드는 것으로 시작할 수 있다.

```
git init
```

그런 다음 이 저장소에 파일들을 만들고, 다음과 같이 add 명령을 가지고 버전 관리 시스템을 그것들을 추가한다.

```
git add lm.R
```

여기서는 lm.R이라는 파일을 추가하는 것을 말한다. 모든 파일을 추가하려면 다음과 같이 사용할 수 있다.

```
git add *
```

다음은 원격 저장소를 만든다. 깃허브에 로그인해서 프로젝트(PROJECTNAME)라는 저장소를 만든다. 그런 다음 로컬 저장소에서 깃허브에서 만든 저장소가 원격 저장소로 사용될 것이라고 다음과 같이 알려 준다.

```
git remote add origin https://github.com/USERNAME/PROJECTNAME.git
```

그런 다음 다음과 같은 명령을 사용해 로컬 저장소의 내용을 원격 저장소에 푸시할 수 있다.

```
git push origin master
```

이렇게 하고 나면 깃허브의 자신 계정에 프로젝트가 올라간다. 처음 깃을 셸에서 처음 사용할 때는 혼란스러울 것이다.

RStudio는 깃 버전 관리 시스템을 효율적으로 사용할 수 있는 훌륭한 UI를 제공한다.

RStudio에서 셸 사용

RStudio는 현재의 워킹 디렉터리 셸로 바로 이동할 수 있는 메뉴를 제공한다.

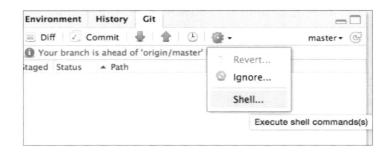

RStudio에서 깃 사용

RStudio에서 깃을 사용하려면 글로벌 옵션에서 깃 명령에 대한 경로를 지정해야 한다.
Tools > Global Options...를 클릭한다.

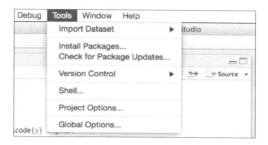

그런 다음 Git/SVN 탭을 선택하고 Browse...를 클릭하고 깃 명령이 있는 위치를 찾는다.

RStudio에서 SSH를 통한 깃허브의 사용

RStudio는 SSH를 통해서 https://github.com에 안전하게 연결한다. 그렇게 하려면 Create RSA Key...를 클릭해서 SSH RSA 키를 새로 만들어야 한다. 클릭하면 새로운 창이 열리는데 여기서 생성된 RSA 키를 저장할 장소를 설정할 수 있다. 보통 이것을 디폴트 옵션으로 남겨둔다.

그다음에 퍼블릭/파리이빗 RSA 키 쌍을 만들었는지를 묻는 창을 볼 수 있다. 이 창을 닫으면 또 다른 창이 열리고 우리의 퍼블릭 RSA 키를 보여주게 된다. 이 키를 https://github.com에 올려놓아야 한다. 깃허브 계정에 로그인해서 Personal settings 페이지로 가서 퍼블릭 키를 등록한다.

Personal settings

Profile

Account settings

Emails

Notification center

Billing

SSH keys

Security

Applications

Personal access tokens

Repositories

Organizations

그다음에 SSH keys 탭을 선택하고 새로운 제목을 부여하고 퍼블릭 키를 추가한다.

위 과정을 마치면 RStudio가 보안처리된 SSH 연결을 통해서 깃허브에 연결할 수 있다.

깃이 적용된 새 프로젝트 만들기

RStudio에서 깃이 적용된 새 프로젝트를 만드는 것은 간단하다. 새 프로젝트를 생성하면서 **Create a git repository** 체크박스를 체크하기만 하면 된다. 그러면 필요한 모든 것이 자동으로 생성된다.

새 프로젝트를 만들고 나면 Git이라는 창이 새로 생기고, 프로젝트 폴더에 .gitignore라는 새로운 파일이 생성된다.

.gitignore 파일

.gitignore 파일은 깃 저장소에 포함시키지 않을 파일들을 지정한다. 로그인 정보 등 민감한 정보를 가진 파일일 수도 있고, 필요에 따라서 자동으로 생성되는 파일 등이다. 디폴트로 .gitignore 파일은 R 히스토리와 같은 RStudio에서 필요한 파일들을 포함하고 있다.

우리는 깃 창의 More라는 버튼을 클릭해서 내장된 에디터를 통해서 쉽게 이 파일에 내용을 추가할 수 있다.

More 버튼을 클릭하면 새로운 편집 창이 열리는데, 여기서 추가할 파일들을 적어 넣을 수 있다.

변화 추적

버전 관리 시스템을 사용하는 큰 장점은 코드에 어떤 변화가 있었는지 추적할 수 있다는 것이다. 파일에서 어떤 것이 바뀌었고, 어떤 것이 추가됐으며 어떤 것이 삭제됐는지 확인할 수 있다. RStudio는 이런 것들을 세 개의 기호를 사용해 표시한다.

아이콘	아이콘 이름	설명
	수정(Modified)	파일의 내용이 바뀌었다.
	추적되지 않음(Untracked)	새로운 파일이며, 깃은 아직 이 파일을 인식하지 않고 있다.
	삭제됨(Deleted)	작업 디렉터리에는 파일이 삭제됐는데, 깃 저장소에는 해당 파일이 남아있다.

깃 창에서 diff 버튼을 클릭하면 좀 더 자세한 내용을 볼 수 있다. 여기서 마지막 커밋을 한 이후 변경된 내용을 확인할 수 있다.

빨간색은 해당 라인이 삭제됐다는 것을 의미하고, 녹색은 파일에 새로 추가된 내용이라는 의미다.

변경된 내용 저장

프로젝트에서 깃과 관련된 가장 핵심적인 작업은 커밋commit이다. 하나의 커밋은 특정 시점에서 프로젝트에 있는 코드에 대한 스냅샷이라고 보면 된다. 일종의 백업이라고 볼 수도 있다. 코드를 수정했는데 큰 문제가 발생하는 경우에는 다시 이전의 특정 커밋으로 돌려놓을 수 있다. 파일 커밋은 두 단계로 이뤄진다.

1. 스테이지Stage : 먼저 파일을 스테이징한다. 그렇게 해서 깃에게 이번 수정된 내용이 다음 번 커밋에 포함될 것이라고 알려준다. 이것은 커밋을 준비하는 과정이다.
2. 커밋Commit : 실제로 스테이징된 파일의 스냅샷을 찍고, 어떤 변경 사항을 메시지로 작성한다.

우리는 같은 메뉴에서 스테이징과 커밋을 모두 할 수 있다. 하나의 파일을 스테이징할 때는 단순히 체크박스에 체크만 하면 된다.

Staged	Status	▲ Path
✓	M	dataPreparation.R
✓	A	loadData.R
✓	R	plotData.R -> exportData.R

파일이 스테이징되고 나면 아이콘이 바뀐다.

아이콘	설명
A	새로운 파일을 스테이징하면 추적하지 않는 상태에서 추가된 상태로 변경되고, 깃은 이 새로운 파일을 커밋하고자 한다는 것을 알게 된다.
R	어떤 파일의 이름을 바꾸면, 깃은 해당 파일이 삭제하고, 다른 이름의 파일을 추가한 것으로 본다.
M	이 파일에는 스테이징된 변경 내용을 포함하고 있고, 다음 번에 커밋된다.

스테이징을 하고 나서 커밋에 사용할 메시지를 지정한다. 하나의 커밋에는 하나의 문제에 대한 변경 내용이 있도록 하는 것이 좋다. 그렇게 하면 프로젝트의 개발 과정을 더 쉽게 추적할 수 있고 어떤 커밋이 이뤄진 이유를 쉽게 이해할 수 있다.

커밋 메시지는 커밋과 관련된 문제를 간략하게 기술하고 바꾼 이유를 적어 넣는다.

깃 드롭다운 메뉴 소개

깃이 적용된 프로젝트를 사용할 때 RStudio는 자동으로 텍스트 편집창 위에 새로운 모양의 아이콘을 보여준다. 이것은 버전 관리 시스템을 사용할 때 꼭 필요한 기능들에서 빠르게 접근할 수 있도록 해 준다.

실수 되돌리기

깃의 원리를 사용하면 깃을 가지고 예전의 커밋으로 되돌리는 것이 가능하다. 마지막 커밋 상태로 되돌리고자 하는 경우에는 깃 창의 Revert 버튼을 사용한다.

만약 마지막 커밋에 추가하려고 했으나 빠진 것이 있는 경우에는 Amend previous commit 기능으로 내용을 추가할 수 있다. 이것을 사용하면 이전 커밋에 대한 새로운 스테이지를 추가하게 되고, Commit 버튼을 누르면 커밋이 진행된다.

만약 실수가 발생한 곳을 정확히 모르거나 마지막 커밋에서 발생한 실수가 아니라고 판단된 경우에는 커밋에 대한 히스토리를 둘러볼 수 있다. 깃 창에서 History 버튼을 클릭한다. 지금까지의 모든 커밋을 보여주고, 특정 커밋을 선택하면 해당 커밋에 실제로 어떤 내용을 바꿨는지 살펴볼 수 있다.

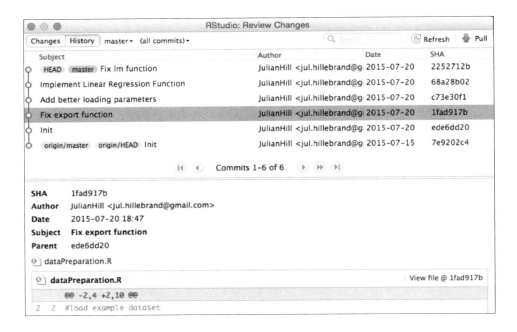

실수가 있었던 커밋을 발견하고 그 이전으로 돌려놓고 싶은 경우에는 점프할 커밋의 SHA 키가 필요하다. 이 키를 정한 다음 셸을 열어서 다음과 같은 명령을 사용해서 해당 커밋 상태로 내용을 완전히 되돌릴 수 있다.

```
git checkout <SHA> <filename>
```

깃허브에 있는 원격 저장소에 푸시하기

지금까지 설명한 모든 내용은 로컬 컴퓨터에서 사용하는 것이었다. 아무것도 깃허브에 푸시되지 않았다. 이제 프로젝트를 https://github.com에 업로드해보자.

먼저 https://github.com에서 원격 저장소를 만들어야 한다. 저장소의 이름은 프로젝트와 같아야 한다. 나머지는 있는 그대로 둔다.

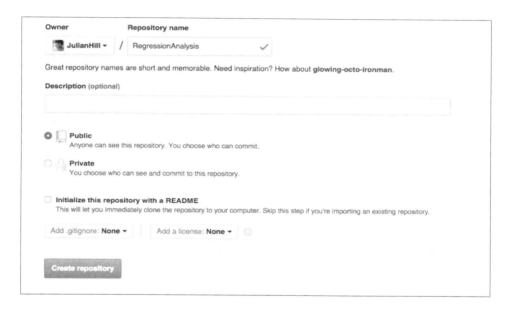

로컬 저장소를 새로운 원격 저장소와 연결하고 내용을 푸시한다. 프로젝트의 셸을 열고 다음과 같은 내용을 입력한다.

```
git remote add origin git@github.com:USERNAME/REPOSITORY.git
git push -u origin master
```

물론 여기서 USERNAME 부분은 깃허브 사이트의 유저이름을 의미하고, REPOSITORY 부분은 생성한 저장소 이름이다.

RStudio 깃 창에서는 로컬 저장소에 커밋했던 내용을 Push 버튼을 클릭해서 원격 저장소로 푸시할 수 있다.

커밋이 있을 때마다 코드를 푸시할 필요는 전혀 없다. 그리고 항상 이렇게 하는 것은 코드를 깃허브를 통해서 공개하는 것임을 명심해야 한다. 그래서 올리는 코드는 제대로 작동하는 것이어야 한다.

코드를 푸시하고 나면 깃허브 프로필 페이지에서 내용을 찾아볼 수 있다.

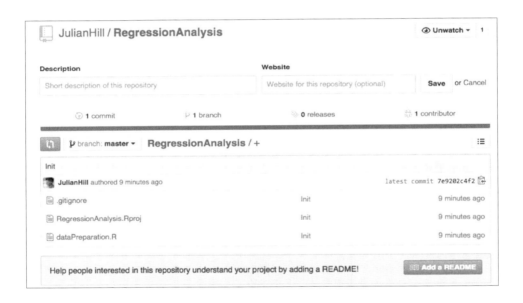

기존의 깃허브 프로젝트를 RStudio에서 사용하기

RStudio는 깃허브와 같은 버전 관리 저장소에 있는 프로젝트를 가져오는 기능을 제공한다. R 코드를 사용하는 수많은 프로젝트에는 .Rproj라는 파일을 가지고 있는데, 이것은 이 프로젝트가 RStudio를 사용해서 만들었다는 것을 의미한다. 그래서 이 프로젝트를 가져와서 로컬에서 사용할 수 있다. 물론 RStudio가 만든 프로젝트가 아니라 할지라도 모든 종류의 프로젝트에서 사용할 수 있는 방법이다.

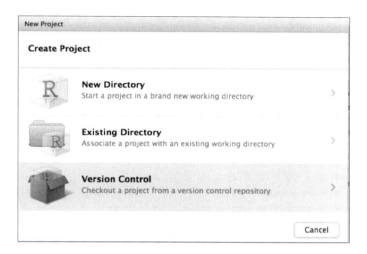

그다음 창에서 Git을 선택하면 다음 화면과 같은 창이 나타난다.

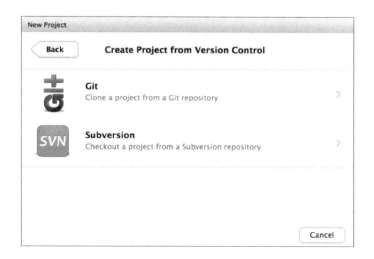

그다음 창에서는 저장소의 URL을 입력하고, 프로젝트를 저장할 장소를 선택한다.

▌ 브랜치 사용하기

깃을 사용하는 큰 이점 중의 하나는 소수가 참여하는 작은 프로젝트는 물론이고 수백 명의 개발자와 함께 작업하는 큰 프로젝트 작업도 쉽게 할 수 있다는 점이다. 그래서 깃은 여러 가지 상황에서 여러 종류의 일을 수행할 수 있는 다양한 도구들을 제공한다.

협업과 관련해서 깃의 가장 중요한 기능 중의 하나는 브랜치branch이다. 브랜치를 사용하면 제대로 작동되는 코드에 영향을 주지 않고, 새로운 것을 시도해 볼 수 있고, 커밋들을 나누어 관리할 수 있다. 디폴트 브랜치는 마스터master라고 한다. 그렇기 때문에 깃을 사용한 다는 것은 적어도 마스터라는 브랜치를 사용하고 있는 셈이다. 이와 같이 브랜치에서 변경 내용을 커밋하게 된다.

checkout 함수를 사용해 새 브랜치를 만들 수 있다.

```
git checkout -b <branch-name>
```

새 브랜치를 만들면 RStudio의 깃 창에서 그것을 볼 수 있다. 그래서 스테이징된 파일들을 어느 브랜치에 커밋할지 선택할 수 있다.

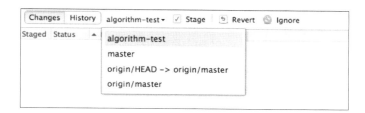

이 브랜치에서도 푸시, 풀 기능을 사용하려면 RStudio에 현재의 로컬 브랜치에 대응하는 원격 브랜치가 있다는 것을 알려주어야 한다. 다음과 같은 명령을 사용한다.

```
git push --set-upstream origin <branch-name>
```

이렇게 하고 나면 푸시/풀 기능을 다시 사용할 수 있게 되고, 생성된 브랜치를 푸시하거나 풀할 수 있다.

마스터 브랜치로 돌아가고 싶은 경우에 checkout 명령을 다음과 같이 사용한다.

```
git checkout master
```

어떤 것들을 시도하거나 새로운 기능들을 테스트하려고 브랜치를 만들었다면, 이런 내용을 다시 마스터 브랜치에 통합하고 싶을 때가 올 것이다. 이런 경우에는 merge 함수를 사용한다.

브랜치에서 하는 작업을 완료하면 마스터 브랜치로 다시 전환한다.

```
git checkout master
```

그런 다음 다음과 같은 명령을 사용해서 브랜치에 있었던 내용을 머지한다.

```
git merge <branch-name>
```

브랜치를 머징한 이후에 원한다면 작업했던 브랜치를 실제로 삭제할 수도 있다. 깃은 마스터 브랜치로 머징된 브랜치만을 지우는 것을 허락한다.

```
git branch -d <branch-name>
```

풀 리퀘스트

깃의 풀 기능은 특히 협업 프로젝트를 진행할 때 편리하다. 깃허브(https://github.com)에서 오픈소스 프로젝트에 참여해서 프로젝트 개발을 돕는 경우가 있다. 이런 경우에 사용할 수 있는 풀 리퀘스트는 어떤 사안에 대한 개선점을 제안 방법으로 다양한 기능을 제공한다. 수정 요청을하고 이것에 대해 토론할 수도 있으며, 프로젝트 소유자가 승인하면 그 내용을 프로젝트에 머지시킬 수 있다.

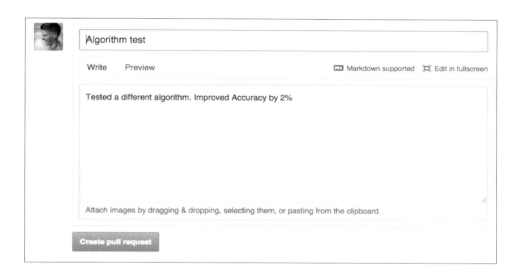

풀 리퀘스트를 만들면 번호가 부여되고 이 리퀘스트에 포함되어 있는 모든 변화를 개괄적
으로 검토할 수 있다. 더 나아가 어떤 내용에 코멘트를 달 수도 있다. 이런 기능을 이용해
팀원들이 풀 리퀘스트에 대해 토론을 진행할 수 있다.

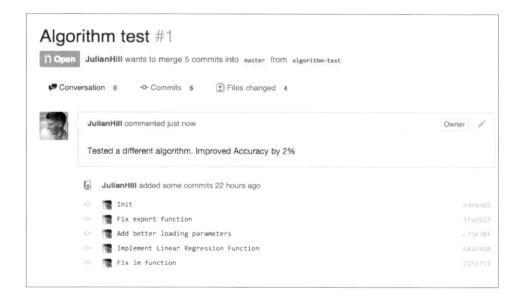

풀 리퀘스트 리뷰와 머징

풀 리퀘스트를 받으면 우리는 제안된 내용이 의미가 있고, 프로젝트에 가치가 있는 것인지 생각해봐야 한다. 그래서 수많은 사람은 http://sarah.thesharps.us/2014/09/01/the-gentle-art-of-patch-review에 있는 사라 샤프Sarah Sharp가 제안한 3가지 접근법을 추천한다.

1. **좋은 아이디어인가, 나쁜 아이디어인가?**: 이 질문에 대해는 단수히 예 또는 아니오라는 대답만 하면 된다. 제안사항이 좋은 아이디어가 아니라고 판단되면, 당신의 프로젝트에 대해 관심을 가져 준 것에 대해 정중하게 감사의 뜻을 전한다.

2. **구조적으로 안전한가?**: 이 단계에서는 제안 사항의 구조에 대해 들여다 본다. 그것이 옳은 방향으로 가는 옳은 기능인가?

3. **제안 사항이 잘 다듬어졌는가?**: 마지막 단계는 제안 사항 중 코드가 아닌 부분에 대한 것이다. 이를테면 문서에 대해 정확한 단어들을 사용하는지 등을 살피는 것이다.

만약 다른 사람이 제안한 내용에 동의하고 위의 세 단계를 통과했다면, Merge pull request 옵션을 클릭해서 자신의 마스터 브랜치에 머징할 수 있다.

▎ 추가 리소스

깃을 사용한다는 것은 당신이 품을 수 있는 어떠한 질문에도 도움을 줄 수 있는 거대한 커뮤니티를 가지고 있다는 뜻이기도 하다.

https://help.github.com/categories/bootcamp/의 부트캠프에서 깃을 실제로 사용할 때 필요가 기초지식을 제공한다. 깃을 설정하는 방법과 깃허브 인터페이스를 사용하는 방법에 대해 자세히 설명되어 있다.

깃에 대해 더 깊이 알고 싶은 경우에는 깃 허브 공식 사이트인 http://git-scm.com/을 들여다 본다. 여기에는 깃이 제공하는 모든 종류의 함수들에 대해 자세한 레퍼런스를 제공한다.

▎ 정리

8장에서는 깃과 깃허브의 기초를 배웠다. 여러 함수와 핵심 용어들을 알아보았고 깃을 사용하는 전형적인 워크플로에 대해서도 배웠다. 이 기능들을 RStudio GUI로 실행시키는 내용도 설명했다.

9장에서는 RStudio 서버를 사용해서 R을 회사나 조직에서 사용하는 방법에 대해 설명한다.

09

조직에서 R 사용: RStudio 서버 관리

9장에서 다루는 내용은 다음과 같다.

- 아마존 AWS 계정 만들기
- 데이터 저장 시스템으로 심플 스토리지 서비스Simple Storage Service 사용하기
- 일래스틱 컴퓨트 클라우드Elastic Compute Cloud 서버 인스턴스 설정하고 론칭하기
- R, RStudio, 샤이니 서버를 인스턴스에 설치하기
- RStudio, 샤이니 서버 관리하고 조정하기

▌ RStudio 서버 다루기

RStudio는 원래 리눅스 기반 서버에서 실행되는 웹 애플리케이션으로 디자인됐다. 많은 사람이 RStudio를 데스크톱 버전으로 처음 접하기는 하지만 서버 버전은 개인용 컴퓨터의 한계를 넘어서 R과 RStudio를 회사 단위에서 사용해서 사용자들이 빅 데이터 등을 위한 광범위한 계산 도구로 사용할 수 있다.

이 장에서는 RStudio와 샤이니 서버 버전을 다루는 방법을 배운다. 회사 등과 같은 조직을 위한 서버를 구현하기 위해 필요한 모든 것을 알려줄 수는 없겠지만, 시스템 관리자를 도와서 조직에 필요한 R 시스템을 구축할 수 있도록 도울 수 있을 만큼의 지식은 전달할 수 있을 것이다.

AWS를 서버 플래폼으로 사용하기

아마존 웹 서비스^{AWS}는 수십 종류의 서비스들을 종합하여 제공하는 클라우드 컴퓨팅 플랫폼이다. 1994년 아마존이 세워지고 나서, AWS는 2002년에 내부에서 폭증하는 서버와 관련 서비스들을 대응하기 위해서 만들어졌다. 2006년에 이르러 공식적으로 대중적으로 사용할 수 있게 서비스되기 시작했다. 그 이후로 AWS 사용이 굉장히 늘어났다. 현재는 모든 클라우드 인프라 서비스 중에서 가장 큰 마켓을 차지하고 있고, 크고 유명한 웹 서비스들과 회사들이 AWS를 사용하고 있다. 가장 인기있는 서버스는 ES2라고 알려진 아마존 일래스틱 컴퓨트 클라우드^{Amazon Elastic Compute Cloud}와 S3라고도 잘 알려진 아마존 심플 스토리지 서비스^{Simple Storage Service}이다.

AWS 계정 만들기

https://aws.amazon.com으로 가서 **Create AWS Account** 버튼을 클릭한다. 처음 AWS 계정을 만들면 여러 가지 무료 서비스를 제공받는다. 소위 프리 티어free tier에서는 아마존 EC2를 월 750시간, 아마존 S3에 5GB 등과 서비스를 12개월 동안 무상으로 받는다.

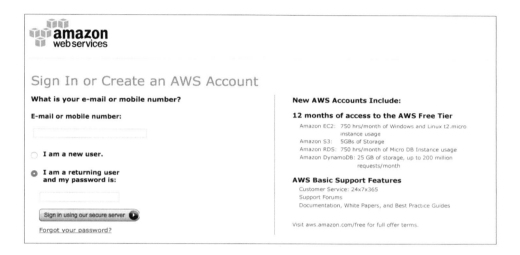

로그인 정보 등을 입력하고 연락처에 대한 자세한 내용을 작성하고 결제 정보를 입력한다. 그런 다음 3단계에 걸쳐 본인 확인을 진행한다. 마지막으로 고객 지원 등을 결정하고 나면 사용할 준비가 되는 것이다.

관리자 콘솔을 론칭한 다음에는 전체 AWS 서비스에 대해서 개괄적으로 보여주는 화면을 접하게 된다. 처음 보았을 때는 압도될 수도 있다.

여기에서는 프랑크푸르트를 서버 위치로 정했다. 물론 독자들은 주어진 지역에서 하나를 선택할 수 있다. 웹 서비스는 용도와 목적에 따라 정렬되어 있다.

이 글을 쓰는 시점에서 보면 다음과 같은 용도가 있고, 용도별로 다양한 서비스와 툴이 있다.

- Compute
- Storage and content delivery
- Database
- Networkding
- Administration and security
- Deployment and management
- Analytics
- Application services
- Mobile services
- Enterprise applications

목적에 맞는 서비스를 선택하여 사용할 수 있다. 먼저 S3라는 확장성이 높은 클라이우드 저장 서비스를 알아볼 것이다. 그런 다음 Compute 항목에 있는 EC2 서비스를 사용해볼 것이다. 이 서비스는 원격 서버, 호스트, 컴퓨터, 머신으로 볼 수 있다. 세부 항목은 매우 유연해서 쉽게 바꿀 수 있다. 이제 단계별로 S3 클라우드 저장 시스템에 분석 데이터를 저장하는 방법을 배울 것이다. 그리고 EC2를 사용해 가상 클라우드 서버에 RStudio 서버를 인스톨하고 설정하는 방법을 배운다.

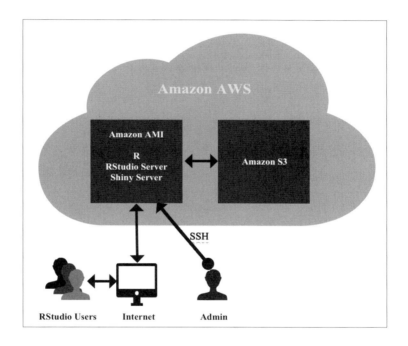

S3를 이용한 데이터 저장

아마존 S3는 사용자 편의성이 좋아서 분석에 사용될 큰 데이터를 저장하기에 좋다. 여기서 5GB까지는 무료로 사용할 수 있다. S3 bucket을 설정하는 것은 매우 간단하다.

버킷 만들기

먼저 AWS 대시보드에서 S3를 클릭한다. 새로운 창에서 Create Bucket 버튼을 클릭한다. 팝업 창에 원하는 버킷의 이름을 정한다. 여기서는 mastering-RStudio-data라고 정했다. 버킷에 목적이 잘 나타나면서도 고유한 이름을 붙일 것을 권한다. 그런 다음 Create 버튼을 클릭하면 된다.

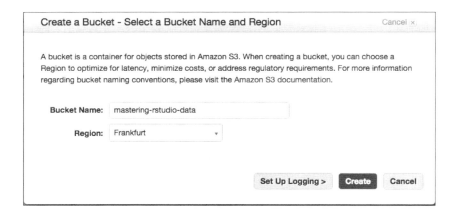

버킷에 데이터셋 업로드

이제 새롭게 만든 버킷에 데이터를 업로드할 수 있다. 버킷에 필요한 폴더 구조를 만들 수도 있다.

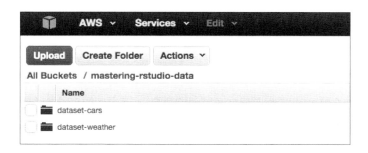

데이터 업로드를 시작하려면 Upload 버튼을 클릭한다. 팝업 창에 업로드할 파일을 드래그 앤드롭 방식을 사용하거나 Add Files 버튼을 사용해 컴퓨터에 있는 파일 탐색기를 열어서 파일을 선택한다. 다음 선택된 데이터를 직접 업로드할 수도 있고, 관련된 버튼을 클릭해서 세부 사항을 지정할 수도 있다. 세부 사항을 정하고자 할 때는 표준 저장소를 쓸 것인지 RRS$^{Reduced\ Redundancy\ Storage}$를 쓸 것인지를 먼저 결정해야 한다. 그리고 데이터를 암호화할지 등도 체크한다.

다음 단계는 접근 권한을 설정할 수 있다. 아무나 데이터를 열어보고 다운로드할 수 있게 할 수도 있다. 웹 사이트에 사용되는 이미지를 저장하려고 하는 경우에는 이 방법을 사용한다. 그렇지만 사적인 데이터를 저장할 때는 Everyone이라고 설정은 보안 문제를 일으킨다. 따라서 민감한 데이터는 Make everything public이라고 지정하면 안 된다.

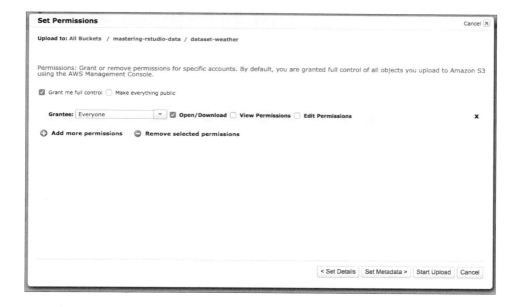

데이터를 업로드하고 나서 Properties 탭을 통해서 설정들을 보고 새롭게 재지정할 수 있다.

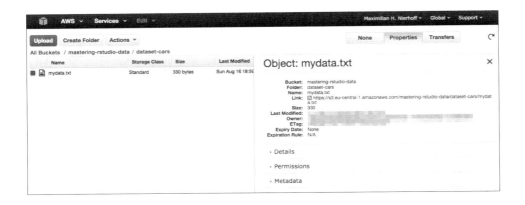

EC2 인스턴스 시작하기

EC2 대시보드로 이동하려면 EC2를 클릭한다. 여기서 파란색의 Launch Instance 버튼을 클릭한다. 그러고 나서 다음과 같은 7단계를 거쳐 인스턴스를 시작할 수 있다.

AMI 선택

아마존 머신 이미지AMI,Amazon Machine Image는 인스턴스 론칭에 필요한 소프트웨어(운영체제, 앱 서버, 애플리케이션 등)를 갖추고 있다. 여기서는 우분투 서버Ubuntu Sever AMI를 사용하려고 한다. 이것은 무료 티어로 사용할 수 있다. 또한 RStudio 서버를 설치할 때 가장 선호되는 것이기도 하다. 우분투는 매우 안정적이고 사용자 편이성을 갖춘 리눅스 배포판이다.

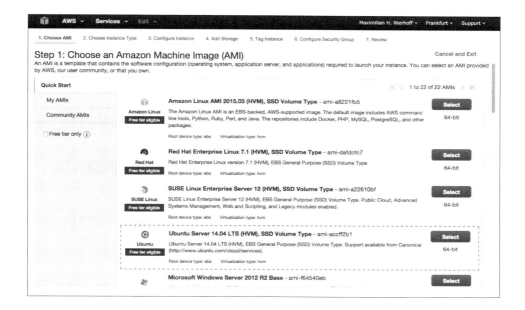

인스턴스 타입 선택

다음은 가상 서버를 선택한다. 아마존은 아주 다양한 인스턴스 타입을 지원한다. 현재는
특별한 목적의 5가지 사용 영역이 있다.

- 일반 목적General purpose
- 계산 최적화Compute optimized
- GPU 인스턴스
- 메모리 최적화
- 저장 최적화

패밀리라고 불리는 이러한 항목 안에 세부적으로 CPU, 메모리, 저장 장치, 네트워크 용량
등을 조합한 다양한 인스턴스가 포함되어 있다.

우리는 General pursose 군에서 긴 리스트에서 가장 처음에 나오는 t2.micro 타입을 선택했다. 이 타입만이 무료 티어로 제공되기 때문이다. 전문적으로 RStudio 서버와 AWS를 사용해 빅데이터셋을 병렬로 처리하고 싶은 경우에는 메모리 최적화 또는 GUI 인스턴스 패밀리를 선택할 것을 권한다.

이제 Review and Launch 버튼을 클릭해서 마지막 단계인 리뷰로 넘어간다.

인스턴스 세부 사항 설정

세 번째 론칭 과정은 세부 사항들을 정하는 데 초점이 맞춰져 있다. 각 설정 옵션에 대한 도움이 필요하면 항목에 대한 아이콘을 클릭해서 설명과 추가 정보를 얻을 수 있다. 이 단계에서 먼저 IAM 롤role을 추가하고 R, RStudio, 샤이니 서버를 마이크로 인스턴스에 설치할 것이다.

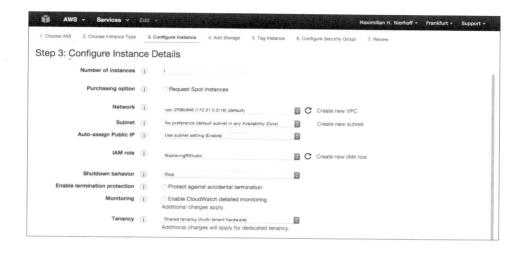

새로운 IAM 롤 만들기

AWS의 IAM^{Identity and Access Management}를 사용하는 이유와 목적와 다음과 같은 인용문에 언급되어 있다.

> IAM 역할은 사용자를 대신하여 자동으로 AWS 자격증명을 배포하고 수정하기 때문에 AWS 접근 키를 애플리케이션과 함께 저장하지 않아도 된다. 필요한 IAM 역할을 포함하는 인스턴스 프로필을 선택한다. 콘솔을 사용해 IAM 역할을 생성하면, 인스턴스의 프로필은 만든 IAM 역할과 같은 이름을 가진다.[...]

R, RStudio, 샤이니 서버와 같은 소프트웨어가 AWS 서비스에 접근하여 안전한 API 요청을 할 수 있게 하려면 IAM 역할을 만들어야 한다. 그리고 이 IAM 역할을 사용해 S3 버킷에서 데이터를 읽을 수 있게 된다.

1. 인스턴스 론칭 프로세스의 단계 3에서 Create new IAM role을 클릭한다. 새로 생기는 창에서 IAM 역할을 모두 관리할 수 있다. 다음 Create New Role 버튼을 클릭해서 다섯 단계로 이뤄지는 역할 생성 과정을 시작한다.

2. 먼저 역할을 이름을 정한다. 이 예에서는 MasteringRStudio라고 했다.

3. 다음은 역할의 유형을 선택한다. 이 경우에는 AWS Service Roles 탭에서는 Amazon EC2를 선택했다.

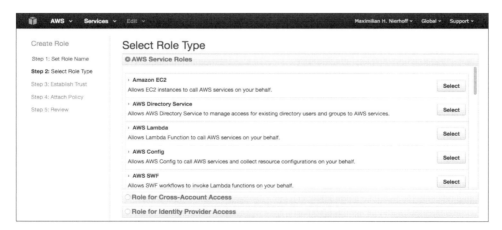

4. 세 번째 단계를 Establish Trust라고 불리는 단계인데 앞의 단계에서 AWS Service Role 옵션을 선택했기 때문에 이 과정은 자동으로 건너뛴다.

5. 네 번째 단계에서는 만든 역할에 대해 두 개의 정책policies을 선택할 수 있다. 여기서는 AdministratorAccess 옵션을 선택해서 만든 역할에 완전한 접근 권한을 부여했다. 더불어 AmazonS3FullAccess라고 하는 정책도 추가한다.

6. 마지막 단계는 선택한 모든 옵션들에 대해 다시 확인한다.

저장 장치 추가

원하면 저장 장치를 추가할 수 있다. 디폴트로 주어진 고정된 용량의 Root라고 불리는 저장소가 주어진다. 이 디바이스는 사전에 8GB 용량을 가지며, 우리가 선택한 AMI인 우분투 서버가 여기에 인스톨된다. 대용량의 데이터 셋은 S3 버킷 사용할 것이기 때문에 추가로 용량을 더할 필요는 없어 보인다.

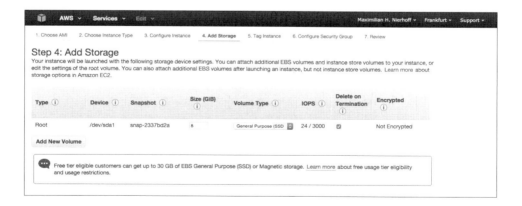

인스턴스 태깅

이 단계에서 생성한 인스턴스에 태그를 붙일 수 있다. 화면에서 보는 바와 같이 RStudio and Shiny Server라는 이름을 Name 항목의 값으로 정한다. 다른 태그를 여러 개 부여할 수도 있지만, 우리의 경우에는 더이상 필요하지 않다고 본다.

보안 그룹 설정

보안 그룹을 정의하면 소유한 AWS 인스턴스에 접근할 수 있는 규칙을 쉽게 지정할 수 있다. 사실 이런 보안 그룹은 일종의 가상 방화벽 역할을 한다.

새로운 보안 그룹을 만드는데, RStudio와 샤이니 서버가 제대로 작동하기 위해서 필요한 사항들을 반영하여 만들 것이다. 그래서 두 개의 규칙을 추가한다. 첫 번째 규칙은 8787포트를 사용하는 것으로 RStudio 서버를 위한 것이다. 두 번째는 3838 포트에 대한 것으로 샤이니 서버를 위한 것이다. 화면에서 보는 바와 같이 디폴트로 주어지는 첫 번째 규칙은 22포트를 사용하는 SSH를 위한 것이다. 이것에 대해는 곧 설명된다.

화면에서 볼 수 있듯이 세 개의 규칙에 대해 모두 My IP를 소스로 선택했다. 정적인 IP 주소를 가지고 있을 때 사용된다.

대부분의 회사는 고정 IP 주소를 가지고 있지만, 일반적인 개인 사용자들은 동적 IP 주소를 사용한다. 이런 경우에는 Source를 Anywhere라고 선택한다. 그러면 IP 주소에 상관없이 모두 접근이 가능하다. 이런 점이 예민한 데이터인 경우에는 보안 문제를 일으킬 수 있다.

추가로 Security group name을 선택한다. 여기서는 Mastering RStudio로 정했으면 관련된 정보를 간략하게 넣었다.

리뷰

이런 모든 과정이 끝나면 마지막 단계인 리뷰이다. 이전 단계에서 Source를 Anywhere라고 선택했다면 여기서 경고문이 나타난다. 앞에서 선택했던 모든 내용을 재검토할 수 있다. 모든 것을 확인했으면 Launch 버튼을 클릭한다. 그러면 새로운 팝업 창이 보일 것이다.

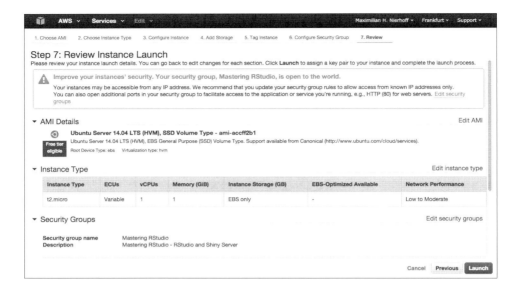

키 페어 생성

키 페어key pair란 무엇인가? 아마존은 다음과 같이 설명한다.

키 페어는 AWS가 저장하는 공개 키와 당신이 저장하는 개인 키로 구성된다. 이 둘을 조합해 인스터스에 안전하게 접근할 수 있다. 윈도우 AMI인 경우에는 개인 키 파일이 패스워드를 확인하도록 요구사항으로 정하고 있다. 리눅스 AMI인 경우에는 해당 개인키를 가지면 SSH를 가지고 안전하게 인스턴스에 접근할 수 있다.

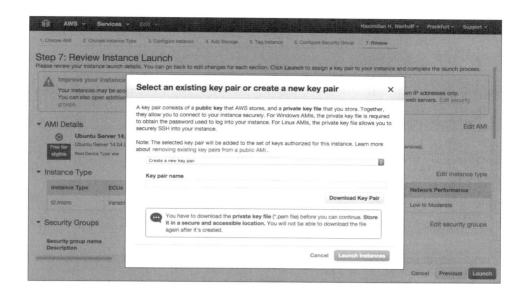

선택 상자에서 Create a new key pain를 클릭한다. 그리고 관련된 버튼을 클릭해 키 페어
를 다운로드한다. 이제 새로운 Your-Key-Pair-Name.pem이라는 파일이 다운로드 폴더에
있는 것을 확인할 수 있다.

인스턴스 론칭

키 페어를 추가하고 안전하게 저장하고 나면 이제 정말로 인스턴스를 론칭할 수 있다. 파
란색 버튼을 클릭하면 프로세싱 메시지가 나타나고, 수초 후에 Launch Status 창이 보일
것이다.

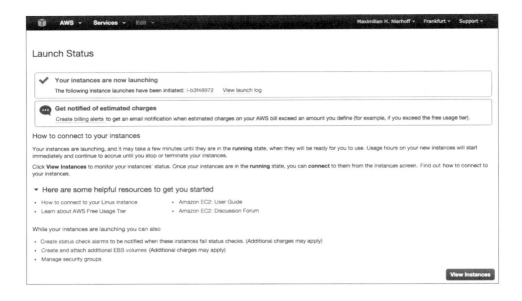

새로운 EC2 인스턴스에 연결하기

이제 인스턴스가 로칭되어 작동한다. 다음 단계는 서버에 있는 인스턴스에 연결하여 R, RStudio, 샤이니 서버를 설치할 차례이다.

SSH란 무엇인가

클라우드의 서버를 다룰 때 아주 중요한 주제이기 때문에 SSH를 간략하게나마 소개하지 않을 수 없다. 이것은 Secure Shell의 약자로 관련된 네트워크의 프로토콜 이름이면서 암호화된 네트워크 연결을 위한 프로그램 이름이기도 하다. 주로 이것은 안전한 방법으로 사용할 수 있는 원격 커맨드 라인으로 사용된다. 로컬 컴퓨터에서 입력된 값들이 원격 컴퓨터로 전달되고, 원격 컴퓨터의 콘솔의 결과가 여기에서 출력된다. 그래서 원격 컴퓨터를 조절하는 수단으로 사용된다. SSh-2라는 새 버전의 프로토콜에는 SFTP 같은 데이터 전송 기능이 포함된다. 이런 SSH는 22번 포트를 사용한다. 앞에서 보았듯이 우리는 서버를 설정 과정에서 SSH 규칙을 추가했다.

윈도우 운영체제에는 SSH가 디폴트로 설치되지 않기 때문에 PuTTY, MobaXterm과 같은 SSH 클라이언트 프로그램을 다운로드해서 설치해야 한다. 리눅스나 맥인 경우에는 디폴트로 설치되어 있어서 터미널에서 바로 사용가능하다.

모든 것을 가져오기

이전에 키 페어를 생성하고 다운로드한 것을 기억하자. 이제 저장된 키 페어를 안전하게 저장하여 공개되지 않게 만들어야 한다. 운영체제의 터미널(셸, 콘솔)을 사용해 Your-Key-Pair-Name.pem 파일이 있는 폴더로 이동한다.

다음과 같이 명령을 실행해서 개인 키가 공개되지 않게 만든다.

```
chmod 400 Your-Key-Pair-Name.pem
```

이제 SSh를 이용해 생성한 인스턴스에 연결하자. 우분투 서버를 운영체제로 사용하는 인스턴스를 론칭했기 때문에 사용자 이름이 ubuntu가 된다. 추가로 인스턴스의 공개 DNS 값을 알아야 하는데, 이것은 EC2 대시보드에서 찾을 수 있다.

그 값을 읽어와서 터미널에서 다음과 같이 명령을 준다.

```
ssh -i Your-Key-Pair-Name.pem ubuntu@<your public DNS>
```

엔터키를 입력하면 터미널은 다음과 같은 경고문을 출력한다.

여기에서 yes를 입력하고 엔터키를 치면, 다음과 같은 응답을 받는다.

이제 SSH를 통해서 인스턴스에 연결됐다. 이제 터미널을 사용해 원격 인스턴스를 사용할 수 있게 됐다.

```
ssh ubuntu@< your public DNS>
```

```
● ● ●                    1. ubuntu@ip-172-31-15-221: ~ (ssh)
Maximilians-MacBook-Air:~ mhn$ ssh ubuntu@ec2-52-28-254-233.eu-central-1.compute
.amazonaws.com
Welcome to Ubuntu 14.04.2 LTS (GNU/Linux 3.13.0-48-generic x86_64)

 * Documentation:  https://help.ubuntu.com/

  System information as of Thu Aug 20 15:05:01 UTC 2015

  System load:  0.34              Processes:           100
  Usage of /:   5.2% of 14.63GB   Users logged in:     0
  Memory usage: 5%                IP address for eth0: 172.31.15.221
  Swap usage:   0%

  Graph this data and manage this system at:
    https://landscape.canonical.com/

  Get cloud support with Ubuntu Advantage Cloud Guest:
    http://www.ubuntu.com/business/services/cloud

0 packages can be updated.
0 updates are security updates.


Last login: Thu Aug 20 15:05:05 2015 from 37.24.143.126
ubuntu@ip-172-31-15-221:~$
```

▎ R, RStudio, 샤이니 서버 설치하기

서버가 실행되고 있고, 우리는 SSH를 통해서 인스턴스에 접근할 수 있게 됐다. 이제 R, RStudio 서버, 샤이니 서버 프로그램을 설치할 때다.

버전 선택

RStudio 서버에는 두 개의 버전이 존재하는 데, 하나는 오픈소스고 다른 하나는 RStudio 프로라고 하는 기업 버전이다. 기업용 버전은 유료이고 오픈소스 버전에 없는 관리 도구 같은 기능이 추가되어 있다. 리소스 관리, 모니터링, 강화된 보안 옵션이 있다. 여기서는 오픈소스 버전을 사용한다.

	Open Source Edition	Commercial License
Overview	• Access via a web browser • Move computation closer to the data • Scale compute and RAM centrally	All of the features of open source; plus: • Administrative Tools • Enhanced Security and Authentication • Metrics and Monitoring • Advanced Resource Management
Documentation	Getting Started with RStudio Server	RStudio Server Professional Admin Guide
Support	Community forums only	• Priority Email Support • 8 hour response during business hours (ET)
License	AGPL v3	RStudio License Agreement
Pricing	Free	$9,995/server/year Academic and Small Business discounts available
	DOWNLOAD RSTUDIO SERVER	DOWNLOAD FREE RSTUDIO PRO EVAL
		🛒 Purchase Now 💬 Contact Sales ℹ Learn More

베이스 R 설치

터미널을 열고 인스턴스에 연결한다. 연결되고 나서 여러 명령을 사용할 때 sudo라는 명령을 앞에서 붙인다. 이것은 우리가 사용하는 인스턴스가 우분투 서버이고, 이런 sudo는 우분투와 같은 유닉스 계열의 운영체제에서 슈퍼 유저인 root의 권한을 가지고 프로세스를 실행할 때 사용되는 방법이다. 다음 단계는 시간이 좀 걸릴 수 있기 때문에 참을성이 필요하다.

먼저 사용자와 사용자의 패스워드, 사용자의 홈디렉터리를 만든다. masteringrstudio를 유저 이름으로 사용했고, 해당 홈 디렉터리를 만들고, 패스워드를 다음과 같은 방법으로 지정한다.

```
ubuntu@ip-172-31-15-221:~$ sudo useradd masteringrstudio
ubuntu@ip-172-31-15-221:~$ sudo mkdir /home/masteringrstudio
ubuntu@ip-172-31-15-221:~$ sudo passwd masteringrstudio
Enter new UNIX password:
Retype new UNIX password:
passwd: password updated successfully
ubuntu@ip-172-31-15-221:~$ █
```

사용자 만들기 과정을 마치면 다음과 같이 명령을 실행한다.

```
sudo chmod -R 0777 /home/masteringrstudio
```

그다음 우분투 소프트웨어를 업데이트하고 베이스 R을 설치한다.

```
# 우분투 소프트웨어 업데이트
sudo apt-get update
sudo apt-get upgrade
# R 설치
sudo apt-get install r-base
```

설치를 마치면 전체 시스템을 sudo reboot를 입력하여 리부팅시킨다. 리부팅하고 다시 연결하면 터미널에서 바로 R을 사용할 수 있다.

```
ubuntu@ip-172-31-15-221:~$ R

R version 3.0.2 (2013-09-25) -- "Frisbee Sailing"
Copyright (C) 2013 The R Foundation for Statistical Computing
Platform: x86_64-pc-linux-gnu (64-bit)

R is free software and comes with ABSOLUTELY NO WARRANTY.
You are welcome to redistribute it under certain conditions.
Type 'license()' or 'licence()' for distribution details.

  Natural language support but running in an English locale

R is a collaborative project with many contributors.
Type 'contributors()' for more information and
'citation()' on how to cite R or R packages in publications.

Type 'demo()' for some demos, 'help()' for on-line help, or
'help.start()' for an HTML browser interface to help.
Type 'q()' to quit R.

> █
```

보는 바와 같이 R이 최신 버전이 아니다. 우리는 최신 버전을 원한다. 그래서 다음과 같은 명령을 실행하여 우분투 서버의 소스 리스트를 연다.

```
sudo nano /etc/apt/sources.list.d/sources.list
```

열어서 리스트에 다음을 추가한다.

```
deb http://<my.favorite.cran.mirror>/bin/linux/ubuntu trusty/
```

CRAN 미러에는 https://cran.RStudio.com/과 같은 소위 0-클라우드를 선택한다. trusty라는 단어는 우분투 서버의 버전 이름을 의미한다. 기억할지 모르겠지만 앞에서 우분투 서버 4.04 LTS를 선택했는데 이것을 Trusty Tahr라고도 불린다.

이제 Ctrl + X를 클릭해 내용을 저장하고 파일을 닫는다. 그리고 yes라고 다시 확인한다.

그다음은 안전한 APT 키를 가지고 와서 apt-key로 피딩한다.

```
gpg --keyserver keyserver.ubuntu.com --recv-key E084DAB9
gpg -a --export E084DAB9 | sudo apt-key add -
```

이 과정을 마치면 다음과 같은 명령으로 최신 R 버전으로 바꿀 수 있다.

```
sudo apt-get update && sudo apt-get upgrade
```

그런데 최신 버전을 사용하기 전에 sudo reboot 명령을 사용해 서버를 리부팅하고, sudo apt-get install r-base 명령을 실행하여 베이스 R을 다시 설치해야 한다.

```
ubuntu@ip-172-31-15-221:~$ R

R version 3.2.2 (2015-08-14) -- "Fire Safety"
Copyright (C) 2015 The R Foundation for Statistical Computing
Platform: x86_64-pc-linux-gnu (64-bit)

R is free software and comes with ABSOLUTELY NO WARRANTY.
You are welcome to redistribute it under certain conditions.
Type 'license()' or 'licence()' for distribution details.

  Natural language support but running in an English locale

R is a collaborative project with many contributors.
Type 'contributors()' for more information and
'citation()' on how to cite R or R packages in publications.

Type 'demo()' for some demos, 'help()' for on-line help, or
'help.start()' for an HTML browser interface to help.
Type 'q()' to quit R.

>
```

이제 최신 R 버전이 설치되고 실행된다.

RStudio와 샤이니 서버 설치

기초가 마련됐다. 이제 RStudio와 샤이니 서버를 AWS 인스턴스에 설치하자. 먼저 우리는 GDebi라는 패키지 인스톨러와 추가로 필요한 배경 파일을 설치한다.

```
# 사전에 필요한 파일 인스톨
sudo apt-get install gdebi-core
sudo apt-get install libapparmor1
```

최신 버전의 RStudio와 샤이니 서버를 설치하기 위해서 RStudio 웹 사이트로 이동해서 우분투 서버에 필요한 명령을 복사한다 .

```
wget https://download2.rstudio.org/rstudio-server-1.0.143-i386.deb
sudo gdebi rstudio-server-1.0.143-i386.deb
```

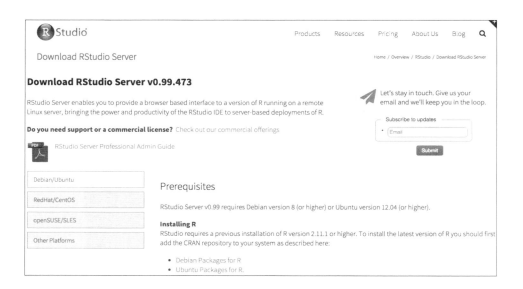

똑같은 과정을 샤이니 서버 인스톨에도 적용된다. RStudio의 샤이니 서버 페이지를 방문하여 정보를 확인하다. 여기서도 오픈소스 버전을 사용한다.

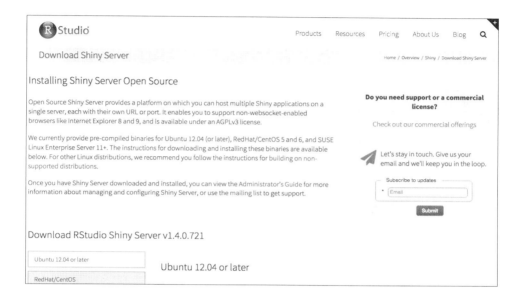

다음 명령을 실행하면 최신 버전의 샤이니 서버가 설치된다.

```
$ wget https://download3.rstudio.org/ubuntu-12.04/x86_64/shiny-server-1.5.3.838-
amd64.deb
$ sudo gdebi shiny-server-1.5.3.838-amd64.deb

# 다음은 R에 shiny 패키지를 설치한다.
sudo su - -c "R -e \"install.packages('shiny', repos='https://cran.rstudio.
com/')\""
```

```
                        1. ubuntu@ip-172-31-15-221: ~ (ssh)
Shiny Server
 Shiny Server is a server program from RStudio, Inc. that makes Shiny applicatio
ns available over the web. Shiny is a web application framework for the R statis
tical computation language.
Do you want to install the software package? [y/N]:y
Get:1 http://eu-central-1b.clouds.archive.ubuntu.com/ubuntu/ trusty-updates/univ
erse libssl0.9.8 amd64 0.9.8o-7ubuntu3.2.14.04.1 [692 kB]
Fetched 692 kB in 6s (75.9 kB/s)
Preconfiguring packages ...
Preconfiguring packages ...
Selecting previously unselected package libssl0.9.8:amd64.
(Reading database ... 79123 files and directories currently installed.)
Preparing to unpack .../libssl0.9.8_0.9.8o-7ubuntu3.2.14.04.1_amd64.deb ...
Unpacking libssl0.9.8:amd64 (0.9.8o-7ubuntu3.2.14.04.1) ...
Setting up libssl0.9.8:amd64 (0.9.8o-7ubuntu3.2.14.04.1) ...
Processing triggers for libc-bin (2.19-0ubuntu6.6) ...
Selecting previously unselected package shiny-server.
(Reading database ... 79147 files and directories currently installed.)
Preparing to unpack shiny-server-1.4.0.721-amd64.deb ...
Unpacking shiny-server (1.4.0.721) ...
Setting up shiny-server (1.4.0.721) ...
Creating user shiny
Adding LANG to /etc/init/shiny-server.conf, setting to en_US.UTF-8
shiny-server start/running, process 2608
ubuntu@ip-172-31-15-221:~$
```

브라우저에서 RStudio와 샤이니 서버 보기

모든 설치가 완료됐으므로, 제대로 됐는지 확인하자. 서버의 공개 DNS와 포트 :8787를
사용해 브라우저에서 RStudio를 열 수 있다. 앞에서 AWS 인스턴스의 보안 그룹을 설정할
때 RStudio에 대한 접근 경로를 이 포트로 지정한 사실을 기억할 필요가 있다.

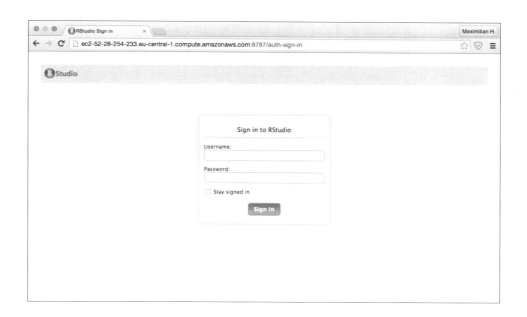

인스턴스와 포트번호를 주었을 때 브라우저에 로그인 창이 보이면 제대로 작동하는 것이다.

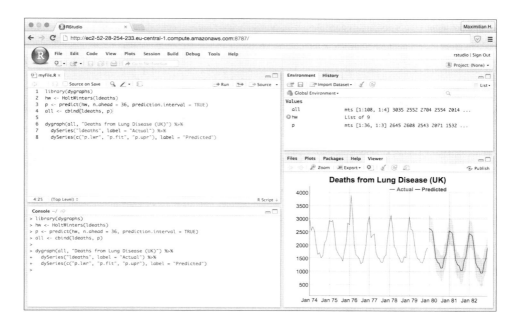

같은 방법으로 :3838포트로 접근하면 샤이니 서버에 접속된다.

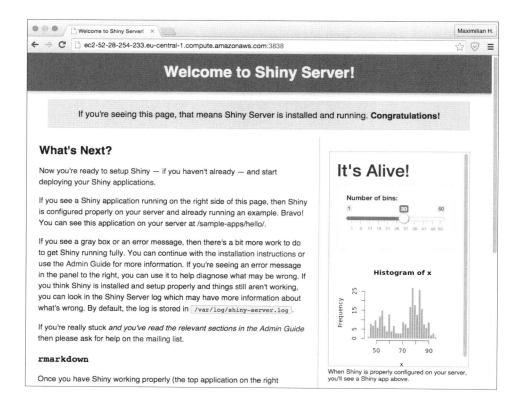

RStudio 서버 환경 관리

회사에서 RStudio 서버를 사용하고 싶다면 해야할 일이 아직 남아있다. 사용자, 세션 관리, 버전 업데이트 방법 등을 알아야 한다.

R 메모리 문제 제거하기

이것은 작은 용량의 RAM을 사용하는 인스턴스 유저들이 접하는 가장 큰 문제는 메모리가 바닥나서 작동이 멈추는 것이다.

```
Warning message:
system call failed: Cannot allocate memory
```

일반적으로 R이 메모리를 많이 잡아먹는 것은 비밀이 아니다. 이것을 예방하려면 서버를 통해 이른바 swap 파일을 만들어야 한다. 리눅스에서 스왑 공간이라고 하는 것은 물리적인 메모리가 완전히 사용됐을 때 사용된다. 시스템이 더 많은 메모리가 필요로 하는 상황하면 메모리에 있는 비활동적인 파일들을 스왑 공간으로 이동시킨다.

다음 명령을 실행한다.

```
sudo swapon -s
```

아무런 반응이 없으면 스왑에 추가 정보를 제공한다. 다음 명령을 사용해서 513MB의 스왑 공간을 만들고 이것을 활성화한다.

```
sudo dd if=/dev/zero of=/swapfile bs=1024 count=512k

sudo mkswap /swapfile
sudo swapon /swapfile
```

이 파일이 지속적으로 가용할 수 있게 만들기 위해서 /etc/fstab 파일을 열어서 다음 행을 추가한다. 다시 sudo nano를 사용한다.

```
sudo nano /etc/fstab/

/swapfile        none    swap    sw        0        0
```

다음은 swappiness 속성 값을 10으로 설정한다.

```
sudo echo 10 | sudo tee /proc/sys/vm/swappiness

sudo echo vm.swappiness = 10 | sudo tee -a /etc/sysctrl.conf
```

마지막으로 root만이 swap 파일에 접근할 수 있도록 접근 권한을 설정한다.

```
sudo chown root:root /swapfile
sudo chmod 0600 /swapfile
```

RStudio에서 S3 버킷에 연결하기

9장의 앞 부분에서 S3 버킷을 만들었다. 여기에 큰 데이터셋을 저장하고 RStudio에서 이것을 불러와서 작업하는 아이디어를 가지고 있다.

과정은 어렵지 않고 RCurl 라이브러리를 인스톨해서 URL로 데이터셋에 접근하면 된다. 다음과 같은 방법을 사용한다.

```
library(RCurl)

myS3Data <- read.table(textConnection(getURL("https://s3.eu-central-1.amazonaws.com/mastering-rstudio-data/dataset-

weather/main.csv")), sep=",", header=TRUE)
```

기본 RStudio 서버 관리 명령

다음은 RStudio 서버를 관리하는 기본 명령이다. 오픈소스 버전을 사용하기 때문에 사용할 수 있는 명령이 제한된다.

```
# 매뉴얼로 서버 시작, 중단, 재시작
sudo rstudio-server stop
sudo rstudio-server start
sudo rstudio-server restart

# 활동 중인 세션을 리스닝, 세스펜딩
sudo rstudio-server active-sessions
sudo rstudio-server suspend-session <pid>
sudo rstudio-server suspend-all

sudo rstudio-server force-suspend-session <pid>
sudo rstudio-server force-suspend-all
```

```
# 서버로 온, 오프라인 상태로 만들기
sudo rstudio-server offline
sudo rstudio-server online
```

새 버전의 RStudio Server로 업그레이드하는 것은 아주 간단하다.

```
wget <rstudio-download-URL>
sudo gdebi <lastest-rstudio-server-package.deb>
```

새로운 사용자를 추가하는 방법이다.

```
sudo useradd user2
sudo mkdir /home/user2
sudo passwd user2
sudo chmod -R 0777 /home/user2
```

샤이니 서버 관리

앞에서 샤이니 서버는 3838 포트에서 실행된다는 것을 알았다. 브라우저에서 http://〈your-public-DNS〉:3838/sample-apps/hello/ URL을 사용하면 다음과 같이 샤이니 서버가 제대로 실행되는지 확인할 수 있다. 이제 샤이니 앱과 인터랙티브 문서를 호스팅할 수 있다.

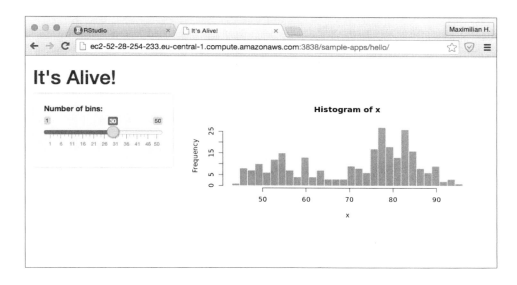

디폴트 설정은 /serv/shiny-server에 있는 모든 앱을 서빙하는 것으로 설정되어 있다. 따라서 /serv/shiny-server/the-new-app 디렉터리에 새로운 샤이니 앱이나 인터랙티브 문서를 올려놓으면 된다. 이 경우 해당 앱은 http://〈your-public-DNS〉:3838/the-new-app URL로 접근할 수 있다.

이런 설정을 바꾸어서 사용자가 설정한 샤이니 앱 폴더를 서빙하게 만들 수 있다. 그렇게 하면 http://〈your-public-DNS〉:3838/username/the-new-app과 같은 형태로 접근할 수 있다. 이렇게 하려면 샤이니 설정 파일을 수정할 필요가 있다.

```
sudo nano /etc/shiny-server/shiny-server.conf
```

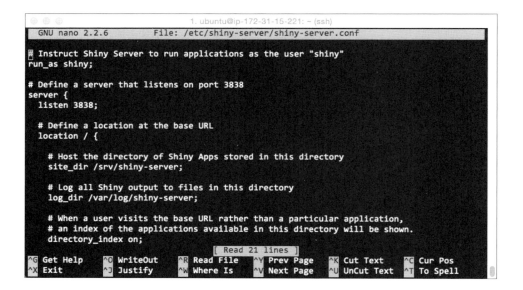

이 파일에 파일의 위치 정보를 추가한다.

```
# Define a server that listens on port 3838
server {
  listen 3838;

  # Define a location at the base URL
  location /userApps {
    user_apps;

    # Host the directory of Shiny Apps stored in this directory
    site_dir /srv/shiny-server;
```

그런 다음 Shiny 서버를 다시 시작하여 설정한 값이 적용되게 만든다. 이제 RStudio 서버에서 샤이니 앱을 만들고, 만든 샤이니 앱을 샤이니 서버에서 직접 실행할 수 있다.

기본 샤이니 서버 관리 명령

샤이니 서버를 관리른 기본 명령들이다. RStudio Server 관리 명령들과 비슷하다. 우분투 12.04에서 14.04 버전 사이의 것을 사용한다면 다음과 같은 명령들을 사용할 수 있다.

```
sudo start shiny-server
sudo stop shiny-server
sudo restart shiny-server
sudo reload shiny-server
status shiny-server
```

▌정리

9장에서는 AWS 계정 설정에서부터 시작하여 EC2 인스턴스를 만들고, S3 클라우드 저장소를 만드는 방법을 단계별로 배웠다. 다음 터미널에서 SSH를 사용해 EC2 인스턴스와 커뮤니케이션하는 방법을 배웠다. 이것을 사용해 R, RStudio 서버, 샤이니 서버를 인스턴스에 설치했다. 그다음 이들 프로그램을 관리하는 방법을 배웠다.

일반적은 아마존 AWS 이외에도 디지털 오션Digital Ocean, 헤로쿠Heroku 등과 같은 좋은 서비스들이 존재하는데, 이들 서비스를 사용할 때도 거의 같은 방법이 사용된다. 그리고 rocker라고 알려진 RStudio 이미지를 사용하는 독커Docker 컨테이너 등을 투툼tutum, 스택독StackDock, 도트클라우드dotCloud 같은 서비스를 통해서 쉽게 사용할 수도 있다.

10장에서 약간의 트릭을 써서 RStudio를 확장하는 방법을 소개한다. 그리고 도움을 받을 수 있는 사이트들과 R과 RStudio에 대한 최신 지견을 유지할 수 있는 정보원들에 대해 알아볼 것이다.

10

RStudio와 R 지식 넓히기

10장에서 다루는 내용은 다음과 같다.

- R프로파일Rprofile을 이용한 RStudio 확장
- R에 대한 최고의 Q&A 사이트에서 도움 얻기
- 특화된 웹 페이지에서 패키지와 R에 대한 더 많이 배우기
- 무크MOOC, 튜토리얼 등을 통해서 R에 대한 지식 넓히기
- R에 대한 최신 지식을 유지하기

▌ RStudio 확장, 궁금증 해결 등

이 장은 이 책의 마지막 장이다. 이 장에서는 RStudio의 기능을 확장하여 커스터마이징하는 방법을 소개한다. 더불어 R과 RStudio에 대한 도움말을 얻을 수 있는 가장 일반적인 방법들을 제시할 것이다. 그리고 R과 RStudio에 대한 지식을 넓힐 수 있는 방법들과 일반적인 R과 RStudio에 대한 최신 지견을 유지할 수 있도록 다양한 정보원을 소개한다.

▌ RStudio 환경 커스터마이징

첫 장에서 자신에게 맞도록 RStudio의 외관 등을 설정하는 방법을 소개했다. 이외에도 일반적인 R 설정 방법을 사용해 추가적인 옵션을 지정하는 방법들이 있다. 이것은 R 자체의 방법이기 때문에 RStudio GUI로 해결되지 않는 것들이다. 한 예로 R프로파일 파일이 있다. 이 파일에서 지정한 것들은 RStudio에서도 실행된다.

R프로파일 커스터마이징

R프로파일Rprofile에 대해 처음 들을 수도 있을 것이다. 이것은 얼핏 보기에 단순한 텍스트 파일로 R이 설치된 홈 디렉터리에서 볼 수 있다.

R프로파일을 사용하면 RStudio에서는 물론이고 R을 매번 실행할 때마다 실행돼 자신이 만든 함수, 옵션, 스크립트, CRAN 미러 등을 자신에게 맞도록 조절할 수 있다.

Rprofile 찾기

윈도우에서는 ...\R\R-Version\etc 폴더로 이동하면 Rprofile.site 파일을 찾을 수 있다. 이 파일을 수정하고 R을 다시 실행하면 수정된 내용이 적용된다.

리눅스와 맥에서는 R프로파일 파일을 새로 만들어야 한다. Rprofile.txt라는 이름의 파일을 만들고, cp Rprofile.txt .Rprofile을 실행한다. 이렇게 하면 해당 파일이 보이지 않는 상태로 된다. 그다음 R을 다시 실행한다.

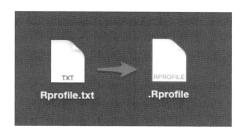

커스텀 함수 추가

새로 만든 R프로파일에 추가할 수 있는 기능들은 매우 다양하기 때문에 그 중에 몇 가지만 소개하려고 한다.

.First 함수와 .Last 함수

함수 이름이 의미하듯이 이들 함수는 R 세션이 시작될 때와 종료할 때에 실행되는 코드를 정의한다. 예를 들어 R 세션이 시작될 때 필요한 라이브러리들과 커스텀 시작 메시지를 보이게 하려면 다음과 같이 코딩한다.

```
.First <- function(){
    library(ggplot2)
    library(stats)
    library(htmlwidgets)
    library(shiny)

    cat("\nHey there, welcome back! Let's write some great R code.")
}
```

```
Hey there, welcome back! Let's write some great R code.
>
```

같은 방법으로 .Last 함수를 정의할 수 있다. 이를테면 종료할 때 실행했던 모든 R 명령들 history을 저장하고 인삿말 메시지를 출력하게 하려면 다음과 같이 한다.

```
.Last <- function(){

  if (!any(commandArgs()=='--no-readline') && interactive()){
    library(utils)
    try(savehistory(Sys.getenv("R_HISTFILE"))) }

  cat("\nIt was a long day. Goodbye at ", date(), "\n")
}
```

Rprofile에 대한 추가할 수 있는 아이디어

다음과 같이 CRAN 미러를 추가한다.

```
local({r <- getOption("repos")
        r["CRAN"] <- "https://cran.rstudio.com/"
        options(repos=r)})
```

디버깅을 쉽게 만든다.

```
# turn debugging on or off
# place "browser(expr = isTRUE(getOption("debug")))
# BROWSER" in your function
# and turn debugging on or off by bugon() or bugoff()
bugon <- function() options("debug" = TRUE)
bugoff <- function() options("debug" = FALSE) #pun intended
```

이 예는 https://stackoverflow.com/posts/7107100/revisions에서 인용했다.

다음은 앨리어스를 사용하는 방법이다.

```
#ht==headtail, i.e., 처음과 마지막 10 개의 아이템을 보여준다.
ht <- function(d) rbind(head(d,10),tail(d,10))

# 데이터 프레임이나 매트릭스의 첫 5개의 열을 보여준다.
hh <- function(d) d[1:5,1:5]
```

이것은 https://stackoverflow.com/posts/8676073/revisions을 참고했다.

웹 리퀘스트에 대한 프록시를 설정한다.

```
Sys.setenv(http_proxy="http://XXX.xxx.x.xxx:xx/")
```

앞에서 언급한 대로 개인 R프로파일 파일에 상상할 수 있는 모든 것을 새로 정의하거나 설정할 수 있다. 밝은 면이 있으면 어두운 면이 있게 마련이다. 만약 R 프로젝트를 가지고 다른 사람들과 협업하는 경우가 많거나 다른 곳에서 R 스크립트를 공유할 때는 이런 R프로파일을 사용했던 경우 큰 문제가 생길 수 있다. 즉 재현성에 문제가 발생할 수 있다. 즉 당신이 설정했던 내용을 다른 사람이 알지 못하여 같은 코드가 다른 사람이 실행했을 때는 작동하지 않을 수 있다.

그런 경우 터미널에서 R 명령을 실행할 때 --no-init-file이라는 옵션을 사용해 체크할 수 있는데, 여기서 스크립트가 제대로 작동한다면 다른 사람들과 공유하는 데 걱정할 필요가 없다.

▌ R에 대한 도움

초보자이거나 전문가이거나 상관없이 모든 R 사용자들은 도움이 필요한 상황이 생기고 특정 질문을 하고 싶을 수 있다. 내장된 R 도움말 문서들이 정말로 훌륭하기는 하지만 다른 사용자들로부터 여러 가지 방법으로 도움을 받을 수 있다. R의 인기가 높아지면서 다양한 종류의 포럼, 웹 사이트 FAQ 사이트, 도움말 페이지 등이 생겨나고 있다. 물론 유명한 소셜 네트워크 등이 있기는 하지만 여기서는 자체적인 페이지를 운영하는 곳에 한정하여 설명한다.

묻고 답하기

묻고 답하는 네트워크 가운데 가장 유명한 것은 Stack Exchange이다. 거기에는 수많은 질문과 답을 할 수 있는 아주 다양한 채널이 준비되어 있다.

스택 오버플로

스택 오버플로Stack Overflow의 공식 사이트는 https://stackoverflow.com이며, 프로그래머들에게는 가장 인기있는 묻고 답하는 사이트다. 이 사이트는 스택 익스체인지Stack Exchange의 한 부분이다. 묻고 답하는 기능 이외에 좋은 대답에 대해 투표를 하고 나쁜 질문에 대해서는 안 좋다는 표를 던질 수 있다. 질문에 대한 많은 표를 얻으면 배지와 좋은 평판 점수를 획득하고 여러 가지 특권과 툴들을 사용할 수 있다.

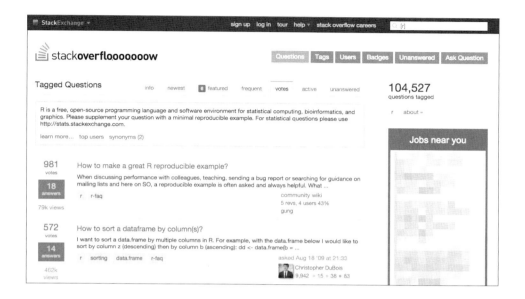

특별한 주제에 대해 질문을 하고 싶으면 스택 오버플로에 내장된 태그 시스템을 사용하면 좋다. 물론 이 태그 시스템을 사용해 질문에 대한 가장 적당한 해답을 찾는 데 사용할 수도 있다. 유용한 태그 가운데 하나는 r-faq이다.

r-faq 태그는 R 태그를 사용해 흔하게 질문되는 내용을 묶어 놓은 것이다. 스택 오버플로의 공식적인 FAQ는 아니지만 흔한 문제들에 대한 재미있는 정보를 담고 있다.

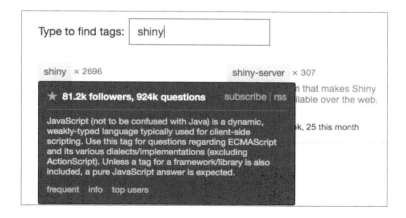

스택 오버플로는 두 개의 R 대화방을 제공한다. 하나는 토론을 위한 표준 R 토론방이고 하나는 R 관련된 모든 질물에 대한 공개적인 토론방이다.

데이터 사이언스(스택 익스체인지)

데이터 사이언스Data Science의 공식적인 사이트는 https://datascience.stackexchange.com이다. 이 사이트는 비교적 최근에 생긴 것으로 스택 익스체인지의 일부다. 이 사이트는 스택 오버플로와 거의 같은 방식으로 운영되는데 R을 비롯한 데이터 과학에 관한 주제에 초점이 맞춰져 있다.

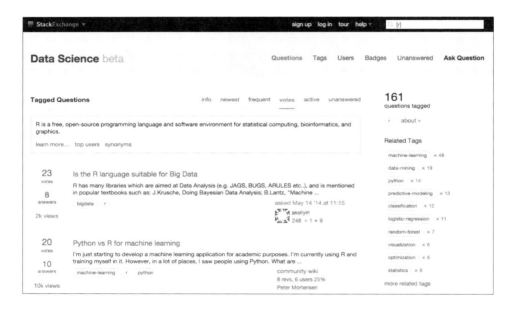

크로스 밸리데이티드(스택 익스체인지)

크로스 밸리데이티드Cross Validated의 공식 사이트는 https://stats.stackexchange.com이다. 이 사이트 역시 스택 익스체인지의 일부다. 이 사이트는 통계학, 머신 러닝, 데이터 분석 등과 관련된 주제에 특화돼 있다. 이 사이트 역시 R에 대한 내용이 많이 논의된다. 데이터 사이언스 사이트와 상당히 비슷하다.

나의 느낌으로는 데이터 사이언스는 좀 더 실용적인 점을 다루는 반면 크로스 밸리데이티드는 좀 더 이론적이라는 점이다.

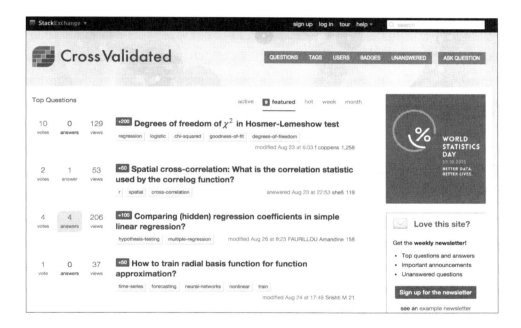

오픈 데이터(스택 익스체인지)

오픈 데이터의 공식 사이트는 https://opendata.stackexchange.com이다. 이것 역시도 스택 익스체인지의 일부다. 이 페이지는 직접 R과 연관되어 있지는 않다. 그렇지만 데이터는 R 스크립트와 분석 대상이기 때문에 모든 R 사용자에게 중요한 주제일 수밖에 없다.

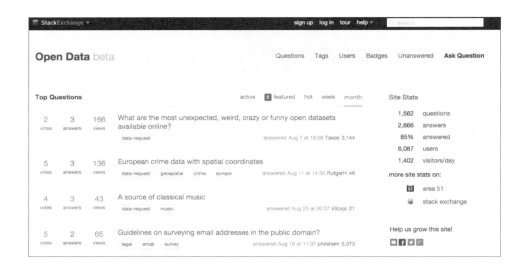

R 메일링 리스트: R-help

도움을 받을 수 있는 또 다른 방법은 R-help라고 하는 R 메일링 리스트에 가입하는 것이다. R 메일링 리스트는 R 프로젝트의 일부다. 현재 6종류의 메일링 리스트로 운영되고있다.

- R-announce
- R-help
- R-package-devel
- R-devel
- R-packages
- Special Interest groups

현재 설명 주제와 관련하여 R-help 채널이 가장 관심이 간다. R 프로젝트에 보면 이 리스트에 대해 다음과 같이 설명하고 있다.

중심적인 R 메일링 리스트로써, R 사용과 관련된 문제점과 해결책에 대한 논의, 각종 발표(R-Announce, R-packages에서 다뤄지지 않는), R과 R 문서에 관련된 새로운 기능, S-plus와의 비교와 호환성, 벤치마킹과 좋은 사례들을 포스팅한다. 문제 문제를 포스팅하기 전에 포스팅 가이드를 읽도록 한다.

여기는 하루에서 수십 개의 메시지들이 오고가는 활동적인 리스트이다. 하루 동안에 이뤄진 내용을 요약해서 받아 볼 수도 있다(플레인 텍스트나 MIME 포맷으로). 자세한 정보, 구독 방법, 아카이브를 사용하는 방법 등을 웹 페이지를 참고한다.

출처: https://www.r-project.org/mail.html에서 인용

레딧

레딧Reddit 공식 사이트는 https://www.reddit.com/r/rstats/이다. 레딧은 일반적인 게시판 시스템과 같은 역할을 한다. 내용은 subreddits라고 부르는 항목으로 나누어져 있다. 물론 R 관련 서브레딧도 있다. 이 사이트에서는 질문과 대답에 대한 평판을 실행할 수 있어서 스택 오버플로와 비슷한데, 종종 긴 토론이 진행되기도 한다.

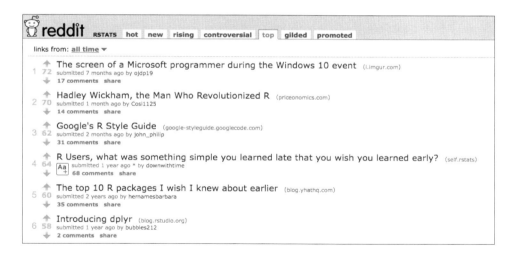

스택 익스체인지와 R-help 메일링 리스트, rstats 서브레딧이 가장 유명하다. 물론 이외에 도움을 받을 수 있는 수백개의 포럼과 웹 사이트가 있다.

제대로 질문하는 방법

어떤 웹 페이지에서 질문을 하건 일반적으로 정확한 방법으로 R 관련 질문을 하는 것이 중요하다. 제대로 된 대답을 얻기 위해서는 다음 세부 사항을 지킬 필요가 있다.

1. 어떤 운영체제와 R 버전을 사용하는가? sessionInfo() 함수를 사용하거나 devtools 패키지의 session_info() 함수를 사용해 시스템 정보를 쉽게 알 수 있다.

```
> sessionInfo()
R version 3.4.0 (2017-04-21)
Platform: x86_64-apple-darwin15.6.0 (64-bit)
Running under: macOS Sierra 10.12.5

Matrix products: default
BLAS:

/System/Library/Frameworks/Accelerate.framework/Versions/A/Frameworks/
vecLib.framework/Versions/A/libBLAS.dylib
LAPACK: /Library/Frameworks/R.framework/Versions/3.4/Resources/lib/
libRlapack.dylib

locale:
[1] ko_KR.UTF-8/ko_KR.UTF-8/ko_KR.UTF-8/C/ko_KR.UTF-8/ko_KR.UTF-8

attached base packages:
[1] stats     graphics  grDevices utils     datasets  methods   base

other attached packages:
[1] devtools_1.13.2
```

```
loaded via a namespace (and not attached):
 [1] Rcpp_0.12.11      digest_0.6.12     withr_1.0.2       rprojroot_1.2
backports_1.1.0
 [6] magrittr_1.5      evaluate_0.10     stringi_1.1.5     rstudioapi_0.6
rmarkdown_1.5
[11] tools_3.4.0       stringr_1.2.0     yaml_2.1.14       compiler_3.4.0
memoise_1.1.0
[16] htmltools_0.3.6 knitr_1.16
```

2. 읽는 사람에서 코드의 의도와 맥락을 설명한다.

3. 구체적으로 질문을 기술한다. 대답해줄 사람들이 질문하는 문제를 재현할 수 있어야 해답을 찾아줄 것이다.

4. 전체 R 스크립트를 포스팅하지 말고, 문제를 일으키는 특정 함수들을 잘 선별한다. 사람들이 요청하는 경우에는 전체 스크립리트를 사용할 수 있게 해준다.

5. 데이터셋에 대한 정보나 비슷한 샘플 데이터의 정보를 준다.

6. 다른 사람들이 기꺼이 당신을 도울 수 있도록 예의바르고 친절하게 대한다.

패키지, 함수 등에 대해 더 배우기

때로는 특정 함수나 패키지에 대한 정보를 알고 싶은 경우가 생긴다. 이런 경우는 앞에서 설명한 묻고 답하는 사이트를 굳이 이용할 필요가 없다. 왜냐하면 CRAN 패키지들을 설명하는 다양한 정보원들과 R 문서들이 많이 있기 때문이다.

R FAQ

윈도우 사용자와 맥OS 사용자를 위한 전용 사이트(https://cran.r-project.org/faqs.html)가 R 프로젝트에 있다.

R, CRAN 문서

R 문서 자체가 함수, 패키지 등에 대한 자세한 정보를 담고 있다. https://www.rdocumentation.org 사이트에서 CRAN, 깃허브, 바이오컨덕터 등에 있는 모든 패키지에 대한 정보를 한 군데서 찾아볼 수 있다.

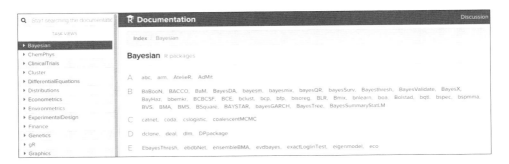

CRAN 패키지에 대한 정보만 다루는 crantastic이라는 사이트(http://crantastic.org)도 있다. 현재 1만개가 넘는 패키지가 있기 때문에 CRAN 자체에는 이들 정보를 쉽게 검색할 수 있는 서비스가 없어서 이런 사이트가 도움이 된다.

다음은 덕크 에델뷰텔이 운영하는 CRANberries라는 사이트가 있다. 여기서 새 패키지, 업데이트된 패키지, 삭제된 R 패키지 등에 대한 정보를 찾을 수 있다. 특히 이 사이트는 과거 패키지와 새로운 패키지 버전을 비교하여 보여준다(http://dirk.eddelbuettel.com/cranberries/).

R 검색 엔진

약간 시각적으로 구식이기는 하지만 어떤 목적에 맞는 R에 관련된 검색 엔진들이 있다.

1. R Site Search(http://finzi.psych.upenn.edu/search.html): 도움말 문서, 메일링 아카이브 등을 검색한다.
2. Gmane's R-lists: 더 이상 지원되지 않는다(옮긴이).
3. Nabble R Form: R 관련 메시지들을 볼 수 있다.
4. R Seek(http://rseek.org): 매우 간단한 검색 페이지를 제공한다.
5. 직접 CRAN 검색 엔진을 추가할 수 있다.

다음은 크롬 브라우저에서 검색 엔진을 추가하는 방법이다.

1. 크롬 브라우저의 주소창에 chrome://settings/searchEngines를 입력한다.
2. 아래 부분에 "기타 검색엔진"에서 "추가" 선택한다.
3. 다음 창에서 검색 엔진란에 CRAN을 입력한다.
4. 키워드란에는 R 또는 rstats 또는 CRAN을 입력한다. R 만 입력하면 검색엔진이 헷갈릴 수 있다.
5. URL(검색어 자리에 %s입력)이고 된 부분에는 https://www.google.com/search?as_q=%s&as_epq=&as_oq=&as_eq=&as_nlo=&as_nhi=&lr=&cr=&as_qdr=all&as_sitesearch=cran.rstudio.com&as_occt=any&safe=images&as_filetype=&as_rights=&gws_rd=ssl 을 입력한다.

자세한 내용은 https://rud.is/b/2015/08/07/adding-a-cran-search-engine-to-chrome/을 참고한다.

RStudio 치트 시트

이 부분은 RStudio 메뉴로 들어와서 새로운 RStudio를 기준으로 설명한다(옮긴이).

RStudio의 메뉴 Help ❯ Cheatsheets를 선택하면 RStudio가 제공하는 다양한 치트 시트를 확인할 수 있다. 해당 치트시트를 클릭하면 웹 브라우저를 통해서 PDF로 된 치트 시트 문서를 볼 수 있다.

- RStudio IDE Cheat Sheet
- Data Manipulation with dplyr, tidyr
- Data Visusalization with ggplot2
- R Markdown Cheat Sheet
- R Markdown Reference Guide
- shiny Web Applications
- Package Development with devtools

R 코드 공유하기

도움이 얻고자 하는 경우 R 코드를 공유할 필요가 있을 수 있다. 물론 여러 도움말 사이트에 코드를 복사하여 붙일 수 있다. 이외에도 좀 더 유연한 방법이 있다. 그 예의 하나가 R-Fiddle이다. http://www.r-fiddle.org 사이트로 이동해서 자신의 스크립트를 작성하고 이것을 저장하고 블로그 등에 이것을 임베딩시킬 수도 있으면 다른 사람과 공유할 수도 있다. 콘솔이 내장되어 있고, 모든 그래프 등을 보여주는 옵션이 있다. 마치 브라우저에서 작동하는 RStudio의 간단 버전으로 볼 수도 있다.

이외에도 온라인에 사용할 수 있는 R 콘솔들로 다음과 같은 것들이 있다.

- 데이터조이^{DataJoy}: 현재 더이상 서비스되지 않는다(옮긴이).
- 쥬피터^{Jupyter}(https://try.jupyter.org)
- 코딩그라운드(http://www.tutorialspoint.com/r_terminal_online)

▌ R 지식 넓히기

점점 더 많은 사람이 R을 사용하고 있다. 많은 통계학자나 분석가들은 오래 전부터 필수 언어로 R을 사용해왔다. 최근 데이터 과학, 빅데이터, 머신 러닝 분야들이 주목을 받으면서 인기는 더욱 높아졌다. 따라서 점점 더 많은 사람이 R을 배우고자 하는 현상은 자연스러운 것이다. 이에 맞춰 더 많은 유형의 학습 기회들이 생겨나게 됐다.

인터랙티브 방법으로 R 학습하기

뭔가를 직접 해보면서 배우는 방법은 새로운 것을 배우는 데 가장 최선의 방법일 수 있다. 그렇기 때문에 인터랙티브한 방법으로 R을 배울 수 있는 여러 종류의 플랫폼들이 개발됐다. 이 방법은 브라우저나 R, RStudio에서 직접 뭔가를 해보면서 배우게 된다.

다음에 소개할 사이트 등에서 언제 어디서든 R 공부를 시작할 수 있다.

try R

try R의 공식 사이트는 http://tryr.codeschool.com으로 코드 스쿨^{Code School}에서 운영한다. 가장 기초적인 내용에서 시작하는데, 재미있고 시각적으로 끌리는 코스를 제공한다. R에 관심있는 사람이 첫 번째로 시도해보면 좋은 사이트이다. 코스는 무료다.

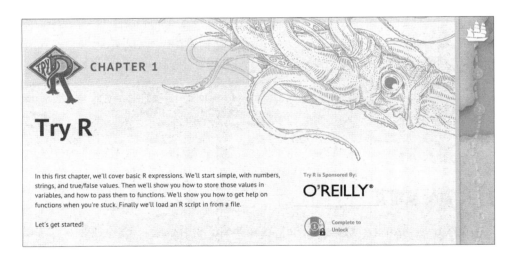

데이터 캠프

데이터캠프^{DataCamp}의 공식 사이트는 https://www.datacamp.com이다. 데이터캠프는 인터랙티브하게 R 프로그래밍을 배울 수 있는 큰 플랫폼 가운데 하나다. 모든 강의는 브라우저에서 진행된다. 현재 14개의 코스로 나뉘어져 있다. R의 기초, `dplyr` 패키지를 사용한 데이터 조작, 머신 러닝을 사용한 캐글 R 튜토리얼까지 초보자 수준에서 전문가 수준까지 다뤄진다. 시작은 무료로 할 수 있고 전체 코스와 기능들에 접근하려면 비용을 지불해야 한다.

리다

리다ᴸeada의 공식 사이트는 https://www.teamleada.com이다. 리다는 R에 대한 다양한 코스와 SQL, 파이썬 등에 대한 코스도 갖추고 있다. 현재 3개의 R 소개 강좌가 있다. 머신 러닝, A/B 테스트, R 부트캠프 등이다. 리다는 완전한 인터랙티브 플랫폼은 아니며 일부는 사용자의 컴퓨터를 사용해 학습하도록 하고 있다.

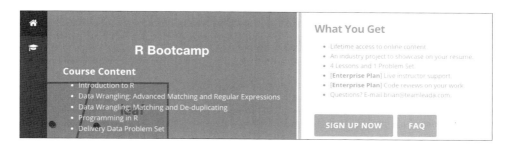

스월

스월Swirl은 사용자의 콘솔을 사용해 직접 R 프로그래밍을 배울 수 있는 혁신적인 도구다. swirl이라는 패키지를 사용해 안내에 따라서 배운다. 현재 기초에서 고급 수준까지 8개의 코스를 로딩할 수 있다. 패키지와 코스 모두 무료다.

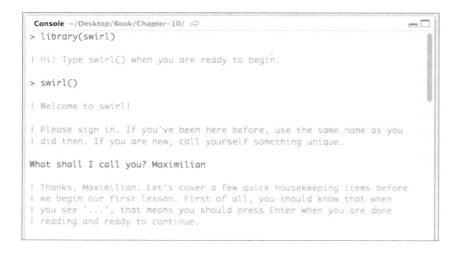

온라인 강의 참여하기

무크MOOC, massive open online courses는 모든 관심의 입에 오르내리는 주제다. 스스로 진도를 정해서 나가는 대신에 한정된 시간에 맞추어 새로 배우고 퀴즈 등을 푸는 식으로 참여한다. 일부 코스는 비용을 지불하면 자격증을 발부한다.

코세라

코세라Coursera(https://www.coursera.org)는 무크 세계에서 가장 크다. 이 플랫폼은 전 세계의 수많은 기관이 참여하고 거의 대부분의 주제에 대해 대학 수준의 강의를 제공한다.

존 홉킨스 대학교: Data Science Specialization

존 홉킨스 대학교의 Data Science Specialization은 굉장히 성공적인 무크 프로그램의 하나다. 2015년 2월 이미 180만명 사람이 등록했다.

> 이 전문과정은 전체 데이터 과학의 파이프 라인에 걸친 개념과 도구를 다룬다. 가설을 세우는 방법에서부터 추론하고 결과를 발표하는 전 과정을 포함한다. https://www.coursera.org 에서 전체 9개의 코스와 캡스톤 프로젝트가 있다. 프로그램과 관련된 모든 것은 R로 이뤄진다. 모든 코스는 4 주 이내에 종결시켜야 하고, 캡스톤 프로젝트는 8주가 걸린다.
>
> 좁 홉킨스 대학교 – Genomic Data Science

이 과정은 7개의 과정과 하나의 캡스톤 프로젝트로 구성되어 있다. 각 코스는 4주가 걸린다. R이 주도적인 역할을 하지는 않지만 코스에서 하나의 도구로 사용된다.

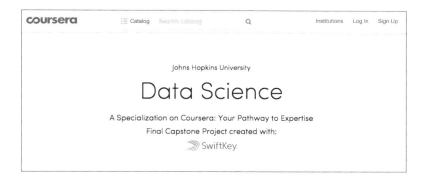

존 홉킨스 대학: 게놈 데이터 과학

존 홉킨스 대학의 게놈 데이터 과학Genome Data Science 코스가 있다. 이 코스에는 일곱 개의 강의코스와 하나의 프로젝트가 있다. 한 강의코스는 4 주에 걸쳐 진행된다. 이 코드에서는 R 자체에 대한 내용은 많지 않으면 코스에 보조 툴로 사용된다.

이 전문과정은 차세대 염기 서열 분석에서 필요한 이해, 분석, 데이터 해석법을 가르킨다. 게 놈 데이터 과학에서 흔하게 쓰이는 도구를, 파이썬, R, 바이오컨덕터, 갤러시 등을 배우게 된다.

https://www.coursera.org/specializations/genomics에서 인용

유다시티

유다시티Udacity는 무크 세계에서 또 하나의 큰 플랫폼이다. 코세라와는 다르게 이 플랫폼은 페이스북, 구글, AT&T 등과 같은 수많은 명성있는 회사들과 함께 한다. 유다시키는 이른 바 Nanodegree라는 프로그램을 제공한다. 데이터 분석 나노디그리는 수많은 강의로 구 성되는 상당부분 R과 관련이 있다. 과정을 이수하려면 일 주에 10시간이 필요하며 나노디 그리 과정은 적어도 9개월이 걸린다. 강의는 확실히 도전적인 주제들로 이뤄져서 재미있 다. 1개월 수강료는 200달러이다. 그들의 표현대로 나노디그리 프로그램은 데이터 분석 가가 되기 위한 가장 효율적인 커리큘럼이다. 여기에서 다음과 같은 내용을 배울 수 있다.

- 다양한 데이터베이스, 포맷, 데이터원으로 부터 받은 데이터를 조작하고, 추출하 고, 변형하고 로딩하는 방법이다.
- 복잡한 데이터셋에서 의미있는 관련성, 패턴, 경향을 파악하는 탐색적 데이터 분 석 방법이다.
- 레이블링되지 않는 데이터를 분류하고, 통계학과 머신 러닝 알고리즘을 적용하 여 미래를 예측한다.
- 데이터 분석 내용을 가지고 커뮤니케이션 하는 방법과 효율적인 데이터 시각화 방법이다.

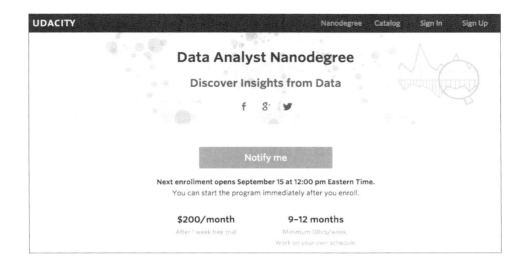

그밖의 무크 코스, 관련된 플랫폼, 프로그램

다른 무크, 대학 강의 코스 등으로 다음과 같은 것들이 있다.

- 스탠포드 대학교는 통계적 학습법에 대한 강의를 제공한다. 코스에서 모든 과정은 R로 이뤄진다(http://online.stanford.edu/course/statistical-learning)
- 에드엑스edX 무크는 R 관련된 다양한 코스를 제공한다. 하버드 대학교에서 진행하는 Statistics and R for the Life Sciences, 마이크로소프트에서 진행하는 Introduction to R Programming과 같은 코스가 있다.
- Statistics.com 역시 R 관련하여 데이터 마이닝, 매핑 등에 대한 다양한 코스를제공한다(http://www.statistics.com).
- RStudio 역시 R, 샤이니, R 마크다운과 관련된 패키지의 튜토리얼을 제공한다(https://www.RStudio.com/online-learning/).

우리가 소개한 것은 극히 일부이다. 셀 수 없이 많은 코스가 있다. 그리고 R 튜토리얼, 가이드, 머싱 러닝, 인공 지능 등과 같은 주제에 대한 수많은 글들을 발견할 수 있다. 책이나 동영상도 무척 많다.

R 세계에서 최신 지견을 유지하기

세계는 항상 변한다. 새로운 기술, 방법, 툴 들이 지속적으로 소개된다. R 세계에서도 마찬가지이다. 이런 추세를 놓치지 않으려면 항상 최신 지견을 유지할 필요가 있다. 다행히도 그렇게 할 수 있도록 도와주는 훌륭한 정보원이 존재한다.

R 블로거스

R 블로거스^{bloggers}의 공식 사이트는 https://www.r-bloggers.com이다. R 블로거스는 모든 R 사용자라면 반드시 읽어야 하는 웹 사이트다. 이 웹 사이트는 570여 개 이상의 블로그를 모아서 보여준다. 여기서 새로운 것과 배울 가치 있는 것들을 배울 수 있다. 일반적인 내용에서부터 R 뉴스, 발표문, 연구까지 아주 다양한 글들이 있다. 더불어 간단한 수준에서 상당히 높은 수준에 이르는 내용의 글들을 읽을 수 있다.

요약하면 R 블로거스는 절대 놓쳐서는 안 되는 매우 중요한 사이트이다. 이 페이지는 거의 대부분의 R 블러그들을 모아주기 때문에 현재로서는 견줄만한 사이트가 없다.

R 저널

R 저널^{R Journal}의 공식 사이트는 https://journal.r-project.org이다. R 저널은 R 프로젝트에서 온라인으로 발행되는 정기 간행물이다.

PDF 포맷으로 된 과학적 수준이 높은 연구 논문이 있다. 그래서 일반적인 블로그 포스팅과는 상당히 다르다. 이외에도 뉴스, 노트 분야 등이 있다.

▌ 정리

10장 첫 부분에서 Rprofile 파일을 사용해서 RStudio를 커스터마이징하여 자신에게 필요한 중요한 사항들을 미리 설정할 수 있도록 하는 방법을 소개했다. 그다음 도움을 받는 여러 가지 방법을 다뤘다. R 관련된 질문들을 할 수 있는 대형 웹 사이트도 여럿 소개했다. 유용한 대답을 얻을 수 있게 정확한 질문을 하는 방법을 설명했다. 그다음은 R 지식을 넓힐 수 있는 여러 플랫폼들과 웹 페이지, 도구들을 알아보았다. 마지막으로 최신 지견을 유지할 수 있도록 하는 정보원들을 검토했다.

이 장이 마지막이다. 독자들이 이 책을 재미있게 보았기를 바라고, 진정으로 RStudio와 관련된 기능들을 마스터했기를 바란다.

│ 찾아보기 │

에이콘출판의 기틀을 마련하신 故 정완재 선생님 (1935–2004)

초보자를 위한 RStudio 마스터

RStudio 설치부터 웹 애플리케이션, R 패키지 개발까지

발 행 | 2017년 11월 3일

지은이 | 줄리안 힐레브란트 · 막시밀리안 니어호프
옮긴이 | 고 석 범

펴낸이 | 권 성 준
편집장 | 황 영 주
편 집 | 이 지 은
디자인 | 박 주 란

에이콘출판주식회사
서울특별시 양천구 국회대로 287 (목동)
전화 02-2653-7600, 팩스 02-2653-0433
www.acornpub.co.kr / editor@acornpub.co.kr

한국어판 ⓒ 에이콘출판주식회사, 2017, Printed in Korea.
ISBN 979-11-6175-069-9
ISBN 978-89-6077-210-6 (세트)
http://www.acornpub.co.kr/book/mastering-r-studio

이 도서의 국립중앙도서관 출판시도서목록(CIP)은 서지정보유통지원시스템 홈페이지(http://seoji.nl.go.kr)와
국가자료공동목록시스템(http://www.nl.go.kr/kolisnet)에서 이용하실 수 있습니다.(CIP제어번호: CIP2017026765)

책값은 뒤표지에 있습니다.